·名家讲堂·

# 十五堂中国国学课

周桂钿 著

北京师范大学出版集团
BEIJING NORMAL UNIVERSITY PUBLISHING GROUP

北京师范大学出版社

**图书在版编目(CIP)数据**

十五堂中国国学课／周桂钿著.—北京：北京师范大学出
版社，2014.1（2015.4重印）
（名家讲堂）
ISBN 978-7-303-16670-1

Ⅰ.①十… Ⅱ.①周… Ⅲ.①国学－研究－中国

Ⅳ.①Z162

中国版本图书馆 CIP 数据核字(2013)第 137570 号

营销中心电话 010-58805072 58807651
京师心悦读微博 http://weibo.com/bjsfpub

SHIWUTANG ZHONGGUO GUOXUEKE

出版发行：北京师范大学出版社 www.bnup.com
   北京新街口外大街 19 号
   邮政编码：100875
印  刷：北京易丰印捷科技股份有限公司
经  销：全国新华书店
开  本：148 mm×210 mm
印  张：11.5
字  数：261 千字
版  次：2014 年 1 月第 1 版
印  次：2015 年 4 月第 3 次印刷
定  价：38.00 元

策划编辑：谢雯萍   责任编辑：谢雯萍
美术编辑：袁 麟   装帧设计：红彬林文化
责任校对：李 茵   责任印制：马 洁

舉世而譽之而不加
勸舉世而非之而不
加沮

因以桂鈿大方為書莊子語句
布正瑗石龍庚午歲扵京華

# 总 序

在"文化大革命"前，我考上了大学，学的是马克思主义哲学。"文化大革命"以后，我改学中国哲学。35 岁考上中国社会科学院研究生院，导师是钟肇鹏先生。38 岁毕业到北京师范大学哲学系，从事中国哲学的研究与教学。从此确立了自己的职业与事业，也算是"三十而立"吧。

我先从《论衡》入手，用学马克思主义时学到的方法，研究王充哲学。我同意学术界的观点，认为王充是唯物主义哲学家，不同的是学术界普遍认为王充是气（或元气）一元论者。我认为气和元气都是天地派生的，而天地又是无始无终的，应归结为"天地本原论"。对王充的天论，我结合汉代天文学作了一些研究。在陈遵妫先生的指导下，我研究了一些中国天文学史的问题。以后出版《天地奥秘的探索历程》和《中国古人论天》，都与此有关。

由于与王充的关联，我开始研究董仲舒哲学，得到美国王安研究院的资助，集中精力研究，发现董仲舒讲天人感应，不是讲神学目的论，而是借天讲政治，是政治哲学。徐复观先生在《中国艺术精神》中认为庄子的道就是艺术精神。因此，庄子哲学就可以认为是艺术哲学。同时，我将王充哲学定为求真的科学哲学。于是，董仲舒哲学就是求善的政治哲学。我用此三分法取代原有的两个对子：唯物论与唯心论，形而上学与辩证法。班固《汉书》中称董仲舒为群儒首，为儒者宗，是汉代儒家的代表，他上承孔子，下启朱熹，是中国历史上三大儒家之一。

我从董仲舒哲学研究转入儒学研究，特别重视儒学治国平天下的政治哲学的研究，出版《中国传统政治哲学》、《中国儒学》，并参加国际儒学联合会工作，任学术委员会主任。

中华文化是丰富多彩的，儒学不是一枝独秀，而是百花园中突出的一枝。特别是董仲舒和先秦诸子百家，重新建构汉代新儒学，于是有"始推阴阳，为儒者宗"的说法。朱熹则融会儒、释、道，建构宋代新儒学——理学。由此可见，一时代的思想大家，必定是已有思想的集大成者。

中国追求真、善、美的智慧，《四库全书》中的经、史、子、集，都包括在国学之内。国学最突出的是政治智慧。这种智慧是哲学家、政治家和史学家合作的结晶。政治哲学以社会历史为试验室，政治兴衰成败的前因后果都保存在历史中，中国有数千年连续不断的历史，是世界罕见的文化瑰宝。中国的重史传统与政治智慧是合二为一的，就在国学当中。中国哲学、中国儒学和中国国学犹如大海，其中有无数珍宝，我这里只是一勺海水而已。从这一勺也许可以品味到一点中华文化的特殊性，或者能为中华文化的复兴产生微薄的正能量。

我年过七旬，思考哲学问题已经半个世纪。我的体会，实事求是，是哲学的生命线。求是，就是追求真、善、美。从世界历史的宏观角度，考查理论问题，作出自己的判断，目的在于求是。如果有别的目的，就像医生看病那样，本来坚持救死扶伤治病救人才是白衣天使的圣洁使命，如果为了谋取不义之财，将患者的健康和生命当作敲诈的工具，那就失去圣洁，成为无耻之徒。方法是精神决定的，精神扭曲了，方法也就会出偏差。作为医生，不以治病疗效看水平，而以发表论文为标准，就会出现虚假数据和抄袭现象，有悖于职业道德。我的恩师钟肇鹏先生以"求是"名斋，所出版论文集，题为《求是斋丛稿》。中国传统的"是"包含真、善、美，方指正确的方向和方法。我于七十岁生日写下治学感言：

　　财金双刃剑，名位一缕光。

　　求是终无悔，读书始有方。

周桂钿

2013 年 4 月于三枣红楼

# 引言

国学是什么？不好定义，简单地说，这是约定俗成的概念，也可以说是中国学的简称，外国人也称之为汉学，因为多数是汉字典籍。从内容上看，主要包括《四库全书》的经、史、子、集，当时没有收入的著作，以及《四库全书》出版以后又问世的著作自然也包括在内。

中华文化的主体是修身、齐家、治国、平天下，按现代分科，修身属于伦理学，治国平天下属于政治学或社会学。修身是为治国平天下服务的，即伦理为政治服务。所以，有人称之为伦理性政治，或者称之为政治哲学、政治智慧，都反映了中华文化的特性。中华文化有跨学科的特点，伦理、政治、哲学，都是很难截然分开的。历史注重"善可为法，恶可为诫"，就包含伦理内容。历史记载各种政治的前因后果，为后代政治家提供借鉴，因此，"以古为镜，可以知兴替"。政治智慧充满史书。

国学是非常庞大的文献资料与博大精深的思想体系，不是一本书所能包括得了的，任何人也不能精通国学的各个领域。很多人号称"国学大家"，他们的知识中不乏国学盲点。我的国学只不过是我自己体会到的某些国学内容，挂一漏万，恰如"鼹鼠饮河，不过满腹"（《庄子·逍遥游》）。

我们对国学要采取批判继承的态度，这就需要对国学有正确的认知和评价，这就需要转变观念，摆脱西方模式的束缚，从世界历史宏观角度，重新考察中华文化。例如，有人认为中国没有管理学。中国虽然没有一本书叫管理学，并非没有管理学。中国在建设巨大工程如长城、运河时，没有非常高明的管理经验，是不可能成功的。中国在两千多年前的汉代，人口达5900多万，在交通、通信十分落后的情况下维持数百年的大国局面，没有高明的政治管理学，是不可想象的。中国的管理理论也非常深刻，儒家经典、诸子百家都充满管理智慧。半部《论语》治天下，这就是管理智慧的代表作。日本现代企业家以"《论语》加算盘"管理企业，获得巨大成功。中国人到美国学习管理，美国人到日本学管理经验，日本许多成功经验与《论语》、《弟子规》、《菜根谭》、《孙子兵法》、《三国演义》有关，而这些典籍都是中国文化。

中国科举考试被西方人称为"第五大发明"，英国人引入本国，创造了公务员考试，我们再引进。我称这种现象为"出口转内销"。这种现象相当普遍。

过去欧洲和日本很多高明人士高度赞扬中华文化，后来，中国落后挨打，似乎中国文化都不行了。这在外国人那里，是霸权主义观念，在中国人这边则是殖民地意识。这种观念不改变，就无法正确评价国学，批判继承也就无从谈起。

中华文化即将复兴，我们应当静下心来，仔细阅读一些充满智慧的典籍，为复兴中华做出贡献。

# 目　录

# 第一课 国学与『国学热』

国学突然时髦起来了，于是许多学者都在谈国学。国学究竟是什么，所谈内容虽有区别，却大体相近，没有太离谱的。我只能谈自己想到的国学，不一定全面，也不一定都恰当。一孔之见，有一些独到之处，仅供参考。国学是一种文化，下面还要从文化谈起。

## 1. 文化、学术、国学

在三个层次的文化中，最高层次的文化属于学术范畴。因此，可以说文化是大的广泛的概念，而学术是文化中的精华部分。文化包括学术，学术只是文化的一部分。学术的基本特点是理论形态的文化。中国学术就是中国的理论形态的文化，即学问。中国学问，简单地说就是国学，在国外称为"中国学"。中国学的典籍绝大部分都是用汉字书写的，因此也被称为"汉学"。国学主体部分也可以说保存在清代编撰的《四库全书》中。《四库全书》包括经、史、子、集。经包括儒家经典，以及历代注解。史包括"二十四史"及其他各种史类典籍。子是诸子百家的著作，包括儒家不在经中的著作。这里有先秦诸子的著作，包括道家、道教、佛教的著作，也包括兵家、法家、阴阳家、天文历法家、农家、医家、小说家、杂家等的著作。集则包括后代各种集子，有个人文集，也有学派汇编的集子。这种分类是按中国传统来分的，与西方分科是不同的。《四库全书》编辑完成以后，再著述编辑的典籍也很多，现在有续编。这是主体，还有一些没有收入《四库全书》的书籍，当时由于各种原因被放在"存目"中，或者被淘汰的，现在也有人在那里收集编撰这些《四库全书》以外的典籍。总之，中国的典籍是非常丰富的，特别是史书，所记内容丰富翔实、系统全面，都是世界上所独有的，可谓世界文化瑰宝。两千多年一直记载下来，用干支纪年记日，没有中断过。孔子诞辰日就是据此计算出来的。

中国有五千年悠久的历史，各个历史时期都会产生许多思想。这些思想流传下来，就形成了传统思想。传统思想符合现代社会需要的，或者略加改造、转换，就能够适应现代社会的需要，就是传统思想中的精华部分。思想有精华与糟粕的区别，因此，我们要吸取其精华，抛弃其糟粕。如何区分精华与糟粕，是一个非常复杂的理论问题和实践问题。许多学者都讨论过这个问题。我们用最简单的最基本的方法，那就是实践的方法。运用某种传统思想于现代社会实际，对人们的物质生活和精神生活有好处的，就属于精华；有害处的，就是糟粕。也就是说，可以古为今用的传统思想，就是精华。研究思想的目的在于为现实服务，在于用。重视"用"，也是中国传统的儒家的经世致用的思想。用实践来检验，从实际出发，古代称为"实事求是"，现代说是从实际出发，或者说是唯物主义的态度，都是精华的内容。我们研究社会现实问题，可以从古代典籍中找到解决现实问题的思想就是精华，不能解决现实问题的就是过时的。这里要注意的是，所谓解决问题也不是照搬，需要改造，或者说重新解释。任何好的精华思想，包括马克思主义，照搬也不行，照搬就是马克思主义的教条主义，也不能用于实践，用则失败。这不是马克思主义不灵了，而是使用不当。清朝政府腐败，也用儒学治国，治不好，不是儒学不灵了，而是腐败政府糟蹋了儒学精神。孔子提倡独立精神与自由思想，而清政府搞"文字狱"，压抑独立精神，限制思想自由，虽然也提倡儒学，却没有了儒学的精神。从汉代开始独尊儒术，为什么有汉唐盛世，到清朝却落后于西方？这只能从时代问题找原因，而不能怪罪于两千年前的孔子儒学。苏联从列宁开始信奉马克思主义取得成功，说明马克思主义的合理性，后来苏联解体了，什么原因？可以探讨。有的说马克思主义不灵了。那为什么列宁曾经取得成功？有的说美国总统老布什将它搞垮了。老布什想搞垮的国家很多，包括中国在内，其他国家为什么不垮？只能说内因起决定作用。老布什将苏联解体当作自己的功劳，恐怕也缺乏自知之明。苏联建立 70 多年，情况有了许多变化，但苏联后任领导不进行改革以适应新形势，垮台就是很自然的。马克思主义一再强调要从实际出发，中国从实际出发，提出建设有中国特色的社会主义，进行改革，恢复生机，朝气蓬勃。在苏联解体以后，有

人认为他们违背了马克思主义，提出要认真读马克思主义原著，这
都是不懂马克思主义的人说的。如果不能理解精神实质，读原著也
不解决问题。苏联理论家读马克思主义原著还少吗？邓小平读原著
能比他们多吗？过去，考茨基读的书也比列宁多，王明读的马克思
主义著作也比毛泽东多。领会精神是最主要的，不在于读书多少。
王莽读儒家著作也比刘邦多，宋徽宗、宋钦宗读的儒家著作都比朱
元璋多，治理天下的水平却远不如后者。赵普读书不多，只读《论
语》，半部《论语》可以治天下。书不能不读，只读书也不够，领会书
中的精神实质，能够在实际中灵活运用才是最主要的。正如孔子所
说："可与共学，未可与适道；可与适道，未可与立；可与立，未可
与权。"（《论语·子罕》）能在一起学习的人，未必都能学到道；能够
学到道的人，未必都能坚守道；能够坚守道的人，未必能够灵活运
用。灵活运用道，解决实际问题，才是最高的水平。

## 2. 什么是国学

　　国学包括先秦时期的诸子百家，也包括秦汉以后的儒、释、道
三家。两汉之际从古印度传入佛教，东汉末产生了道教，此后，儒

家、道教与佛教进行了数百年的辩论，即"三教争立"，三教都争取能得到统治者的承认、支持。此后三教又互相吸收，并逐渐走向融合，即"三教合一"。因为各有长处，谁也消灭不了谁。儒家讲心性修养，目的在于治国平天下。庄子将儒学概括为"内圣外王"。儒家讲伦理是为政治服务的，因此，可以说修身是为了齐家、治国、平天下，内圣最终目的是外王。道家重视养身，炼仙丹，练气功，都是为了长生不老、健康长寿。《吕氏春秋·重己》载："今吾生之为我有，而利我亦大矣。论其贵贱，爵为天子，不足以比焉；论其轻重，富有天下，不可以易之；论其安危，一曙失之，终身不复得。此三者，有道者之所慎也。"生命是自己最宝贵的，按贵贱来说，像天子这样最高的爵位，也不能与生命相比。论轻重，富有天下也不能与自己的生命交换。生命一旦失去，再也不会拥有。因此道家对于生命就非常谨慎。只有谨慎还不行，"有慎之而反害之者，不达乎性命之情也。不达乎性命之情，慎之何益？"（同上）不了解生命的规律，对生命虽然非常谨慎，却可能有害生命。古人知道这个养生的道理，可惜的是现代许多人却不知道这个道理。为了养身，却害了身体。最突出的是吃补药，商家为了赚钱，把一种药的功用极度夸大，欺骗大众。例如说有的药吃了可以增强记忆力，提高高考成绩；有的鞋穿着，可以增加身高，如此等等。如何保养身体，道家很重视，有一套方法，主要还是顺其自然、遵循规律。炼丹，在历史上多有害命伤生的现象发生。许多相信道教的长生不老的丹道的皇帝都不长寿，秦始皇追求长生不老，死时才50多岁。唐太宗也有这个问题，寿命不到 60 岁。练内丹，即气功，以静为主，与佛教坐禅相通，认为气血流行，畅通无阻，就不得病，气血不畅，才产生种种疾病。道家重生、养身，有一些理论与经验，现代科学还不能完全解释，值得继续研究。道家的重生理论，认为"六合之外，圣人存而不论；六合之内，圣人论而不议；《春秋》经世先王之志，圣人议而不辩"（《庄子·齐物论》）。上下四方为六合，六合之外，指无限的宇宙，道家主张不讨论；六合之内的天下事，只论说不评议；关于帝王的事可以评议，而不辩论。既然"爵为天子"、"富有天下"都比不上自己的生命，那么，保养身体就是第一位的，从政只能是业余的事情。因此，"帝王之功，圣人之余事也"（《庄子·让王》）。庄子讲了这么一个故事：韩国与魏国争地，韩昭侯愁容满面。魏国的子华子去见韩昭侯。子华子说："现在如果有一个契约摆在你的面前，契约上说：左手拿着天下，就将你的右手砍掉；右手拿的话，将左手砍掉。如果拿到契约必定拥有天下。你会去拿吗?"韩昭侯说："我不拿。"子华子说："那很好！由此可见，两臂重于天下。整个身体比两臂更重要。天下比韩国更重要。现在所争的地比韩国还轻，你值得为它发愁吗?"（同上）身体比两臂重，两臂比天下重，天下比韩国重，韩国比边界的地块重。为这样轻的地块而发愁，是不知轻重的表现。韩昭侯听了这一番话后，一下子轻松了，觉得不必再为那块地发愁了，高高兴兴地保养身体更为重要。庄子还提出一个比喻：以随侯之珠，弹千仞之雀。从政有害身体健康，就像用珍贵的随侯之珠去弹很不值钱的麻雀。所使用的贵重，而所得到的却很轻贱。这不划算。因此在中国历史上，一些士人在争取功名的时候，信奉儒学，仕途不顺，就转向道学，隐居山林，当起隐者。或者虽然还在市井生活，却不再追逐名利，过着清淡的生活。甚至在朝廷上，他们也不敢为天下先，淡泊明志，与世无争，随遇而安，顺其自然。于是有人归纳隐者的不同情况，有所谓"小隐隐于山林，中隐隐于市井，大隐隐于朝廷"的说法。佛教讲因缘，讲因果报应，讲四大皆空。人们在生活中会遇到各色各样的难题，特别是有一些问题想不开，还容易钻牛角尖，解脱不了，精神十分痛苦，甚至因此而自杀。凡是信仰佛学的人，知道四大皆空，还有什么想不开的？讲因果报应，现实的一切都是自己上辈子造成的，不怨天不尤人，自作自受。今生好好行善，下辈子就好过了。这样没有什么想不开的，怎么会自杀呢？于是有人总结出来：儒家重治国，道家重养身，佛教重养心，各有用处。佛教有《大藏经》，道教有《道藏》。儒家有儒经，开始是五经，逐渐增加到十三经，包括《周易》、《尚书》、《诗经》、《仪礼》、《周礼》、《礼记》、《春秋左传》、《春秋公羊传》、《春秋穀梁传》、《论语》、《孝经》、《尔雅》、《孟子》。后有清阮元编辑的《十三经注疏》。研究儒家经典，诠释经传，阐发经义，形成一门特殊的学问，叫经学。钟师肇鹏先生说："经学是一个庞大的文化体系，是中国古代文化的总汇。""一切学术思想都往往以注解诠释经学的形式出现。汉代的章句解诂，南北朝的义疏，唐代的正义，宋元以来的集注集解，清代的新疏都是以这种形式出现。"①

---

① 《孔子、儒学与经学·序言》，7～8页，北京，中国社会科学出版社，2009。

## 3. 国学是怎么形成的

国学是在数千年中华民族历史发展中逐渐积累而形成的。"五经"中的《周易》据传说那些爻(长画叫阳爻,两短画叫阴爻)是伏羲画的,那时还没有文字,只能画画。殷商末期,周文王被囚禁在羑里,他在那里玩《周易》,从八卦演出六十四卦,加上解说词,即《易经》。孔子晚年对《易经》感兴趣,经常跟弟子讨论《易经》,弟子根据孔子的思想给《易经》作解释,成为最早注解《易经》的传,后称《易传》,或称《易大传》,共有十篇,故又称《十翼》。这就是《彖》(上下)、《象》(上下)、《系辞》(上下)、《文言》、《说卦》、《序卦》、《杂卦》。伏羲制卦,文王系辞,孔子作《十翼》,《易》历三圣。

《尚书》汇集从尧、舜、禹到夏、商、周历代政治文件,这是儒家重视历史的表现。孔子继承了先圣的许多优秀思想成果,经过综合创新,形成完整的儒学思想体系。因此,孟子说孔子是集大成者。现在孔庙的大成殿就是这么命名的。

《诗经》是经过孔子整理的诗集。据说原有三千多首诗,孔子进行了整理,选了三百零五首,"取可施于礼义","孔子皆弦歌之"。这三百多首诗，符合礼义的，孔子都是会唱的。

孔子对三代的礼都作了研究。他说："夏礼吾能言之，杞不足征也。殷礼吾能言之，宋不足征也。足，则吾能征之矣。"又说："后世虽百世可知也，以一文一质。周监二代，郁郁乎文哉，吾从周。"夏、商、周三代的礼都有所修改，周代的礼是继承了夏、商两代礼的优秀成果，最为丰富文明，我要继承周代的礼制。周以后，礼制还在不断修改，越来越完善，越来越文明。礼，实际上就是古代的制度，开始是在祭祀的时候要有一套严格的规范，后来拓展到其他重大活动，再扩展到贵族的日常生活中。这时，礼仍然是贵族的行为规范，与平民无关，"礼不下庶人"。孔子开始实行"有教无类"，礼的教化活动扩大到平民，有了教育平等的要求，这才使平民生活也有了礼的表现。这使整个社会都反映着礼的影子。现有《仪礼》、《周礼》、《礼记》，前两个主要记载古代、主要是周代的礼仪制度，后者主要探讨礼的学术论文。这个《礼记》是汉朝戴圣(小戴)编辑的，其中有一些重要文章，例如后来收入《四书》的《大学》和《中庸》就是其中的两篇。还有《学记》是最早的教育学专著。《乐记》对音乐的理论探讨也是非常深刻的。还有许多文章保留了孔子的活动与言论，很有历史价值。

《春秋》是孔子根据鲁国史记进行改编的，孔子将自己的政治主张德政思想都贯穿在这本书中。这本书语言简略，难懂，需要传注才能看懂。最初的传有三种：《公羊传》、《穀梁传》、《左传》，合称"春秋三传"。西汉时代，由于董仲舒与公孙弘推行《公羊传》，使《公羊传》盛极一时。东汉以后，《左传》流行起来。《公羊传》和《穀梁传》

主要讲的是政治道理，而《左传》保留了丰富的春秋时期的历史资料，对后代影响更大。

从汉代讲的"五经"，到后来的"七经"、"九经"、"十一经"，宋代升《孟子》为经，形成"十三经"。到清代阮元编的《十三经注疏》，这"十三经"就固定化了。这"十三经"包括《周易》、《尚书》、《诗经》"三礼""春秋三传"以及《论语》、《孝经》、《尔雅》、《孟子》。以上是经学的一个系统。汉代以后，历代儒家就在不断地注经，来阐发自己的见解，形成思想体系。董仲舒著《春秋繁露》，就是阐发《春秋》经，尤其是《公羊传》的思想。朱熹影响最大的著作就是《四书集注》，也是阐发《论语》、《孟子》、《大学》、《中庸》的思想，形成自己的思想体系。清朝经学家皮锡瑞著《经学历史》[①]，分十个阶段叙述经学产生、发展、昌盛、衰落、复盛的全过程，是经学研究的权威性著作。

中国历代思想家比较重视历史，从远古时代就开始设置史官，国君做任何事，史官都记下来。史官分左史、右史，"左史记言，右史记事，事为《春秋》，言为《尚书》。帝王靡不同之"(《汉书·艺文志》)。国君说的话，左史记录下来。国君做的事，右史记录下来。《春秋》就是记事的，《尚书》就是记言论的。孔子好古，曾将鲁国史记改编成《春秋》，记录的是春秋时代各国的事情，当然以鲁国为主，鲁国的事记得比较详细。当然《春秋》还有许多写法的讲究，例如好事自然多写鲁国，坏事则不同，鲁国有小的坏事，就写得详细，以便吸取教训；鲁国有大坏事，则用隐晦的语言暗示，不直接明说，

---

① 周予同注释，中华书局 1959 年 12 月第 1 版，以后又多次印刷。

所谓"家丑不可外扬"。外国的小坏事不说,大坏事就直说,这是"内外有别"。孔子对于当世有威权的执政者,不敢明说,是为了"免时难",避免受迫害。但他告诉弟子,以口传的方式流传着褒贬的内容。这就是后来的《公羊传》、《穀梁传》的内容。司马迁著《史记》,开创史书的体例。用《本纪》记载帝王的活动,形式相当于编年史,用《世家》记载诸侯王世代的传承过程,用《列传》记载文官武将以及有记载价值的名人事迹,创造了纪传体史学,同时也创造了人物传记文学。此外还有关于社会制度方面的记述,如礼乐制度,天文历法等。将历史用列表的方式呈现出来,让读者容易看到前后的联系。在《列传》中有周边国家的情况介绍,有《循吏》记载好官,有《酷吏》记载严厉的官员,还有《儒林》记载儒家学派的人物,有《货殖》记载成功企业家,有《游侠》记载著名侠客,还有《佞幸》、《滑稽》、《日者》、《龟策》分别记载各类特殊人物。司马迁是自己根据史官所能掌握的历史资料来撰写的,班固则受命来编《汉书》,对《史记》主要继承的是纪传体例,同时又作了一些调整。保留表,将书改为志,取消"世家"。他对《史记》的评价是:"甚多疏略,或有抵牾",同时又有"是非颇谬于圣人,论大道则先黄老而后六经,序游侠则退处士而进奸雄,述货殖则崇势利而羞贫贱,此其所蔽也。然自刘向、杨雄博极群书,皆称迁有良史之材,服其善序事理,辨而不华,质而不俚,其文直,其事核,不虚美,不隐恶,故谓之实录。"(《汉书·司马迁传》)司马迁刚进入独尊儒术的时代,仍然深受黄老之学的影响,尤其是司马谈《论六家要旨》还是以黄老道家为最正确的代表。班固时,独尊儒术已经很久，观念有了很大变化，所以他觉得司马迁有的说法与圣人的说法不一致。"先黄老而后六经"，六经是儒家著作。处士是不得志而隐居起来的儒生。退处士，也是对这些儒生的批评。司马迁在《货殖列传》中记述了一批经商成功的企业家的事迹，同时批评一些儒生"无岩处奇士之行，而长贫贱，好语仁义，亦足羞也"。孔子说"君子固穷"，同时又说："天下有道则见，无道则隐。邦有道，贫且贱焉，耻也；邦无道，富且贵焉，耻也。"（《论语·泰伯》）司马迁所处的时代是有道的时代，仍然长期贫贱，是羞耻的。这思想与孔子说法一致。有什么不对呢？儒学是经世致用的，不是精神娱乐品，要用于关注民生，改善社会，造福人类，也为自己创造财富，争取幸福。

　　班固撰写《汉书》，以后八家撰写《后汉书》，只有范晔撰写《后汉书》，列入"二十四史"作为正史。其他七史选择一部分内容作为注释保存在范书中。陈寿撰写《三国志》。这是前"四史"，包括《史记》、前后《汉书》与《三国志》。魏晋南北朝比较乱，隋朝时间短，没来得及写史。到了唐朝，进入盛世，开始写史，一下子写了许多史，如《晋书》、《宋书》、《南齐书》、《北齐书》、《梁书》、《陈书》、《魏书》、《周书》、《北史》、《南史》、《隋书》等。从此以后，每一个朝代都组织撰写前朝史，宋代撰写《唐书》，后来又写一个《唐书》，于是有了《新唐书》与《旧唐书》。宋代还写了新旧《五代史》，元代写《宋史》，明代写《元史》，清代写《明史》，民国时代写《清史稿》。除了这些正史之外，还有地方的方志，各县有县志，各州有州志，各省有省志，如《福建通志》、《山东通志》、《河南通志》、《长安志》、《长乐县志》、《大名县志》等，这些都是地方史。按事件写的是纪事本末，如《春秋左氏传事类始末》、《通鉴纪事本末》、《元史纪事本末》等。按人物写的是《传记》、《年谱》，如《孔子编年》、《晏子春秋》、《列女传》、《高士传》、《唐才子传》、《高僧传》、《宋高僧传》、《元朝名臣事略》。按时间写的是纪年体，《春秋》、《资治通鉴》都是按年代写下来的。前面讲的"二十四史"，基本上都是断代史，是纪传体。这个体例是司马迁创造的。《史记》写了从黄帝到汉朝的两千多年的历史。从《汉书》以后都是断代史。还有史论的著作如唐代刘知幾著的《史通》，这是博大精深的史学理论著作。清代顾炎武的《日知录》、章学诚《文史通义》、赵翼的《廿二史劄记》、王鸣盛的《十七史商榷》都是史论的著作。有别史类，如《逸周书》、《东观汉记》、《藏书》、《续藏书》，又有杂史如《国语》、《战国策》、《贞观政要》等。中国传统重视史，史学因此特别发达，连续悠久，全面丰富。

历代学者，主要是先秦百家争鸣的时代，许多思想家提出自己的政治主张，也讨论社会各种问题，形成各自的思想体系。诸子百家被称为子学。秦汉以后也有一些思想家阐发自己的独到见解，也属于子学范畴。《四库全书》中的子部包括儒家的《孔子家语》、《孔子集语》、《曾子》、《荀子》、《孔丛子》以及汉代以后的《新语》、《新书》、《盐铁论》、《新序》、《说苑》、《法言》、《潜夫论》、《帝范》、《续孟子》、《帝学》、《朱子语类》、《北溪字义》等。接着有兵家类如《孙子》、法家类如《管子》、农家类如《齐民要术》、医家类如《黄帝内经·素问》、天文算法类如《周髀算经》、术数类如《太玄经》、艺术类如《书品》、《书谱》、《书断》、谱录类如《古今刀剑录》、杂家类如《鬻子》、《墨子》、《吕氏春秋》、《淮南子》。类书类，梁代有《古今同姓名录》，唐代有《艺文类聚》、《北堂书抄》、《初学记》，宋代有《太平御览》、《册府元龟》，明代有《永乐大典》，最大规模的类书还是清代编辑的《古今图书集成》。小说家类，有《山海经》、《穆天子传》、《西京杂记》、《世说新语》、《博物志》等较为出名。最后列入道家与释家类(佛教)，佛教的有《宏明集》、《广宏明集》、《宋高僧传》、《五灯会元》等；道家主要有《老子》、《庄子》、《列子》等。集部主要是词章类，如《楚辞》、汉赋、唐诗、宋词、元曲。

以上四库囊括了中国传统优秀文化的主要内容，也是国学的主体部分。从以上可以看出，这是历代文化精英不断劳动的结晶，是数千年文化发展的积淀，弥足珍贵。

文以载道，这些典籍承载着中华民族精神的道，我们读这些典籍，主要能从中体会出道来。这些道是什么呢？仁者见仁，智者见智。我想从自己体会中总结出一些内容，供读者参考。现代社会，国学精神的精华主要包括"天人合一"、"阴阳五行"、"实事求是"、"仁义之道"、"民本主义"、"为政以德"、"和而不同"、"是非之辨"、"浩然正气"、"尊师重教"、"自强不息"等等。这些问题都需要分别论述。

## 4. 国学有哪些特点

国学有章句之学和义理之学。章句之学，是一章一句地读懂古代典籍。义理之学，是要研究思想内容，并体会其中的大道，也称"大道之学"。

(1)章句之学。

上面已经讲到，国学主体部分是用汉字撰写的典籍。要研究国学，首先自然要看懂典籍。那就要读懂汉文，主要是古汉语。汉字是方块字，一个字有三个内容：形、音、义。形指形状，如何写？形状是变化的，历史演变有长期的过程。从甲骨文开始，然后有金文、小篆、大篆、隶书、楷书、魏碑体、草书、宋体等。研究汉字形体变化的过程，是一门学问，叫文字学。音指读音，读音也是变化的，在古代如《诗经》中的诗都是押韵的，现在有的诗读起来就不押韵了，就是音变了。于是就有了古韵、新韵的不同。研究读音变化，也形成一门特殊的学问，叫音韵学。汉字每个字都有它的意义，这些意义是非常复杂的，有本义，有引申义，有转义。在发展过程中，意义有变化，也更加丰富。许多典籍中还有一些假借字。有的一字多义，例如《周易》上的"易"字就有三义：易简、变易、不易。①
《说文解字》和《容斋随笔》都认为"易"是因动物蜥蜴而得名。《参同
契》称"日月为易"，上为日，下为月，日月代表阴阳。黄振华认为
"日出为易"②《周易》中的"周"字也是多义的。陆德明《经典释文》云：
"周，代名也；周，至也，遍也，备也。今名书，义取周普。"周指周
代，因为周文王演《周易》。周又有极致、普遍、圆周、圆满、全面、
完备的意义。关于"天"字，也有许多义，汉代《尚书纬·帝命验》载
天有五号："尊而君之，则曰皇天；元气广大，则称昊天；仁覆闵
下，则称旻天；自上监下，则称上天；据远视之苍苍然，则称苍
天。"这里还不包括庄子和荀子讲的天。《庄子·秋水》载："牛马四
足，是谓天。"《庄子·在宥》载："神而不可不为者，天也。"《庄子·
天地》载："无为为之之谓天。"《荀子·天论》载："皆知其所以成，莫
知其无形，夫是之谓天。"这里也不包括有七衡六间的"盖天说"之盖
天、圆如弹丸的"浑天说"之浑天。董仲舒讲："天有十端，十端而止
已。天为一端，地为一端，阴为一端，阳为一端，火为一端，金为
一端，木为一端，水为一端，土为一端，人为一端，凡十端而毕，
天之数也。"这一句话中出现三个"天"字，意义各不相同。第一个天，
是指整个宇宙，无所不包；第二个天指与地相对的那个天，即天空；
第三个天是客观性的意思。有的是数字一义。这在《尔雅·释诂》中

---

① 《周易正义》卷首载：郑玄作《易赞》及《易论》云，"易一名而含三义：易简，一
也；变易，二也；不易，三也。"

② 《周易研究论文集》第一辑，北京，北京师范大学出版社，1987。

列出很多，如："林、蒸、天、帝、皇、王、后、辟、公、侯、君也。"例如《尚书·君陈》载："尔有嘉谋嘉猷，则入告尔后于内，尔乃顺之于外，曰：斯谋斯猷，唯我后之德。"这个"后"就是"君"的意义。如果不了解这种同义情况，以为"后"就是"太后"、"皇后"，那就错了。我们说此"后"为"君"有什么根据呢？《礼记·坊记》引《君陈》这段话作："尔有嘉谋嘉猷，入告尔君于内，女乃顺之于外，曰：此谋此猷，唯我君之德。"在《礼记》中"后"作"君"，这就是明证。

王充的《论衡》常用"时"、"数"、"命"等词，但从意义上体会，都是指未被人们认识的神秘的客观必然性。有些词，似乎差别很大，但在特定思想体系中，却表达相同或相似的意义。这也是必须注意的。有的字包含正反两义，如臭字，有臭与香相反两义，如"其臭如兰"，就是香的意思。又如禀有接受和施予两种相反的意义；祥有吉祥与凶兆两个相反的意义。了解字的义，研究字义的变化，这门学问叫训诂。

《尔雅序》称："夫尔雅者，所以通诂训之指归。"宋代邢昺疏："诂，古也，通古今之言，使人知也；训，道也，道物之貌以告人也。"同一个字，古代什么意思，相当于现代的什么意思。这就是训诂，实际上就是会通古今，来解说字义。用现代的语言解说古籍文字中的古代意义，使后人了解古人的思想。《尔雅》就是训诂学的最早著作。汉代经学传疏中有训诂内容，而训诂的重要著作有许慎的《说文解字》、刘熙的《释名》、张揖的《广雅》。清代王引之的《经传释词》是读懂古经很重要的训诂学的著作。

王引之在《经传释词》序中提出训诂学的一条重要原则："揆之本文而协，验之他卷而通。"对一个字的训诂结果，是它的意义放在本文中，与上文、下文都能通顺，在意思内容上也能协调。然后再用其他卷的用法加以检验，如果也是通顺的，那么，这个训诂的结果可以说是得到了初步的肯定。因为认识是一个过程，任何结果都是有讨论余地的。

训诂学是很科学的，只有认真对待，才能少犯错误。最经常的错误是"望文生义"，古今都不例外。例如《春秋经》中鲁隐公"元年春王正月"。《尔雅·释诂》载："初、哉、首、基、肇、祖、元、胎、俶、落、权、舆，始也。"以上这些字都在不同场合当"开始"的意义使用，其中有"元"字。董仲舒也说："元者，始也。"（《春秋繁露·王道》）那么，元年，就是始年，即一个君主登基或国王即位的第一年。这种用法古已有之，在《尚书·书序》中有"成汤既没，太甲元年，使伊尹作《伊训》。"《伊训篇》载："唯太甲元年十有二月乙丑朔，伊尹祀于先王，诞资有牧方明。"（《汉书·律历志》）西周金文《舀鼎铭》上有"隹（唯）王元年六月既望乙亥。"可见，从商周时代开始，已经用"元年"来称君王登基的始年。但是，东汉何休《春秋公羊解诂》在注《春秋经》的"元年"一句话时，却说："元者，气也。无形以起，有形以分，造起天地，天地之始也。""元年"是始年，第一年，"气年"是什么意思呢？"揆之本文"不"协"，这是明显的错误。"元气"在东汉时代似乎很时髦，所以才产生何休这样望文生义的做法。现代研究者却说：汉代学者的解释总比后人的其他解释"更为可信"。因为古，就一定更可信。这种观念是不可取的。何休主张公羊学，曾著《公羊墨守》、《左氏膏肓》、《穀梁废疾》，在"春秋三传"中，他坚持公羊学，反对《左传》和《穀梁传》。郑玄针锋相对，写出《发墨守》、《针膏肓》、《起废疾》。何休看到这些书后，叹道："康成（郑玄的字）入吾室，操吾矛，以伐我乎！"(《后汉书·郑玄传》)何休治学的偏颇是很显然的，而郑玄"括囊大典，网罗众家"，兼通今古，遍注群经，是经学集大成者，所以能指出何休的错误。

又如，王充在《论衡·超奇篇》中说："天禀元气，人受元精。"有的学者认为天禀受了元气，所以，王充把元气视为比天更根本的宇宙终极本原。冯友兰先生认为这一句话与其他说法不一致，因此，认为王充在宇宙本原问题上，"没有明确的解决"。当我们知道，"禀"字既有承受的意思，也有给予的意思，这个问题也就可以迎刃而解。两汉时代，这种用法很多。例如，《仪礼·聘礼》载："饩之以其礼。"郑玄注："饩，犹禀也，给也。"《汉书·文帝纪》载："今闻吏禀当受鬻者，或以陈粟，岂称养老之意哉？"颜师古注："禀，给也。"《后汉书·张禹传》载："禹上疏求入三岁租税，以助郡国禀假。"李贤注："禀，给也。"《说文解字》载："禀，赐谷也。"《参同契》中篇第十六节有："阳禀阴受，雌雄相须。"乌恩溥注："禀，赐与、赋与。"[①]据我初步查阅，在王充《论衡》中，禀作为给予的意义使用的有三处：

①《宣汉篇》："天之禀气，岂为前世者渥，后世者泊哉！"

②《幸偶篇》："……贵到封侯，贱至奴仆，非天禀施有左右也，

---

① 《气功经典译注》，吉林，吉林文史出版社，1993。

人物受性有厚薄也。"

③《超奇篇》："天禀元气，人受元精，岂为古今者差杀哉！"

在这三段话中，"禀"字只能释作"给予"，如果释为"禀受"，就与上下文不协调。全面掌握了王充的哲学思想体系以后，这一点似乎也不难理解。

又如，屈原《天问》中有"圜则九重，孰营度之？"有的人认为，这个"圜"就是"天球"的意思。因此，战国时代的屈原就已经有了天球的思想，说明浑天说起源于战国时代甚至更早。但是，屈原所说的"圜"天是有边有角的，有八根大柱支撑着的，怎么可能是圆球形的呢？古人讲圆都是指平面圆形，不是指立体的球面圆。当讲到立体的球面圆时，一般叫作"浑"，并用"鸡子"(鸡蛋)、"鸟卵"、"弹丸"作比喻。古人称"浑天说"，就是这么来的。盖天说把天看作平面的或拱形的，才叫圆天，因此有"天圆地方"的说法。实际上，屈原的"圜"，只能理解为盖天说的平面圆，所谓"九重"，是说有九个圆盘那样的天重叠起来。不能把"圜则九重"理解为西方地心说的九层透明的圆球形的天。中国的浑天说，所讲的天球也只有一层，并没有九层。李约瑟将浑天说翻译为"天球说"，是正确的。

再如，《论语·微子》载："长沮、桀溺耦而耕，孔子过之，使子路问津焉。……夫子抚然曰：'鸟兽不可与同群，吾非斯人之徒与而谁与？'"朱熹注曰："言所当与同群者，斯人而已，岂可绝人逃世以为洁哉？"就是说，自己只能跟这些普通劳动者一起生活，怎么能离开人群而与鸟兽一起生活呢？在批判孔子的年代，有些人说孔子以

"鸟兽"指斥长沮、桀溺，把他们诬为"鸟兽"。张岱年先生气愤地说："这完全是随意曲解，可谓厚诬古人。"①

《大学》中有"八条目"，其中有一条是"齐家"。这里的"家"，不是现代意义上的家庭。还有"治国"、"平天下"，也不是现在所谓的国家、天下。古代制度，地方一里为井，四井为邑，井十为通，通十为成，成十为终，终十为同。同方百里，地长宽各一百里，叫同，一同可分一万个井。占领这么大地方的人每年必须上交给天子兵车一百乘，戎马四百匹，这叫"百乘之家"。这当然不是一个家庭，而是人口众多，地域广大的行政单位，是卿大夫的封地。相当于现在的乡到县那样大的单位。先秦时代，分天下为九州。西周时代实行分封制，把统治区域(远离京师的地区)划分若干个"国"，分别由周天子派人去管理。后来，国与国之间不断战争、合并，到战国时代只剩下七个"国"。秦国又吞并六国，统一天下，实行郡县制度，把天下九州分为三十六郡，各郡又分若干县。县级行政单位从秦代到现在，没有什么变化。所谓"国"，是指诸侯国，只相当于现在的省、地级行政单位。所谓"家"，是指诸侯管辖下的卿大夫的领地，只相当于现在的县、乡级行政单位。如果不了解这些情况，望文生义，以为"家"就是家庭的"家"，那就弄错了。

(2)义理之学。

研究国学的义理，就是研究思想。从前文可以看到，典籍中的语言是不断变化的，但是，传统的思想大体上是连贯的。因此要研

---

① 《中国哲学史方法论发凡》，北京，中华书局，1983。

究国学，必须从总体上弄清楚其中的精神，才能正确把握。这需要深入研究，细心体会，经过考证功夫，找出思想连贯的线索，才能真正准确地把握。有些人用断章取义的办法，所做出的评论或批评，多不能达到确切的阐述。

传统的思想是发展的。随着时代的发展，思想当然也要跟着发展。因此思想的任何变化都跟时代变化有关，也与个人处境经历有关。分析某个思想家的思想成果时，总要与他之前的思想成果相联系，知道这种思想的源头，又要了解在他以后的思潮，知道他的思想对后代的影响，这样才好给这一思想定位。脱离历史，孤立研究，就很难确定一种思想的历史地位，也就不能作出恰当的评价。

读懂古汉语，是最基础的，古代称为"小学"。至于后一条，那是更高的要求，是要研究"大道"的连续与发展的，是"大道之学"，简称"大学"。这里只是提到，不作详细论述。

## 5. 国学有什么用途

关于用途，就是很复杂的问题。有直接的用，也有间接的用。面包可以吃，这是直接的用。麦子可以磨成面粉，再做成面包吃，这是间接的用。可以用于衣、食、住、行的，都是有用的。满足物质需要是用，满足精神需要也是用。听音乐不能充饥，下围棋不能御寒，观察天文、考古发掘，都不是直接服务于吃和穿，但是，这些也都是有用的，是社会所需要的。哲学有什么用呢？它能锻炼人的理论思维能力，会使人更聪明一些。打篮球有什么用呢？为了锻炼身体，使人健康长寿。学哲学与打篮球相似，都是为了提高能力，差别在于一个是体力，一个是智力。一切思想理论的作用在于启迪智慧，使人更加聪明。不重视智慧的培养和思维的锻炼，只想生搬硬套，再好的思想理论也会被糟蹋了。理论不能直接用，也不会直接产生物质成果，不能解决衣食的问题，虽然如此，却是有大用的。同样道理，世界上各种正当职业，都是对人类有用的。还有科学研究，大家都知道有用，但是，开始研究具体科学问题时，往往还不知道研究这个问题究竟有什么具体的用处。例如，居里夫人研究放射性现象，当时根本不知道它有什么用处。研究出来后，既可以制造原子弹杀人，也可以用于治病救人，以后还会发现它的其他用处。而这些却是居里夫人所不知道的。如果有人认为这个现象不存在，是骗人的，是什么神秘主义，是伪科学，那么居里夫人还研究不研究？这是创新的机会，一旦放弃，就失之交臂。现在有些外行的"科学家"总是用现有结论否定新发现，那是很糟糕的，是破坏创新、阻碍创新的。发明电的人也一样不了解我们今天的生活中是如何用电的，更不知道有电灯、电话、电视、电脑。总之，科学研究不可能都先知道它的用处。科学研究首先是求真，了解事物的实际情况，然后有人根据这些成果来研究它的用途。开始研究往往对它的用途并不是很清楚，甚至完全不了解。有些人认为不知道有什么用，为什么要研究它呢？为了求真。科学研究是求真，用途则是研究出来以后的事情。没有真正求真的精神，诚实的态度，就是没有科学精神。

只有弄清这些不同的用，直接的用与间接的用，物质的用与精神的用，才能正确理解研究思想的作用问题。不能正确理解思想的用，或者错误理解思想的用，或者用得不适当，那么就会在实际生活中结出恶果，却以为思想没有用，不重视思想的研究与学习。

国学有许多精华，由于各种原因，有的人对它歪曲宣传，有的人对它全盘否定，有的人错用、乱用，有的人专门用糟粕，人们长期忽视了传统思想的精华内容。现在一些社会问题，原因是多方面的，其中一个重要的原因就是没有正确地继承中国传统思想的精华。我们现在设想，将中国传统思想的精华一点一滴地提出来分析，使它们转化成我们现在可用的思想，在社会上产生潜移默化的作用，使社会风气逐渐变好，日臻完善，使民众，特别是新世纪的青年人，能够树立正确的世界观、人生观和价值观，把自己培养成有高尚人格的、有求实精神的和有高雅情趣的杰出的创新型人才，成为新时代的新人。这些道理如果明白了，国学有什么用，也就清楚了。

能够将博大精深的国学灵活运用于解决实际问题，实在是件不容易的事，难怪有些人总以为国学是过时的腐朽思想，不能解决现实问题。其实主要在于他们不懂国学，也不想学国学。世界上有许多地方的人认为马克思主义没有用，情况与此相类似。首先对国学要有理解和敬畏的态度，然后认真学习，领会精神，研究运用，在用中继续学习思考，在实践中获得成功，这样有助于领会国学的精神。以不屑的态度面对，任何学问都学习不好。

## 6. 关于"国学热"议论的一系列疑惑

20 世纪末，亚洲有"四小龙"经济腾飞，引起世界关注。东西方文化的优劣定论受到质疑，于是有了所谓"文化冲突"的议论。中国经济的和平崛起，更加引人注目。最先是经济贸易的大发展，接着就是学习汉语热，而后是中华文化受到重视。2005 年 7 月 21 日，施芳、赵婧的文章《汉语汉字风行世界》，说国外超过 3000 万人在学汉语，100 个国家 2500 余所大学在教授中文。汉语水平考试已在 34 个国家设立 151 个考点。全世界已经开设了 25 家孔子学院，计划在全球开办 100 所孔子学院。20 世纪的很长一段时间，许多人认为汉语方块字属于应该消灭的对象，计划用拼音字母取代。现在许多外国人开始亲近汉语，喜欢方块字。《人民日报》曾发表李泓冰的文章《让汉语在国内也热起来》。他认为："国内的英语热和海外的汉语热，从不同角度印证了中外交流已经有了巨大发展。"他又认为国内汉语有被低俗化和被忽视的倾向，这跟考试制度有一定的关系。101 岁的德国哲学家伽达默尔说，200 年以后，全世界学习汉语，也会像现在学英语那样。随着中国的和平崛起，也许这个时间的到来会提前一些。

中国人民大学领先树立孔子像，成立国内第一所孔子研究院和第一个国学院。就在这个时候，有人提出"国学热"过头了，自称作为"一个现代公民"应该有"健康的心态"，全面地看待世界任何国家、任何民族的长处，认为现在有些人在经济发展以后不能正确对待历史，缺少反思的精神，对本国、本民族的各种毛病和弱点不敢正视，对自己的光荣和成就则念念不忘，甚至尽力夸大。他们所指的主要是中国、日本、韩国的学者，说是由于"民族情绪"所导致的偏见，并且说："这是东方国家的共同现象。"①认为"国学热"过头了，不仅是一个人的声音，而是有一批人的感觉，许多人并不发表文章，于是发表文章的就成了有代表性的看法。我以为这是需要讨论的。

这里需要讨论的有如下几个问题：

(1)中国人不正视自己的毛病与弱点吗？

孔子儒学是中国传统文化的核心与基础，孔子是中国传统文化的形象代表。20世纪初的新文化运动，首先要"打倒孔家店"，接着就有许多人针对中国传统文化撰写了大批否定的文章。此后，批判传统文化没有中断过。即使在解放初期，也在不同时期批判孔子儒学。提倡所谓"厚今薄古"，批判"厚古薄今"，实际上就是批判传统文化。将孔子定为没落奴隶主的思想代表，把儒学定为封建主义专制制度的意识形态。有的人将《论语》从第一句到最后一句，一句一句批判下去。有的人写书，从第一句到最后一句，都是批判孔子的，没有说孔子一句好话！这种批判还不彻底吗？还不"正视"吗？哪一

① 《报刊文摘》2005年7月22日摘录7月18日《市场报》的文章，题为《"国学热"下的另一种声音》。

个民族哪一个国家对本民族本国的传统文化，包括影响最大的圣人与经典，有过这样规模的批判？在讨论"李约瑟难题"中，许多人将中国传统文化的所有东西都当作妨碍科技发展的障碍，方块汉字妨碍了科技的发展，儒学重农轻商、重义轻利等观念妨碍了科技的进步，中央集权制度与官方垄断科技成果以及科举考试也不利于科学研究，甚至中国的地理位置也是黄色文化的基础，是封闭落后的农耕文化的自然条件。实际上，一场关于"李约瑟难题"的讨论是一场批判中国传统文化的过程。但是，中国文化有那么多毛病与弱点，为什么会有汉唐盛世？甚至到清朝，中国生产总值占世界的比重比现在美国占世界的比重还要大得多，为什么？中国传统文化中有那么多阻碍科技发展的因素，在 15 世纪以前的一千多年中，中国的科技还遥遥领先于世界，是同时代的欧洲所望尘莫及的，为什么？有那么一些人，不但批判了中国传统文化中的弱点和毛病，而且连外国人都非常崇敬的万里长城、郑和航海，都作为毛病和弱点加以批判，这正常吗？请问：还要如何"正视"，才能如其所愿呢？

（2）中国人总是"念念不忘"自己的光荣和成就吗？

说有的人"对自己的光荣和成就则念念不忘，甚至尽力夸大"，我认为，中国人对自己的光荣和成就所知甚少。现在许多中国人知道外国的很多名人和创造，对于本国只知道"四大发明"，而且这"四大发明"也还因为是外国人提出来的。连那些自称"现代公民"的人也不会知道太多。英国科技史专家丹皮尔和梅森在他们的科学史著作中，列出中国古代发明创造都是几十项之多。正如英国人李约瑟博士所说："中国的这些发明和发现往往远远超过同时代的欧洲，特别是在 15 世纪之前更是如此(关于这一点可以毫不费力地加以证明)。"

在《河殇》电视节目放映以后,中国成为黄色文化的代表,是封闭落后的象征。好像中国与海洋无缘。实际上,关于航海的问题,中国有突出的贡献,除了发明罗盘(指南针)之外,中国在造船业方面也一直居于领先地位。有可靠记载的如秦代徐福东渡日本,汉代造大楼船,特别是明初郑和下西洋,更是震惊世界的壮举。郑和奉明朝皇帝的命令,率庞大船队从福建闽江口太平港起航下西洋,时为公元 1405 年,船有 208 艘,大船长 44 丈(合 140 多米),宽 18 丈(合 60 米),可乘 1000 多人。首航率领全体人员 27800 多人。郑和先后七次下西洋,经历亚、非 30 多个国家。中国使者与沿途各国进行广泛的文化交流与经济贸易,是和平之旅、友谊之旅,增强了中国与世界各国的互相了解。87 年后,欧洲人哥伦布才开始航海,他率领 88 人(一说 90 人),驾三艘小船,横渡大西洋,到达美洲,共三次西航。欧洲人以后蜂拥而至,开辟了大片殖民地,以救世主的身份,把印第安人赶尽杀绝,欧洲人就是靠这样掠夺崛起的。刺激的掠夺行为,提高了欧洲人的冒险精神,科学研究以及航海技术也因此得到加强和发展。欧洲人说哥伦布航海促进了世界近代科学的发展,也不是没有道理。但是,这是掠夺崛起。欧洲的发展是以美洲人民的灾难为代价的,这是欧洲人损人利己观念的充分暴露。西方人什么时候正视过这种毛病与弱点?他们还一直赞赏着这些强盗行径!

郑和航海与哥伦布航海相比,郑和早了 87 年,从规模看,郑和有 200 艘大船,哥伦布只有三艘小船。人数上,郑和所率是哥伦布的 300 倍。航海次数是七比三。郑和航海增加了中国与世界的互相了解，与亚非 30 多个国家进行了文化交流和经济贸易。欧洲人说哥伦布航海发现了美洲新大陆。这个说法似乎欠妥。在那里生活了千万年的印第安人难道没有发现美洲？还要等欧洲人来"发现"？世界发展是要有代价的，欧洲人的发展，代价却是由欧洲以外的人付出的。欧洲人的发展是以印第安人的灾难为代价的。相比之下，中国人的和平之旅、睦邻政策，是否更可贵呢？欧洲人写的科学史、航海史，包括中国人抄袭欧洲版本的所谓科学史的著作和教材，都充分地肯定了哥伦布航海，却几乎没有提到郑和航海。郑和航海表明当时中国在造船业和航海业方面在世界上处于领先地位，有绝对优势。一个世纪以后，欧洲人也还没有赶上这种水平。郑和航海是和平之旅、友谊之旅、文明之旅，西方人却视而不见。他们如果能够正视这一事实，那么，还会在那里宣传蓝色文化如何开放进步，而把中国归入封闭落后的黄色文化的种种神话吗？奇怪的是，有些研究科学的人认为，哥伦布那三艘小舢板是科学；而中国郑和所率的庞大航海船队却只有技术而没有科学！又如，汉代论天三家中的"宣夜说"认为宇宙是无限的空间，气托着天体在其中自由浮动。李约瑟博士认为："这种宇宙观的开明进步，同希腊的任何说法相比，的确都毫不逊色，亚里士多德和托勒密僵硬的同心水晶球概念，曾束缚欧洲天文学思想 1000 多年。中国这种在无限的空间中漂浮着稀疏的天体的看法，要比欧洲的水晶球概念先进得多。"中国传统文化的光荣与成就为什么都要等外国人来发现。外国人发现了，中国人却不承认。这难道是中国人"念念不忘"、"甚至尽力夸大"自己的光荣与成就吗？奇怪的是，现在有些中国人说，西方地心说是科学，而中国的"宣夜说"不是科学，只有技术。请问："宣夜说"有什么技术？

中国由于复杂的原因，很多人对本国的历史不太了解。我们对于多数人不能苛求，但是有些人不是没有文化的普通大众，而是高层知识分子，包括那些口口声声讲要有"健康的心态"，不要有"民族情绪"的人，他们也只知道哥伦布航海，不知道郑和航海，这是"健康的心态"吗？他们只看到近代中国"落后挨打"，不是对"以强凌弱"的愤慨，却产生了对强盗的崇拜！没有公德道义，这是什么"情绪"！他们对于祖国的光荣和成就不是知道得太多，而是全都忘得一干二净，自己数典忘祖，却埋怨别人"念念不忘"，这又是什么"情绪"？

新生一代有了文化，有了新思想、新生活、新观念，应该如何看待父辈呢？父辈是文盲或者半文盲。在工具落后、生活贫穷的情况下，艰苦奋斗为我们创造出新的生活条件，使我们得到较好的教育，生活有了提高。怎么看待他们与我们的关系呢？是尊重他们，还是贬斥他们？是感谢他们为我们做出的一切贡献，还是埋怨他们没有像别人那样为子孙留下一大笔财富，好让自己坐享其成？如果这个问题解决了，那么，我们应该如何看待祖父，如何看待祖先，如何对待中国传统文化，也就都会得到合理解决。至于"民族情绪"，应该如何正确理解，也是值得研讨的。主要问题在于不赞成用一种民族情绪反对其他民族情绪，或者说自己的情绪是"现代公民"所应该具备的，而别人的情绪却是不合理的，应该取消的。美国被一些人认为是最现代的典范国家，美国总统在北京大学演讲时说，美国国家利益至高无上。这是没有"民族情绪"的"现代公民"说的话吗？

美国利益至高无上，这是极端个人主义的放大。有这种情绪如何有公平正义？如何有博爱？不安定的海地大地震，美国派去 3000 名士兵，查韦斯说："他们好像正在利用悲剧从军事上占领海地。"这叫"乘人之危"，或者叫"趁火打劫"。美国控制海地机场，美国航班拥有优先权，遭到巴西与法国的抗议。从孔子到现在大约两千五百多年，如果 500 年算一个阶段，那么，中国历史从孔子以来可分五个阶段。中国的文明程度、经济发展和科学水平，在前面四个阶段中，一直领先于西方。落后只是我们所处的最后的这个阶段。如何正确看待这样的历史事实呢？如果这是接力赛，前四棒都跑在前面，我们所跑的最后一棒落后了。那么，我们应该振作起来，复兴中华，怎么可以无端辱骂前四棒呢？我们的祖先无愧于我们，他们创造出了领先于世界的无比辉煌的成就。

(3)"民族情绪"的症结何在？

为什么不纪念靠三寸不烂之舌游说诸侯，为秦统一做出贡献的张仪，却纪念忠君爱国而被贬谪，屈死于汨罗的屈原？不崇敬坑赵卒数十万，为秦统一立了赫赫战功的白起，而崇敬敢于刺秦王却失败无功，而加速身死国亡的荆轲？这就是中华民族的"民族情绪"。民族的存在就是以本民族的文化为精神纽带联系在一起的。只要有民族文化这个纽带存在，民族情绪就是不可避免的。一个人有人性，一个民族有民族情绪，都是正常的。有些人因为过分强调民族情绪，甚至会出现一些不顾事实的偏颇心理与观念，也是可以理解的。在实事求是的思想指导下，平心静气地讨论，各民族之间都是可以沟通的，可以进行文明对话。如果企图歪曲事实来为某种观念作论证，那是不适当的。如果不看事实，或者捡了芝麻、丢了西瓜，或者攻其一点、不及其余，就属于诡辩伎俩，需要加以驳斥。

有些国家和民族，突出强调本国本民族的优秀成果、伟大贡献，只要是实事求是的，就无可厚非。人都是有情绪的，不是这个情绪，就是那个情绪。在尊重事实的基本条件下，由于价值观不同，风俗习惯不同，对于同样的事实会有不同的看法，这也是很正常的。在近代史上，中西经济发展程度不同，西方已经进入商品经济的资本主义社会，而中国还处于封建主义社会。有许多不同，自然就会产生矛盾。西方凭借船坚炮利的实力，强迫中国政府签订了一个又一个不平等条约。西方殖民主义者认为这是当然的，也是符合"优胜劣汰"观念的。他们在征服美洲、非洲以后，自然要扩大到亚洲，庞大的中国成为其争夺的对象。如何看待殖民主义？有的人说，谁叫你落后？落后当然就要挨打。难道这还有公道正义吗？在一个中学班级里，有个弱小的同学，我们应该怎样对待这位同学呢？是随便欺负他，还是保护和帮助他？如果说由于他弱小，就该挨打，这不是强盗逻辑吗？信奉基督教的信徒，不知是否能从《圣经》中找到这种行为的根据？在上帝面前，人人平等，要博爱，要自由，要民主，讲人权。他们的这些说法是真的，还是骗人的？印第安人、犹太人、亚洲人都是上帝的子女，都是自己的兄弟姐妹，为什么要打他们，杀他们，欺负他们呢？阿富汗有一个村被美国飞机炸为平地，1000多村民无一幸免。他们犯了什么罪？他们如何威胁美国的安全？美军侵占伊拉克，死亡2000多士兵，每死一个士兵，都做详细报道。而美国杀害伊拉克人超过3万，主要是平民，其中有很多妇女与小孩，却很少报道。一个侵略者的士兵与一个受侵略的平民，能不能平等？审判萨达姆，说他杀害100多名平民。布什发动战争，杀死3万多伊拉克平民，并将美国士兵送死在异国他乡，该当何罪！有的人认为现代只凭实力，没有道义可言。那就是韩非所说的"争于气力"的乱世！有压迫就有反抗，压迫越重，反抗也越激烈。企图在世界称霸的强者，受到弱者的反抗也是必然的，遭受恐怖袭击自然也在情理之中。不尊重公道正义的时代，天下就不得安宁。不尊重公道正义的恶霸，也不会有安全感。敢于偷袭珍珠港美军舰队的日本，遭受原子弹的报复，是正常的因果关系。而许多恐怖活动，却是弱者对强者的反抗。没有看清这种形势的人，或者以为可以用武力消灭恐怖，犹如火上浇油，都将被历史证明是错误的。中国儒家亚圣孟子早就说过，以力服人，不能服人心，要施仁政，要以德服人。孟子对过去历史经验的总结，又经过中国两千多年历史经验的一再证实，这是颠扑不破的真理！缺乏历史经验的国家与民族，是体会不到这种深刻的道理的。他们以为不讲道义，只要依靠强力，就可以压服别人，统治天下。这是落后野蛮的表现！

我们知道，中国古人曾经说过，治国要有两手：道德与实力。只讲道德，不能惩治坏人，就不能维持社会的安定，无法构建和谐社会。不讲道德，只靠实力，或者滥用武力，必然导致社会大乱，最后将自己送上断头台。好战必败，忘战必亡。任何一个政权，都要有实力维护自己的统治，同时还要有被统治者愿意接受统治的理由，实际上就是道德说教，使受统治者心甘情愿地接受统治。如果被统治者不能接受，只是屈服于暴力，这种统治只能暂时维持，不能长久，服从的时间是有限的，到时候必然爆发反抗。一旦爆发，什么力量也阻止不了。古代朝代更迭，往往是反抗力量的爆发所导致的。能够战胜六国，统一天下的强秦，却在手无寸铁的奴隶揭竿而起后灭亡。这个教训是一切强者所应该记取的。

由于中国和平崛起，研究儒学、传播儒学，使儒学在全世界有所升温，还没有达到"热"的程度，就有人出来极力反对，也是我不理解的一个问题。也许 20 世纪的"批儒"留下了后遗症，使一些人"谈儒色变"、"见儒恶心"。

## 7. 国学不能归结为王权

王权是封建时代皇帝主宰社会的权力。对于王权的讨论可以有不同的角度。

一是从历史发展的角度来讨论，一般认为社会主义比资本主义进步，资本主义比封建主义进步，封建主义比奴隶制进步，奴隶制比原始社会进步。这是历史发展的不同阶段，是不断进步的过程，这种进步过程也是人类文明不断积累的过程。社会主义为什么最进步？是由于它继承了全人类创造的文明成果，又加以创新改进。如果社会主义不继承资本主义制度的优秀成果，更不继承封建主义和奴隶制的成果，那么，社会主义就要回到原始社会，重新建设新文明，那就要由最落后的时代开始，那样是不可能建设进步的新社会的，也不可能创造最先进的新文化。按马克思主义的观点，每一个新社会制度建立的时候，都是进步的，新出现的阶级也是新生产力的代表，是进步阶级。即使是奴隶社会，也不例外。恩格斯说："在当时的情况下，采用奴隶制是一个巨大的进步。……甚至对奴隶来说，这也是一种进步；成为大批奴隶来源的战俘以前都被杀掉，在更早的时候甚至被吃掉，现在至少能保全生命了。"[①]封建主义不如资本主义，更不如社会主义。但是，在两千年前的秦汉时代，或者三千年前的西周时代(范文澜认为西周开始进入封建社会，西周社会制度比殷商时代进步，孔子就有这种见解)，采取封建制度比起奴隶制更是一个巨大的进步。封建社会的王权也就因此具有进步意义。站在现代社会，用现代标准，评论两三千年前的制度，缺乏历史主义的观点，否定一切历史，缺乏客观性和科学性，也不符合马克思主义。

二是从实际情况来讨论。有的人会说，王权主义是皇帝个人专制，是与民主对立的，没有什么进步性。但是，从实际出发，资本主义很好，两千多年前的秦汉时代是否可以实行资本主义呢？或者实行社会主义？秦始皇专制不好，选举总统最合理，那时候能实行民主选举吗？实行什么形式的民主呢？我们可以从《贞观政要》看到唐太宗与大臣议论政治问题及其他问题，虽然不是民主制度，也不

---

① 《马克思恩格斯选集》第3卷，524页，北京，人民出版社，1995。

是一个人说了就算数的。从历代皇帝行政来看，都是与大臣们商量讨论后作出决策的。个人专政必然导致混乱，导致改朝换代。说明人民有最终选择权，为什么说"得民心者得天下"，就是这个道理。凡事不能只看表面，要看实质。

一个历史时期有一个适应那个时期的制度，其他制度再高明，说起来再好听，也实行不了。这是历史唯物主义的基本观点。

三是从王权的历史作用来看。王权在历史上有过什么样的作用呢？按黑格尔的说法：凡是现实的都是合理的。王权存在于历史上，自然有它的合理性，否则如何会出现王权呢？王权代表社会秩序。如果没有王权，社会就处于混乱状态。过去说，坏皇帝也比没皇帝好，就是这个道理。春秋战国时期，因为天子权威下降，各诸侯自行其是，还不是没王权时代，只是王权分散，就出现长期战乱的局面，给人民带来无穷灾难。秦坑赵卒四十万，给多少家庭带来悲剧！秦国从商鞅开始变法，实行制度改革，奖励耕战，富国强兵，经过几代努力，吞并六国，统一天下，建立中央集权专制制度，这是得民心的大好事，使人民摆脱数百年战乱之苦。原以为可以让百姓安居乐业了，但是，秦始皇想让全天下人民为他一个人服务，搅乱天下。人民被逼无奈，揭竿而起，推翻秦政权。能够消灭六国的强秦，只要背离人民的愿望，不得民心，就会被人民所抛弃。在总结这种教训的时候，贾谊提出民本概念：民无不为本，民是国之本、君之本、吏之本。与民为敌，早晚要失败。刘邦领导的起义军与项羽领导的起义军经过五年拼搏，斗智斗勇，最后得民心者刘邦得了天下。司马迁在《史记》中也揭示了刘邦的缺点和项羽的优点，但这未能改变胜负的大局。有一些优点和缺点与是否得民心关系不大。汉朝建立以后，加强了中央集权制度，完善了政府机构和行政规范，社会秩序得到维持与巩固，人民生活真正达到安居乐业。这时候的王权，是人民生活安定的保障。让人民生活好，就是最重要的政治标准。正如王充所说"夫太平以治定为效，百姓以安乐为符。""百姓安乐者，太平之验也。夫治人以人为主，百姓安而阴阳和，阴阳和则万物育，万物育则奇瑞出。"（《论衡·宣汉》）百姓安定快乐，就是社会太平。政治应该"以人为主"，人民生活好了，幸福感多了，就是好政治。王充认为，在汉代出现瑞应如嘉禾、甘露、祥云、黄龙，都不是主要的，不能证明天下太平。我们如果说王权是反动的，推翻王权几十年，如果人民生活没有改善，就不能证明我们的政治是进步的。"以人为主"、"百姓安乐"为效验，这才是中国传统的民本观，也是马克思主义的"人民是社会历史的真正主人"的体现。汉代文景之治，整个社会十分富裕，生活幸福，就说明那时的政权是合理的先进的。不能因为这个政权没有给予人民充分的民主权利，就否定它的合理性和进步性。唐代的长安成为当时世界各国人民羡慕的盛世大都，这也说明当时的政治是进步的，政权是合理的，统治者是开明的，与同时代的世界其他各国相比，无论哪个方面都不逊色。如果因为它是王权政治就加以否定，那么，当时世界上还有值得肯定的政治吗？如果全世界都没有值得肯定的政治，那么，这种政治理想还有什么价值？连乌托邦都不如！恩格斯认为奴隶社会还有进步性，封建社会怎么就没有进步性了？

　　四是如何评价历史现象。评论历史现象都离不开历史环境，都

要将历史现象放在特定的环境下加以考察，分析研究，才能有合理
的评价。近现代，西方传入自由、平等、博爱、民主等观念，受到
中国人的重视。相对于这些西方的观念，中国传统的政治模式显得
落后了，特别是清朝政治已经将传统的模式推向僵化，产生严重腐
败。尤其是在中国与西洋、东洋交战中失利，说明中国不进行政治
改革不行了。中国一批精英分子为了保种、保国，发愤图强，研究
中国失败的原因，探讨振兴的路子，一方面向西方取经，向东洋学
习；另一方面批判本民族的传统文化，认为是传统文化落后导致经
济、政治、科技、军事的落后，甚至认为是汉字难学，妨碍文化传
播，也是落后的原因之一。他们批判传统文化的主干儒家儒学，不
遗余力。这种批判对不对呢？我认为是对的。没有这一场文化革命，
不推翻清朝政府，半封建半殖民地的中国就不能独立。中国不能独
立，中国的经济就不能崛起。经济不能崛起，中华民族如何复兴？
这个过程是惊心动魄的，翻天覆地的，整个 20 世纪就是走了这一过
程。一环扣一环，少了哪一环也不行。对于先行者的爱国救国的精
神和贡献应当给予充分肯定。由于他们的努力和牺牲，才给我们创
造了继续发展的好条件。我们没有理由，也不应该指责他们。正如
砍树的人虽然不能每一斧头下去都保证准确无误，树毕竟被砍倒了。
袖手旁观的人哪有资格说三道四?! 当然，我们尊重精英分子，却不
应该将他们的每一句话当作绝对真理来引用。他们仓促间说的每一
句话，不分场合，乱加引用，是侮辱前贤，愧对后学。我们需要继
承先贤的精神，还要创造新的社会、新的文化。这是社会责任，也
是历史使命。要创造就要超越前贤，提出更高的标准，为世界文化

做出更大的贡献。

王权的突出特点是中央集权专制制度。在两千多年前秦汉时代刚建立这个制度时，是先进的制度，在中国历史上发挥了巨大的进步作用。到了近现代，才显得落后了，五四新文化时代批判中央集权制度是正确的。当时批判出于革命的需要，但由于没有能够细致分析精华与糟粕，否定有所扩大，这是不可避免的。我们要建设最先进的中国特色的社会主义制度，当然不能再搞中央集权专制制度。从理论上研究，我们不能否定这种制度刚产生时的合理性、进步性。我们要与时俱进，不能停留在汉唐盛世，也不能停留在五四新文化运动时代。我们在继承优秀传统的同时，要吸收世界各国的优秀成果，结合现实的需要，综合创新，创造更加先进的新制度。

封建时代的中央集权专制制度都需要加以肯定，将中国传统文化都归结为王权主义，也无法加以全盘否定，更何况中国传统文化的丰富性，岂是以王权主义所能概括的！集中统一在现代世界各国政治中仍然有一定的合理性，只有那些没有历史感的政治家缺乏这方面的修养，依赖经济实力与武器装备，在世界上横行霸道，自以为得意。

总之，中国传统文化核心是国学，国学不能归结为王权，王权也不是只有中央集权专制制度。即使是中央集权专制制度也不是可以全盘否定的。用王权主义概括国学，然后加以全盘否定，那是很不妥的。

第二课　中国文化思想

中国历史悠久，文化丰富多彩，思想博大精深。我们要从中理出个头绪来，是很困难的。因为是"文化思想"，我们就从文化谈到思想，作个简要介绍，难免挂一漏万。


## 1. 文化思想


　　世界上，对文化的定义不下数百种，我们这里只从中国的角度讲文化。文化一般有广狭两义。从广义上讲，文化包括人类加工过的一切东西，简单地说：文化就是人化。荒山野岭，无人烟处，可以说没有文化。荒地一经人类开垦，就有了文化。泰山本来是自然的，岩石、清泉、青松、翠柏，全是自然，一旦人类介入，有了摩崖石刻，有了五大夫松，有了汉柏第一，有了"会当凌绝顶，一览众山小"的诗句，还有皇帝到那里举行隆重的封禅仪式，文化名人孔子登临处，许多与泰山有关的各种故事也出来了。于是，泰山就有了丰富的文化内容，被联合国列入世界文化遗产名录。水也是自然的，

许多水由于人类的活动，而有了动人的故事，迷人的传说，吓人的
灾害，宜人的风光，有古人的遗址，也有喜人的变化。周瑜赤壁拒
曹操，祖逖渡江发誓言，古之天堑今通途，更有高峡出平湖，都使
长江文化更加丰富。奇花异草，名木古树，也都因为人类的活动、
取舍，赋予了它们文化内涵和人文意义。即使是刮过的风，按古人
的说法，也有雌雄之分，清浊之别，寒热之不同。按方向论，则有
八风："东北曰炎风，东方曰滔风(条风)，东南曰熏风(景风)，南方
曰巨风，西南曰凄风(凉风)，西方曰飂风，西北曰厉风(丽风)，北
方曰寒风。"(《吕氏春秋·有始》和《淮南子·地形训》)按时间定，则
有二十四番花信风：小寒有梅花、山茶、水仙，大寒有瑞香、兰花、
山礬，立春有迎春、樱桃、望春，雨水有菜花、杏花、李花，惊蛰
有桃花、棠棣、蔷薇，春分有海棠、梨花、木兰，清明有桐花、麦
花、柳花，谷雨有牡丹、酴醾、楝花。在这八个节气中，风应花期
而来，恪守诚信，故称花信风。时间也有自然与人文两种分别。自
然的时间就是太阳发光，地球旋转和月球旋转，其他天体的自然运
行，在地球上表现为夜以继日的更替、寒来暑往的变化。人文的时
间就对这些现象加进了许多文化的内容，使之变得异常复杂。根据
地球的自转而有昼夜更替，一昼夜就是一天；根据月相盈亏的变化，
一周期就是一个月。根据地球绕日公转的周期，从冬至到下一个冬
至，就是一个回归年，俗称一年，也有一载、一祀的不同说法。在
一年中，分二十四节气。还有许多特殊的纪念性日子，如元旦，元
宵节、清明节、端午节、乞巧节、中元节、中秋节、重阳节、腊八

节、除夕。在这些日子中，各民族会有大小不等的群众性的各种活动，成为传统的风俗习惯，充满民族文化气氛。古代还有阴阳五行的理论，结合时间的年月日时，定出吉凶，作为行动的选择依据。

在不同地区、不同时间，不同民族又有不同的服饰、饮食、住房以及不同的娱乐形式，形成中国非常丰富多彩的民族文化。还有酒文化、茶文化，有不同的几大菜系、不同的地方戏剧。生活富裕了，旅游业发展起来，于是也有了旅游文化。文化已经成为人为的一切内容。狭义的文化就是用文字表示的文化，识字的人就被称为文化人。古代的文化是指文治与教化，用文的办法来治理社会与教化民众。现在也有的指整个上层建筑、意识形态，包括与之相适应的机构、制度、观念。有的还包括意识形态之外的教育、体育、娱乐等活动内容。文化是什么？概念丰富，内容复杂，而且是发展变化的。不同文化的背后都有不同的思想支配着。思想是看不见的，都是要透过文化现象来探讨。

## 2. 中国文化思想的内涵与层次

文化就是人化，是无所不包的人文。文化是有层次的，最显明的是人们的风俗习惯和所创造的物质成果，其中包括房屋建筑、服装饰物、饮食方式、人伦关系、祭祀祖先以及各种重要的节日活动。

在最显明的文化表层下，蕴藏着丰富的思想内容。这些思想像人体的神经指挥着人体的行动。中国人家家户户祭祀祖先，这是从孝的观念引申出来的。孝顺父母，"生事爱敬，死事哀戚"（《孝经·丧亲章》）。生前要能养、能敬、能几谏；死后要能哀葬、祭祀、思念之。同时也要尊敬父母的父母，这就产生敬祖的思想。这种信仰长期起着相当于宗教的作用。对于国家来说，就表现为敬天法祖。北京有一个天坛，就是敬天的物证。这是中国传统文化遗迹，现在已经列入世界文化遗产。这种文化思想表现在建筑和祭祀活动上，就是天坛祭天。

天坛就是皇帝祭天、祈天的场所。祈天，希望上天赐予"风调雨顺，国泰民安"，主要祈求丰收。天坛主体建筑就称为"祈年殿"。皇帝祈天就是在天人感应理论基础上开展的活动。汉代开始流行天人感应学说，到明清时代还有天坛祈年殿，说明这种学说在封建时代的影响是深远的。天坛的建筑还有不少体现中国传统文化的内容。祈年殿的建筑就是典型的例子。祈年殿是圆形建筑，象征"天圆地方"中的天圆，顶上是天蓝色，代表天的颜色。殿内供着《皇天上帝》的牌位，表示对天的崇拜。只有牌子，没有神像，说明中国人崇拜的天是没有具体形象的。殿内有四根大柱，代表一年四季和四方，东方为春，南方为夏，西方为秋，北方为冬。四柱之外有十二根大红柱，代表一年的十二个月，再向外还有十二柱，代表一天的十二个时辰(一个时辰等于两小时)。两个"十二"相加，等于二十四，又代表二十四节气。加上中间的四大柱，为二十八，又是天上的二十八宿星座。四大柱上面还有八根短柱，与八卦对应。八与下面的二十八柱，总数为三十六，正是"三十六天罡"的数。祈年殿的基础是三层圆台，每一层圆台的周边都由望柱和栏板包围。望柱上刻的花纹是不一样的，最下层是云纹，中层是凤纹，最上层是龙纹。说明龙凤在云天之上，龙比凤高，象征男尊女卑。天坛因为是皇帝祭天的地方，所以非常神秘，不许老百姓靠近。现在已经成了传统文化的象征，人们旅游参观的人文景观。这一建筑有极其丰富的文化内涵，包含复杂的传统文化思想。这些思想的核心就是天人感应学说，是中国传统哲学的重要内容。天坛重要建筑都是圆形的，与地坛的主体建筑都是方形的相对应，是古老天文学——天圆地方说的反映。

北京故宫博物院是封建时代最高权力的中心，也是皇权的象征，汇聚了中国传统文化的诸多内容。在南面的是前门，正阳门。阳气聚积于南方。天安门与地安门相对，天属于阳，在南；地属于阴，在北。进去有午门，按天干地支与方位对应的体系，地支的午在正南方，因此，午门在南面。故宫主体建筑是太和殿，中国文化强调和，儒家讲"礼之用，和为贵"（《论语·学而》）。和就是阴阳平衡，社会和谐，这是最利于万物生长的条件，也是人类最好的社会环境，因此古人称"和也者，天下之达道也"（《中庸》）。太和，就是和的极致，最为和谐。皇帝将最主要的宫殿称为太和殿，说明他们追求的最高理想正是最大的和谐，即人际和谐，社会和谐与天人和谐。太和殿后有中和殿与保和殿。这是前三殿。后有后三宫：乾清宫、交泰殿和坤宁宫。中国古人认为天由清气构成，地由浊气凝聚而成。天在上面急速运动，地在中间静止不动。乾是天，天是清气形成的，因此称乾清宫。坤是地，地是宁静的，故称坤宁宫。乾卦重坤卦，是交泰卦，因此在乾、坤两宫之间有一交泰殿，也暗示皇帝与皇后的交欢。这三宫就是据《周易》三个卦名来命名的。乾清宫前有日晷和嘉量各一个。日晷是中国古代根据日影看时刻的仪器。嘉量则是王莽时代制造的统一度量衡的标准器。根据这一仪器，我们知道古代的一尺相当于现在的多少厘米，古代的一斤相当于现在的多少克，关于古代所谓斗、升究竟有多少容量，也可以从嘉量中知道。这一实物具有非常重要的文物价值。乾清宫前的嘉量是乾隆时代仿造的，原件现存台北故宫博物院。坤宁宫有光绪皇帝结婚时的洞房。坤宁宫后面是御花苑。御花苑内，共有十二座亭子。堆秀山上有御景亭。东有万春亭，西有千秋亭。春与东对应，因此万春亭在东；秋与西对应，故而千秋亭在西。钦安殿前有两个方形的香亭，在园的东北与西北分别有玉翠亭与凝香亭。东西各有一池，池上有小桥，桥上也有亭子。东为浮碧亭，西为澄瑞亭。从亭中可观赏桥下成群的金鱼畅游。还有一个四神祠，供着青龙、白虎、朱雀、玄武。这四神，在汉代称为四灵，也与四方对应。青龙在东方，白虎在西方，朱雀在南方，玄武是龟蛇，在北方。这四灵有汉代瓦当为证。除了四神祠和御景亭，其他各亭都是东西对称的。钦安殿前有旛杆颊。这是由两块方形青白石拼成，高210厘米，宽140厘米。表面雕刻着精美的双龙戏珠图，下面石阶上刻着水生动物与水浪。殿前原来立有玄武大帝，那是救火的神。上面四神中的玄武就是在北方的代表水的神。故宫北门原叫玄武门，后因避康熙玄烨的讳，改为神武门。神武门内有两排平房，用的瓦片是黑色的，与故宫其他房屋的黄瓦截然不同。那是因为黑色代表北方，加强水的意识，是为了防火。故宫北门附近，多以黑色、水、玄武来表示，是代表防火的观念，也是古代五行宇宙模式的反映。但是，虽然有这些防火的结构设置，故宫还是经常发生火灾。中国在汉代已经形成以五行为框架的宇宙模式。五行中的木与东方、春天、青龙、绿色相对应，火与南方、夏天、朱雀、赤色相对应，金与西方、秋天、白虎、白色相对应，水与北方、冬天、玄武、黑色相对应。土居中央，兼管四时，与黄龙、黄色相对应。这种宇宙模式在中国历史上有很深刻的影响，在故宫建筑设计中有相当充分的体现。如果不了解这些文化内容，参观故宫建筑就不能领会其中的内涵。

从有形的文化遗存到无形的文化思想，再到深层的哲学理论和宗教精神。这是文化的层次问题。中国文化思想是多方面的，其中包括哲学、宗教、政治、法学、经济、文学艺术、教育、科技、军事思想等九大方面，其中哲学理论则是核心。

## 3. 中国文化思想的形成与发展

　　中国文化发生比较早，据现代考古发现，在不同时期不同地区发生了许多独立的文化系统。如仰韶文化、龙山文化、马家窑文化、半坡文化、大汶口文化、河姆渡文化、马家浜文化、屈家岭文化等等。这些文化先后产生，有的传承，有的融合，不断发展。它们的历史都在五千年以上。根据有文字记载的文化历史在五千年前的炎帝、黄帝时代开始，司马迁的《史记·五帝本纪》从黄帝开始写，说明经他考证，黄帝是可信的文明始祖。此前只有石器与陶器，作为文化的遗物。黄帝时代是物质文明大发展时期，这时的发明创造有一大批，深刻影响到中国以后的发展，据《世本》记载，历法、天干地支、乐律、乐器、兵器、房屋、衣服、家具、耕种、文字，都是那时候发明的。由于有了文字的记载，人类的精神文明的资料就可以不断积累下来。孔子整理历史文化成果，编成《五经》，就是对古代文化成果作综合整理的工作，古人称他为"集大成者"。孔子自己说是"述而不作，信而好古"(《论语·述而》)。他只是整理传授古代的文化成果，自己没有创造。又说："我非生而知之者，好古敏以求之者也。"（《论语·述而》）生而知之与作是对应的。生而知之者是有创造性的圣人，圣人才会作。孔子自己不承认是生而知之的圣人，因此说自己"不作"。他为什么那么有学问呢？他的回答就是"好古"与"敏求"，即爱好古代的文化，又勤奋敏捷地追求。对古代文化进行整理综合，虽说没有创新，却是更大的创新。历代学者对孔子在文化思想上的贡献，有许多很高的评价，都肯定了他是中华民族第一位综合创新者，从这个意义上说他是至圣先师，称他为千古圣人，万世师表，都不过分。

　　孔子强调以礼的制度来规范人的行为，使社会达到和谐。"礼之用，和为贵。"（《论语·学而》）礼的规定是符合实际的，符合人的性情的，也是符合中庸原则的，反对的是"过"与"不及"。要知道如何合适，心中必须有智，知道什么是义。这种礼治的思想基础是爱心，即仁的思想。仁的思想是从孝推导出来的。孝则是对父母养育之恩的报答。教育从孝的教育开始，推己及人，产生了仁。爱有差等，处理恰当，就是义。如果能实行这些原则，天下自然安定。首先当政者先学会并实行这些原则，为民众做出榜样。培养从政人才的教育，教育内容是政治哲学。政治哲学的重要一项是当政者的自我修养，因此也有丰富的伦理学的内容。所谓修身、齐家、治国、平天下，修身是根本，平天下是最高理想。《大学》中的这段话，正确地概括了孔子的思想。

　　庄子将儒学概括为"内圣外王"是非常恰当的。修身就是内圣，治国平天下就是外王。孟子强调内圣，讲人性善，人的内心具有仁义礼智四端，认为这些都是自己心中所具有的，不是外加的。人性变恶，是由于外界的影响、污染、掩蔽，从而失去本心。需要找回本心，才能恢复善的本性。他讲养"浩然正气"，就是弘扬善的本性。他主张仁心贯彻于政治，提出仁政思想。仁政是从自己做起，重视的是自律原则，这是后代讲以德治国的理论基础。孟子发展儒学有功，被称为亚圣。孔子和孟子成为儒家的前期代表，因此将儒学称为"孔孟之道"。

　　儒家的颂古非今，在春秋战国、诸侯割据的乱世时代，有一定的合理性。秦统一以后，为了防止重现分裂割据的政治局面，需要建立一个中央集权制度。从分裂到统一，社会生活需要许多统一的标准，包括度量衡统一、文字统一、法制统一、货币统一、道路统一、车轨统一等等。当时，中央集权制度是最先进的社会制度，因为它可以给人民安定的生活。正如贾谊在《过秦论》中所说的，"近古之无王者久矣。周室卑微，五霸既殁，令不行于天下，是以诸侯力政，强侵弱，众暴寡，兵革不休，士民罢敝。今秦南面而王天下，是上有天子也。既元元之民冀得安其性命，莫不虚心而仰上，当此之时，守威定功，安危之本在于此矣"（《史记·秦始皇本纪》）。周朝衰落以后，有五霸来统一；五霸过后，法令就不能统一了，诸侯各自为政，强的侵犯弱的，众的欺侮寡的，战争不断，百姓日子难过。天下统一以后，可以消除战乱，给人民安定的生活。人民经过长期战争，也希望有安定的生活。这时王权是社会秩序的代表，也是人民利益的代表，维护王权，就是维护安定的社会秩序，维护人民的安居乐业。

建立中央集权制度，需要统一思想观念相配套。维护中央集权制度，需要有独尊的理论体系。这就需要有统一的价值观和指导思想，还需要建立统一的思想体系和文化系统。秦以法家思想为指导，取得胜利。胜利后，自然还会以法家思想为指导进行社会治理。这是中国历史上真正法治的时代。司马迁说是"一断于法"，一切由法来作决断。"不别亲疏，不殊贵贱"，只能行于一时，不可长用。法治的片面性，以秦朝速亡作了验证。圣人不能无法以治国，徒法不能以自行。这时儒学受到严重的限制和打击，因为儒学不能适应中央集权专制制度。

秦亡以后，汉初的思想家经过这一场动乱之后，受到很大的触动。他们反复思考社会治乱的问题，乱的原因是什么？如何才能避免混乱？用什么思想指导政治，才能维持社会秩序，实现长治久安？最初陆贾提倡儒家的经典《诗》《书》，那是被秦朝禁毁的典籍。半文盲的农民起义领袖刘邦不能理会，认为他是在马上打的天下，儒学没有用处。陆贾提出打天下与治江山是不同的，可以在马上打天下，难道可以坐在马背上治理天下吗？陆贾总结经验教训，认为秦朝灭亡的教训就在于用对付敌人的方法对待人民，不实行仁义，才导致速亡。他在《新语·道基》中认为，是"后圣(指孔子)乃定《五经》，明六艺"，"圣人怀仁仗义……危而不倾，佚而不乱者，仁义之所治也"。他经过复杂的论说以后，最后得出结论说："万世不乱，仁义

之所治也。"这就是说，用儒学来治国，才能长治久安。这位被称为
"汉代第一大儒"的陆贾积极向刘邦提倡儒学。当时君臣听到陆贾上
奏《新语》时，欢呼万岁，说明陆贾倡导儒学得到广泛的认同和支持。
文帝时代的贾谊继承孔、孟的重民、民贵的思想，提出系统的"民本
主义"，发展了儒学。他曾想用儒学进行全面改革，受到利益既得者
的反对，未能实施，自己还受到迫害。后来，士人入仕为官，前赴
后继提倡儒学，到了董仲舒，才有了最完整而全面的儒学复兴。

　　董仲舒建立的汉代新儒学，核心内容是"大一统论"。这是从历
史与现实两个方面总结出来的。春秋战国的纷争，就是因为不统一，
这是历史的教训；汉景帝时代的吴楚七国之乱，是董仲舒亲身经历
过的，是汉建立以后最严重的动乱，所有叛乱者都是分封的诸侯，
诸侯有较大的独立性，这是现实的教训。为了防止尾大不掉，防止
分裂，贾谊、晁错都提出过关于削藩的问题，当政的皇帝下不了决
心，最后酿成七国之乱，教训是深刻的。董仲舒要从基本理论上解
决这种根本性的问题，提出"屈民而伸君"的主张，这个"民"主要不
是指那些平民百姓，而是掌握地方实权的那些诸侯，要他们无条件
服从中央，维护中央集权制度，这样才能上下相安无事，否则，只
能两败俱伤，对于诸侯来说，更是惨祸。但是，理论家考虑问题不
是线性的、单向的，要反思不同方向的教训。秦统一以后，实现了
"屈民而伸君"，为什么又乱了？那是秦二世胡来。只要一个人胡来，
天下也会大乱。任何权力都要受到制约，没有制约的权力必然要走
向腐败。如何制约掌有至高无上权力的当政者？这是无法回避的现

实问题。这个问题不解决，天下必乱无疑。在两千多年前的汉代，没有资本主义，更没有社会主义，不能成立一个监督机构来制约皇帝的权力。董仲舒在总结历史经验中发现皇帝心目中所畏惧的只有两样东西，那就是祖先的神灵与上天的意志。祖先的神灵，要作一些解释，有比较大的难度。天命论的权威，受到荀子《天论》批判以后，上自天子，下至庶人，都在疑惑之中。传统的天命论影响还在，而最新的科学研究成果又有强有力的否定成分。董仲舒利用当时的科研成果，阴阳五行，同气相感和儒家思想，以及其他各家的思想，融会到一起，进行综合创新，提出了一套天人感应理论。这一套理论的要点是"屈君而伸天"，即皇帝必须听从上天的意志。这就是用天的意志来制约皇帝的至高无上的权力。但是，天的意志是什么？这当然需要儒家来解释。董仲舒就用儒家思想来解释天意。也就是说，皇帝必须听从天意，而天意又是儒家思想，这就形成了用儒家思想制约皇帝权力的局面。皇帝怎么能相信这种说法呢？董仲舒又通过对《春秋》的解读，对圣人微言大义的阐释，再加上阴阳五行的论证，使皇帝不得不相信。当然，董仲舒这一番论证还有一些技巧，例如先吹捧皇帝是上天的儿子，有莫大的权威，特别聪明，这都是上天赋予的。这样，他怎么能不听从上天的。然后，又说皇帝有非常大的自主权，上天又是特别关怀他，他怎么能不自爱，自寻倒霉呢。这叫"循循善诱"。皇帝在心理上有了一种优越感的满足，又有了一种责任感的需要，只好听董仲舒继续往下讲。董仲舒说，天有好生之德，实行德治当然符合天意。刑罚也需要，就像四季有冬季那样，冬季万物都藏起来以后，天才出现冬季，说明天意对刑罚主张"设而不用"，尽量少用。因此治国要以德治为主，以刑罚为辅。董仲舒还利用传统的一些内容，演绎出灾异谴告说。所有自然现象都体现上天的意志，自然灾害就是上天对政治的批评谴告。这样所有的儒家就可以利用自然灾害做出一种解释，来批评政治中不合理的政策或措施。中国地大，地理复杂，每年都会有许多自然灾害发生，因此可以利用的机会很多。这给儒臣提意见提供了很多方便。从董仲舒以后，历代儒臣都曾经用过这种方法，而且获得了一定效果。经过董仲舒改造以后，儒学完全能够适应中央集权专制制度，为社会的稳定和谐起了重要的作用，因此儒学一直处于独尊的地位，也因此成为中华民族精神，中华文化的主干与基础。

在孔子、孟子那个时代，是百家争鸣的学术思想自由创新与频繁交流的时代。在儒家之外，还有道家、墨家、法家、阴阳家、名家、兵家、医家、农家、轻重家、商家、纵横家等许多家，都给中国文化做出过各自不同的贡献。特别是道家可以与儒家相抗衡。墨家曾与儒家同为显学，与杨家也曾经名满天下，"天下之言不归杨则归墨"。纵横家苏秦曾拥有六国相印，可谓盛极一时，张仪利用"三寸不烂之舌"为秦的利益奔波于诸侯之间，起过呼风唤雨的作用。战乱频仍，兵家层出不穷，《孙子兵法》至今为军事理论家所折服。法家帮助秦实现统一天下，成为秦朝的精神支柱，也为中国后代的以法治国提供了丰富的经验与教训。那是名家辈出的时代，成为中华文化发展的第一个高峰，也是思想活跃的春天。

汉代独尊儒术以后，其他各家思想的合理成分逐渐被儒学所吸收，成为儒学庞大思想体系的组成部分。思想只要是合理的，就不会消亡，就会存在下去，流传下来。从汉以后，外国的佛教传入，内部相应产生了道教，又形成了儒、释、道三教鼎立的局面。这三教深入社会，成为中国文化思想的三大支柱，虽仍以儒教为主，但道教与佛教也是不可或缺的。道教有观，佛教有寺，儒教有书院。三教各有自己传播思想的基地，也有自己理论研究的机构和成果，还有一些学术分歧的派别。儒家在宋代有濂洛关闽联成一系，其中也有一些差别。王安石的新学曾经是朝廷的意志，官方的学术。四川有三苏的蜀学。有宋初三先生：胡瑗、石介、孙复。也有北宋五子：周敦颐、张载、邵雍、程颢、程颐。唐宋散文八大家中，有六名在宋代。《宋元学案》一百卷，多数也是宋代的学者所作。南宋的朱熹理学与陆九渊心学是两大学派，影响久远。他们吸收佛、道的思想，发展了儒学。到了明代王阳明弘扬陆九渊心学，使心学成为时髦，影响甚大，还波及海外。从汉代以后，儒学一直在政治活动中居显要地位，在思想界学术界也始终起主导作用，成为中华民族魂，具有强大的凝聚力。孔子也因此成为中华民族文化的形象代表，为世界人民所公认，现在要在世界办一百所孔子学院，让孔子形象在更大的范围内周游天下。

## 4. 中国文化思想的特征与价值

　　张岱年先生曾经谈过哲学家的分类，他从风格方面将哲学家分成三种类型：一是散文型；二是诗歌型；三是戏剧型。散文型哲学家，没有豪言壮语，也没有惊天动地之举，平凡而伟大，平实而崇高，学为人师，行为世范。诗歌型哲学家，思想活跃而深邃，跳跃而浪漫，以哲理为内容，以诗歌为形式，呈现在世人面前，如金龙入云，世人只能见其闪光的一鳞半爪，不能见其整体，留下广阔的想象空间，让后人用猜想来建构各不相同的诸多体系。其说法，常与凡人所知相违背，却与一流精英相契合，为后代留下蕴涵丰富、意味深长的智慧格言。戏剧型哲学家，一生中有许多戏剧性的经历，对于自己的理论宗旨，不但坐而论道，理论高明，而且执着追求，身体力行，给后人留下许多生动的形象和感人的情节。他又说，在西方古代哲学家中，苏格拉底是戏剧型哲学家，柏拉图是诗歌型哲学家，亚里士多德是散文型哲学家。在中国古代哲学家中，孔子是散文型哲学家，老子是诗歌型哲学家，墨子是戏剧型哲学家。孔子讲的道理不太深奥，也不难做到，就像摘两片树叶送给老人那样容易。孔子讲的仁者爱人，孝敬父母，和而不同，礼尚往来，见利思义，己所不欲，勿施于人等，都是容易懂的，在一两件事上做到也不难，难的是一辈子都能坚持那样做下去。这一类哲学家的一言一行一举一动，都可以作为世人的典范，学习的楷模，所以孔子被称为"万世师表"。他的思想在两千年后的现代社会，也还有价值，还被许多人所提倡，所尊崇。老子的哲学专著《道德经》就是用诗的语言写的。其中没有严密的逻辑推理，只有超常的智慧，深不可测，可以给各种人以不同的启迪。他们的深邃思想使后代一流思想家折服。继承老子道家哲学的庄子也是这样。张岱年先生说："庄子提出的问题多而且深刻，是汉代以后所不及的。"我们可以看到鲁迅、闻一多、顾颉刚等许多名家都对庄子哲学评价甚高，都认为他是先秦时代最高的哲学代表。鲁迅说："晚周诸子之作，莫能先也。"顾颉刚说："《庄子》是战国时代最高的哲学代表。"闻一多认为自己崇拜庄子超过所有其他圣贤，达到疯狂的程度。庄子哲学的最高范畴是道，按徐复观研究认为，庄子的道就是中国的艺术精神，所谓体道，就是艺术修养，就是培养审美情趣。庄子哲学对后代艺术特别是书法、绘画等都产生广泛深刻的影响，尤其是中国绘画是庄子哲学的"私生子"。总之，庄子哲学代表了中国的求美的艺术哲学。墨子的一生有许多戏剧性的经历，最典型的要算裂裳裹足，千里救宋。

哲学家可以有不同的风格，不同风格的哲学家应该和平共处，平等讨论，共同探讨真理；采取宽容态度，承认差异，允许不同风格的哲学家并存；提倡理论联系实际，会通中外古今；持之有故，

言之成理；写论文要求质量高，不强调篇幅长短。这些治学的基本
精神应该是古今一致、中外共识的。"不拘一格降人才"，哲学家也
不应该只是一个规格。只是一个规格就太单调了，就不可能有丰富
的哲学思想。社会发展了，哲学应该更丰富，更多样，更深刻，更
精彩，而不是相反。

　　从哲学家的研究问题的重点不同进行分类，可以分为求真的哲
学家、求善的哲学家和求美的哲学家。求真的哲学家以科学知识为
基础，经过严密的逻辑推导，探讨客观世界的真实性，探讨宇宙的
本体和本原。认为宇宙本原是物质性的东西，这类哲学家就属于唯
物主义阵营；认为宇宙本原是精神性的东西，这类哲学家就属于唯
心主义阵营；认为宇宙有物质与精神两个本原的哲学家属于二元论
者。求善的哲学家包括道德哲学家、宗教哲学家和政治哲学家。他
们的共同性在于探讨人世间的善恶问题，扬善去恶，为社会创造和
平的环境，为人类争取更多的幸福。政治哲学家更关心社会整体利
益，设计各种社会机制来处理人际关系，来合理分配物质财富，使
人民各得其所，从而维护社会的安定局面。求美哲学家讨论的是人
的情感问题，主要范畴有美丑、雅俗、神韵、境界等，主要培养人
的高雅情趣，脱离低俗趣味。中国哲学主流是求善的政治哲学，因
此要与政治结成联盟。孔子、孟子、荀子、董仲舒、朱熹、王阳明
都是求善的政治哲学家。他们探讨的都是社会治理的问题，为了治
理社会，必须首先提高治理者的个人素质，即修身。修身、齐家是
为了治国、平天下。道德修养是为政治服务的，伦理是从属于政治

的，是政治哲学的重要内容和组成部分。他们要跟政治家结成联盟，通过政治家的决策来影响社会，引导思潮。他们不探讨宇宙本原问题，他们对于六合之外"存而不论"，"不求知天"，因此，他们不存在唯物主义与唯心主义的派别问题。中国也有探讨求真的科学哲学，东汉王充是其代表，他撰写《论衡》就是为了疾虚妄而求实诚。他的求实就是求真。探讨宇宙本原，结论是天地本原论，认为天地产生气，气演化万物。他提出"知为力"（知识就是力量），早在公元一二世纪提出这种观点，当然是非常先进的，属于科学精神的超前觉醒。庄子则是中国古代求美哲学的代表，他的思想境界，他的深邃智慧，使历代高水平的思想家折服，在艺术界、文化界产生巨大的影响。但是，从总体上看，中国传统文化还是以儒学为主流，儒学弥漫于整个社会，渗透于高层政治和民众生活之中。

中国与西方的哲学，只有特点的不同，可以互相取长补短。过去，有人说中国没有哲学，或者没有纯粹的哲学、真正意义上的哲学，或者说中国主流哲学家都是唯心主义的，而且认为唯心主义哲学是落后的、错误的，甚至是反动的。现在这些说法都需要纠正。由于二者有互补性，我们不否认应该从西方哲学中学习、吸取我们所缺乏的分析方法和严密逻辑。西方哲学细致入微，体系严整，推理严密；中国哲学要言不烦，高度概括，旨约而易操，事少而功多。有人将西方哲学比作长于"画龙"，而将中国哲学比作善于"点睛"。这里有很深刻的意义。另外，中国哲学的模糊性与中国文化的宽容性，也是很重要的特点与优点。由于模糊性，中国哲学体系、命题、概念，都是开放的，可以不断诠释，不断发展，不断加入新东西，就不会僵化。由于宽容性，对外来思想不排斥，不拒绝，主张和而不同，和平共处，从而为和平事业做出特殊的贡献。

## 5. 如何弘扬中国传统的文化思想

近来，许多报纸杂志发表的文章都提到要将 2008 年的北京奥运办成"人文奥运"，也讲到弘扬中国传统文化。我就想，文化如何弘扬？从世界历史上的情况来看，文化弘扬的形式主要有三种：

(1)野蛮式弘扬，即武力弘扬，用武装实力，强迫被侵占的国家和地区接受某种文化。所谓"殖民文化"、所谓"奴化教育"，都属于这一类。这种方式是最野蛮的。日本军国主义侵占韩国以后，不许韩国人讲韩语、用韩文，必须讲日语、用日文，推行日本的生活习惯。这些都是奴化教育。日本军国主义的所谓"大东亚共荣圈"目标，实际上就是要将日本文化"弘扬"到大东亚各国去。纳粹屠杀犹太人，就是为了"弘扬"日耳曼文化，企图取代犹太文化。希特勒发动战争，进攻苏联，也是为了将日耳曼文化"弘扬"到苏联去，还要"弘扬"到法国、英国和许多欧洲国家以及世界各地，从而实现日耳曼文化在全世界的广泛"弘扬"。美国认为伊拉克政治不"民主"，制造借口，攻打伊拉克，改变其社会制度，推广美国式的"民主"制度。现在拉美国家使用欧洲语言，就是当年殖民文化的遗迹。欧洲人主要是英国人占领美洲，用屠杀驱赶的办法，在美洲的大地推行欧洲文化，而印第安人的文化就被边缘化。孟子讲以力服人，不能使人心服。武力弘扬表现出的是霸权主义。霸权主义是不得人心的。文化都有优点与缺点，一种文化有某些先进之处，并非一切都比别的文化强，也不是都适合于所有国家。因此，应该由本国人向外国学习那些适合本国情况的优秀文化，而不是全盘照搬。

（2）文明式弘扬，即积极推广、主动介绍式弘扬，将本国的传统文化梳理、整理出来，积极主动地向外国介绍推广。将许多重要典籍翻译成各种外文，发行到世界各国去，让外国人在阅读中了解本国的文化，从而达到弘扬的目的。这大概是世界上最为流行的弘扬文化的方式。效果如何，另当别论。佛教弘法，如中国僧人到日本弘扬佛法，明初郑和下西洋，是弘扬中华文化。明末天主教耶稣会传教士来中国弘扬天主教义，同时传播西方科技。无论效果如何，都是比较文明的行动，无可厚非。日本人自认为很珍贵的文化遗产如茶道，经常积极主动地向外国人推销，为了提高推销的效果，专门雇佣一些外国人，特别是白种人来充当茶道表演中的各种角色。有一次，我作为外国人被请去喝茶。喝茶的地方是历史悠久的著名茶铺——里千家。一群外国人围成一圈，出来介绍茶道的是荷兰人，端茶的有美国人，还有中国北京人和其他国家的人。这给我的印象是日本人还是很重视茶道的，还保存着茶道的精粹，而且颇受各国人的认可。住的时间长了，我发现日本青年对茶道不感兴趣。他们处于激烈竞争的快节奏的时代，没有时间去品尝茶味，只是为了解渴，买了瓶装冷饮茶，像喝其他饮料一样，咕噜咕噜喝下去，比《红楼梦》上说的"牛饮"都豪壮。至于茶叶的种类和特色，茶具的讲究与应用，泡茶的程序和操作，茶道的这一切，他们全然不懂，也不想知道。本国人不感兴趣不太了解的文化精粹，如何能让外国人认可呢？中国传统文化也是这样，向外国人宣传儒学如何好，有哪些优秀伦理内容，中国人特别是青年人没有兴趣，当官者对此还带着批判的眼光，或者言行举止都没有儒学的痕迹，谁能相信呢？本国人不相信，如何让外国人相信？自己不喜欢，如何让别人喜欢？"以己昏昏"，如何"使人昭昭"？

（3）无为式弘扬，即无为示范式。各国各民族都有自己的文化，努力做好社会各方面的工作，第一是富了，第二是强了，第三是每个人都受到很好的教育，都很有教养，社会风气好，人民多数感到幸福满意，令其他各国各民族的人民都羡慕。这就是孔子所说的"近者说，远者来"（《论语·子路》）。孔子又说"修文德以来之"（《论语·季氏》)，自己的事情做好了，对别人就有吸引力，有魅力，人家就会主动来学习。这样，自己的优秀文化也就弘扬出去了。唐朝时，中国高僧玄奘到西天取经，即到古印度学习佛法。日本派遣大批人到中国学习文化，包括佛教。近代中国人到日本、到欧洲学习西方文化。现代中国人到苏联学习。当今各国派遣留学生，也都是主动"来学"的典型。文化传播有"来学"与"往教"的区别。主动向外介绍，就是往教的方式。《韩诗外传》卷三·第十四章载："礼有来学无往教。致师而学不能学，往教则不能化君也。""来学"与"往教"，效果有很大区别。

野蛮霸道式的弘扬不得人心；文明介绍式的弘扬收效甚微；无为示范式的弘扬是体现王道的精神，是得人心的最有效的弘扬。社会是发展的，文化也要发展，社会的发展对于文化有新的选择。

中国传统优秀文化如何弘扬？可以而且应该向外国人宣传介绍中国文化，但是，我以为更重要的是要让中国传统优秀文化在本国得到充分弘扬，要贯穿于教育的各个环节，要让所有人都能得到中国传统文化的教育，对传统文化有较多的了解，并能在实际行动中贯彻落实，取得好的效应。这就会吸引很多外国人来学习、研究，实现弘扬文化的目的。说得更具体一点，许多外国人都来中国旅游，对中国文化有兴趣的外国人，往往要到曲阜参观孔庙。如果曲阜市民对儒学毫无了解，在行为上也不够文明，社会风气也体现不出"礼仪之邦"，那么，向外国人介绍儒学如何优秀，谁能相信呢？各国官方代表团前来访问，曲阜市长出面接待，如果市长是一个"儒盲"，言行举止都与儒学相去甚远，那么，其结果如何，不言自明。地方官应该是本地文化的半个专家，应该了解该地方的历史地理、人情风俗，应该读当地的地方志，所谓"入乡随俗"吧。在曲阜当市长，应该知道一些孔子的情况，应该读一读《论语》。观察一个人，"听其言，观其行"；观察一个国家、一个社会，自然也要"听其言，观其行"。有言有行，言行一致，这才有说服力。

# 第三课 儒学精神与当代社会

## 1. 国学的批判

国学精神就是民族魂。民族魂的主要内容就是儒、释、道三家的学说，而三家中尤以儒家为代表。20世纪，从五四新文化运动"打倒孔家店"，到"文化大革命"的批孔批儒，在近一百年中，特别是在"文化大革命"后期，要"破四旧"，包括旧思想、旧文化、旧风俗、旧习惯，将国学的许多内容都视为旧思想、旧文化，特别是儒学，更是首当其冲，还在全国发动批孔批儒运动，认为孔子儒学全是封建时代遗留下来的糟粕，应该彻底清除。批判儒学的结果，使文化中断，价值观丧失，道德滑坡，经济达到崩溃的边缘。而那个时代，受到儒学影响比较大而又不批孔的国家和地区，经济迅速发展，亚洲崛起了"四小龙"。这是为什么？应如何解释这种现象？

"文化大革命"结束以后，不再继续批孔了，而且还要祭孔，祭孔的规模也越来越大。不但祭孔，还祭伏羲、炎帝、黄帝、大禹等更加远古的圣王。这些祭祀不是政府提倡的，只要不禁止，人民自己知道应该做什么。现在已经采取公祭的形式，受到政府的重视。当然他们不都是儒家，却是国学的灵魂，是中华民族的基本精神。

老百姓发了财，修庙塑神，烧香拜佛。政府提倡做好事，神佛也提倡积阴德，这里有可以共通的观念。过去将宗教当作迷信，认为它与科学是水火不容的，科学之光照到的地方，迷信的阴影就消失了。现在的事实是那些科学最发达的国家，宗教最盛行。如何解释呢？

孔子儒学主张以德治国，有的人认为不可能以德治国。西方国家以法治国，道德教育由宗教来管。中国历来政府都是同时具有执法与教化的两种功能，既要以法治国，也要以德治国。现在有的人说，怎么能以道德治国呢？孔子提倡"为政以德"，孟子提倡"施仁政"，荀子讲"王道"，这都是以德治国的不同说法，从汉代提倡"独尊儒术"，"以孝治天下"以来，以德治国已经两千多年了，怎么不能实行？中国人用草药治病也有两三千年了，美国还有人说："草根怎么能治病呢？"发达国家的偏见与无知，不亚于发展中国家。

有的人问："现在中国经济发展，是批孔批儒的结果，还是提倡儒学的结果？"世界上许多国家和地区都有经济高度发展的时期，它们却不一定都要批孔。孔子儒学对于稳定社会，建立和谐环境有特别突出的作用。而稳定和谐正是经济发展所必需的条件。战争年代，经济受到严重破坏，提倡斗争，破坏和谐，是不利于经济发展的。从中国历史上看，战乱时期，生产急剧下降，经济萧条，人口减少；稳定时期，生产发展，经济繁荣，人口增加。中国汉唐盛世，人口最多，西汉达到5900万人，唐代最多时达5600万人。战国后期只有几百万人，三国魏晋南北朝时期人口也不多。

## 2. 忠孝的辨正

过去有人批判儒家的忠孝思想，说"君叫臣死，臣不死，臣为不忠；父叫子亡，子不亡，子为不孝。"这是愚忠愚孝的说法。人们以为孔子、孟子都是提倡这种愚忠愚孝的。其实不然。孔子讲："君使臣以礼，臣事君以忠。"（《论语·八佾》）君臣的关系是对应的。鲁穆公问子思："何如而可谓忠臣?"子思回答说："恒称其君之恶者，可谓忠臣矣。"①经常指出国君的错误和过失的人，可以说是忠臣。忠的本义在于说真话。君对臣应该有礼貌，臣对君应该有忠心。君对臣不礼貌、不尊重，那么，臣该怎么办呢? 孟子说："君之视臣如手足，则臣视君如腹心；君之视臣如犬马，则臣视君如国人；君之视臣如土芥，则臣视君如寇仇。"（《孟子·离娄下》）虽然说"君为臣纲"，但并不是绝对服从的关系。父子也是对应的关系，"父慈子孝"。荀子说："从道不从君，从义不从父。"（《荀子·子道》）儒家认为，道义高于君父。对于无道之君，要诛之，或者换掉、赶走。这哪有什么愚忠愚孝呢?

---

① 《鲁穆公问子思》，载《郭店楚墓竹简》，141 页，北京，文物出版社，1998。

《孝经·开宗明义》载孔子的说法："身体发肤。受之父母，不敢毁伤，孝之始也。"爱护自己的身体，是孝的开始。孟子说："好勇斗很(狠)，以危父母。"(《孟子·离娄下》)是五种不孝的表现之一。好斗，或者毁伤自己的身体，或者打伤了别人，都会给父母带来忧伤与麻烦，都是不孝的表现。毁伤尚且不行，自杀就更不行了。子女自杀会给父母带来怎样的悲伤，会有怎样的后果，这是应该思考的问题。不顾一切，自绝于世，认为生命是自己的，自己有权处理。这是不负责任的表现，也是不孝的表现。古代将这种行为称为"寻短见"。儒家还讲"明哲保身"，聪明的人要知道如何保护自己的身体。例如，一个女研究生，因为小得不能再小的生活小事，就寻短见，从四楼跳下来，摔成骨折，住院治疗。父母千里迢迢来伺候几个月。治愈出院。母亲还没有离开，她回到学校就从五楼往下跳，结束了生命。母亲悲哀至极。不论出于什么原因，这个女生的自杀行为都是不孝的表现。这说明进行儒家的孝德教育的必要性。孝子很重要的内容是爱惜生命。

儒家讲珍爱生命，但也不是活命哲学。不是只要活着就行，为了正义，有时是需要牺牲的。因此，孔子讲"志士仁人，无求生以害仁，有杀身以成仁"(《论语·卫灵公》)。曾子说："富以苟不如贫以誉，生以辱不如死以荣。辱可避，避之而已矣。及其不可避也，君子视死若归。"(《大戴礼记·曾子制言上》)孟子讲的"舍生取义"，认为道义比生命更重要。在孔孟思想的滋养下，才有后代文天祥的"人生自古谁无死，留取丹心照汗青"的正气诗句。坚持道义，是儒家的最高信仰。

## 3. 义利观与市场经济

在义利问题上，一般儒家都是强调重义轻利的。有的人说儒家
这一观念与市场经济不协调，妨碍市场经济的发展。他们认为，儒
学不利于经济的发展，阻碍了科技的进步，违背社会的文明。中国
的落后都是儒学造成的。我认为这是需要分析研究的问题。我在这
里只讲一个问题：儒学是否妨碍了经济的发展。

这要从历史事实与理论研究两方面来分析。儒学创立两千多年
了，在汉代独尊儒术以后，出现过汉唐盛世，以至宋元明清几朝，
中国的经济一直居于世界领先地位。到了清朝，中国的产值在世界
经济的比重，也超过当今的美国。儒学没有妨碍中国经济的发展，
应该是历史事实。从理论上说，孔子提倡富民。儒家在讲义利关系
时，主张重义轻利。以为轻利就是不要利，这是许多人的普遍误解，
或曲解。

《论语·雍也》载："原思为之宰，与之粟九百，辞。子曰：毋！
以与尔邻里乡党乎！"原思就是孔子的学生原宪。他很穷，当了孔子
的管家，觉得"九百"薪水太多，不要。孔子批评他，认为不要是不
对的，要了，自己用不了，可以救济乡里穷困人家。朱熹的解释：

"言常禄不当辞。"不接受正常的薪水，也是不义。并不是"辞"钱财就是对的。孔子的学生子贡很会预测市场，他从事商业活动赚了很多钱。鲁国规定谁能花钱把在外国当奴婢的鲁国人赎回来，可以到政府那里领取一些钱，作为补偿金。子贡赎了一些人回来，因为他自己钱多，就不去政府那里领取补偿金，受到孔子的批评。孔子说，不能因为你有钱，就不去领取补偿金。你这么做，今后鲁国人在外国当奴隶，再没有人去赎了。在这里，不拿钱是不义，拿钱才是义。王充认为子贡"让而止善"。孔子的另一个学生子路救了一个落水的人，那人的家长用一头牛来表示感谢之情，子路接受了。孔子说："鲁国人今后一定很热心于拯救落水的人。"当时，一头牛是价值十分昂贵的酬谢品。王充说子路"受而观德"（《论衡·定贤》），即接受了谢礼，等于倡导了做好事。

从此可见，儒家重义轻利，并不是不要利，只是强调要拿合理的利，不合理的不应该拿，该取的不取也是不义的。当然讲义利之辨，儒家主要反对当权者贪污受贿，那是"不义之财"。简单地说，儒家主张"君子爱财，取之有道"。不要财，不是儒家的主张。

义是合理分配。重义是强调合理分配。分配不合理，财富再多，都被少数人所垄断，多数人受穷，两极分化，社会就不安定。因此孔子说"不患寡而患不均"。董仲舒说义、利都是人所需要的，"义以养心，利以养身"，心比身重要，所以要重义而轻利。孔子的杀身成仁，孟子的舍生取义，也都是认为仁义道德比身体生命都更重要。不要利，不是儒家的思想。

社会公平是义，发财致富是利。对于我们现在来说，注重社会公平是极端重要的，公平是构建社会主义和谐社会的基础。现在垄断行业那么多，正如董仲舒所说："因乘富贵之资力，以与民争利于下，民安能如之哉！"(《汉书·董仲舒传》)富贵人家利用自己的资产与势力，与下面平民争夺利益，平民怎么能争过他们呢？这就是一些有权势的人一夜暴富的根本原因。他们不是劳动致富，而是垄断致富，是权力的交易致富，是司马迁批评的最下等的"奸富"。贫富差别扩大，富者骄奢淫逸，贫者穷急愁苦，社会就不会安定。抑制垄断，倾斜弱势，缩小差别，维护公平，这是为政的大德。如果这方面没有做好，只宣传捐款救助，杯水车薪，小惠不解决整个社会公平的问题。政府的执政能力就要看社会公平的程度。什么表面文章也掩盖不了这一问题。

## 4. 和而不同与世界动乱

孔子说："君子和而不同，小人同而不和。"(《论语·子路》)和同的差异居然是君子与小人的分界线。和是不同成分的合理搭配，同是相同的成分叠加。古人讲的主要是政治上的人际关系，讲君臣关系，如果国君提出一个想法，臣子们都表示赞成，没有反对意见，那就是同。国君想法中的错误成分就得不到纠正。如果国君提出一个想法，臣子从不同角度提出不同看法，经过讨论，可以修正国君想法中不太好的内容，使国君的意见比较完善。这是集思广益。这就是和。

儒家提倡和而不同。实行"和而不同"，要坚持三项原则：一是独立思考，独立自主，不当别人的奴隶；二是平等待人，不强迫别人做自己的奴隶，不搞"顺我者昌，逆我者亡"的霸道作风；三是善于与别人合作共事，做好有益于大家的事情。这个原则，对于个人、团体、国家，都是适用的。我们中国现在说的不称霸，在两千多年前的孔子那里已经有了这个理论。我们现在所说的和平共处五项原则，是"和而不同"思想的继承和发展。对于强者来说，要承认差别，要尊重别人的价值观，还应该保护弱者。对于弱者来说，要坚持自己的立场，不屈服于经济制裁和武力威胁，敢于坚持真理，敢于斗争，这就是中国"和而不同"原则。如果强者接受儒学教育，坚持和而不同，尊重别人，"己所不欲，勿施于人"，那么就会得到其他人的尊重和崇敬，就会自然成为大家拥护的中心。强者如果实行霸道，欺负弱者，那么弱者就要联合起来，共同反抗强暴，使强者不能为所欲为。在这样的情况下才有所谓的正义、平等、自由、博爱。如果强者以"优胜劣汰"的观念，对待弱者，认为弱者就是属于应该淘汰的对象，残暴地对待弱者，如果弱者没有反抗精神，心甘情愿地当强者的奴隶，那么这个社会就成为强者的天堂，弱者的地狱。在这"弱肉强食"的社会，就不可能有什么正义、平等、自由、博爱。有，也是假的，只挂在口头上，骗人的。

儒家的"和而不同"，在当今世界政治中，对强者有教育意义，对于弱者也有鼓励作用。世界和平，和而不同是非常珍贵的思想资源。这也是中国传统文化对世界和平的重大贡献。

当代世界存在什么问题呢？主要的问题就是不安定。国家之间，民族之间，地区之间，贫富两极分化，导致一系列矛盾。特别是超级大国的霸权主义，促使矛盾激化，引起恐怖事件。霸权国家又想以霸权实力消灭恐怖主义，其结果只能激起更多的恐怖事件发生。这叫"火上浇油"，只能使反抗之火燃烧得更旺。现在如何解决这些复杂的世界性的霸权主义与恐怖主义的问题呢？

董仲舒说："大富则骄，大贫则忧，忧则为盗，骄则为暴，此众人之情也。圣者则于众人之情，见乱之所从生，故其制人道而差上下也……今世弃其度制，而各从其欲，欲无所穷，而欲得自恣，其势无极，大人病不足于上，而小民羸瘠于下，则富者愈贪利而不肯为义，贫者日犯禁而不可得止，是世之所以难治也"（《春秋繁露·度制》）。太富了就骄横，太穷就忧愁，忧愁无法解决，只好当强盗；骄横就残暴。这是一般人的心态。富裕的人越贪利就越不肯做好事，贫贱的人每天违犯禁令，无法制止。这样，社会就很难治理了。现在的世界也是这样弄得很不好治理了。富者搞霸权主义，贫者被迫搞恐怖主义，天下就不太平了，人民生活就不安全了。由此可见，现代世界危机需要儒学提供药方。经济上要会调匀，政治上要讲道义，关系上要求和谐。儒学是世界文化瑰宝，精神财富，取之不尽，用之不竭。端着金饭碗乞讨，就不要再继续下去了。

## 5. 仁民爱物与保护环境

　　儒家讲亲亲、仁民、爱物。儒家突出特点强调同中有异。例如，讲仁爱思想，爱心是相同的，对于不同对象要有不同程度的爱。对于亲属，有亲爱，这是最亲近的爱，也是最普遍最基础的爱。其次是对于人民，要有仁的观念，这个观念是从爱亲人中推导出来的，"老吾老以及人之老，幼吾幼以及人之幼。"这是间接一点的爱心。爱别人超过爱自己的亲属，不是儒家所提倡的。爱物是指爱惜其他动物与植物以及各种事物，包括人造的器具，也包括自然物与自然环境。孟子提出"取之有制"和"取之以时"。

　　人与自然的和谐，中国古人采取了许多具体措施。归纳起来，主要有两条：一曰取之有制，二曰取之以时。

　　取之有制，从大自然索取生活用品要适度，够吃够用就可以了，不要浪费，不要滥采滥伐。捕鱼时，不要竭泽而渔，网眼要大一点，只捕大鱼，让小鱼逃走，这样才能保证以后还有鱼可捕。现在这叫"可持续发展"。孟子提出"取于民有制"（《孟子·滕文公上》），收赋税不应超过总收入的十分之一。制是制度，也有节制的意思，税不能随便滥收。这既是保民的重要措施，也是保护自然生态的重要措施。

取之以时，似乎更加重要。这是保护自然资源的重要措施。春天是万物生长繁殖的季节，中国古人规定这个时期不能打怀孕的野兽，不能打正在为小雏觅食的飞鸟，不能捕怀有很多鱼籽(卵)的雌鱼。也不允许到山林中砍伐刚从冬眠中复苏的树木。打猎不采取包围的办法，好让年轻力壮的野兽有路可逃，只打老弱病残的野兽。以上这些措施被作为"王制"，必须认真奉行(见《礼记·王制》)。孟子说："食之以时，用之以礼，财不可胜用也。"(《孟子·尽心上》)向人民征收物品，要注意季节和数量，使用要有节制，要节约，不可滥用，避免骄奢淫逸，那么，财富就不会枯竭。对自然界索取财物如果也能注意季节和数量，那么，自然界就能提供源源不断的财富。

取之以时，还有一方面未被人们注意。取物选定时日，可以发挥更大的效用，由此可以节省物品的消耗。例如，《周礼》载：做弓的工匠"取六材必以其时"，选做弓的材料，必须选择最佳的采取时间。做弓需要六种材料，各种材料都有最佳的采取时间，再由工匠将它们合理配合成弓，这是良弓，性能优良，结实耐用。这样就可以少做弓，也就可以少取做弓的材料。

北宋哲儒家张载提出"民胞物与"的说法，人民都是自己的同胞，动物和植物都是自己的朋友或伴侣。有这种观念，就不会乱砍滥伐，就会注意保护生态环境，维护人与自然的和谐以及社会和谐。道家庄子还提出人与万物是平等的观念，主张顺其自然，各自生活，反对人类中心主义。

总之，儒学在当代有广泛的价值，对于促进世界和平，对于构建和谐社会，对于维护生态平衡，对于提高个人素质，都是有重大意义的。

第四课 道家

## 1.《老子》研究

(1)老子其人。

司马迁写《史记》时，老子究竟是哪一个，已经弄不太清楚了。他列出三个老子：第一个是楚苦县厉乡曲仁里人，姓李氏，名耳，字聃，周守藏室之史。孔子曾经向他问礼。他著书上下篇，讲道德五千余言。第二个是老莱子，也是楚国人，著书十五篇，与孔子同时。还有一个是孔子死后百二十九年的周太史儋。究竟哪一个是真正的老子？司马迁弄不清楚，但他将李耳放在第一位，写得也比较详细，表示他倾向于认为这个时间最早影响最大的是真正的老子。后代学术界多数人也以这个为真正的老子。因此，司马迁最后说："李耳无为自化，清静自正。"(《史记·老子列传》)

历史上还有一类老子，那是道教教主。道教产生以后，将历史上的老子拉来做自己教派的教主。于是，这个老子就变得神通广大，完全被神化了。神化了的老子，也称"太上老君"、"道德天尊"等名号，他在道教中存在，也在神话小说《封神榜》和《西游记》中出现。

为什么叫老子？有的说他姓老，所以叫老子，与孔子姓孔一样。

在老子前后，还有一些名人也姓老。有的说他母亲怀孕八十一年，"生而皓首，故称老子"（葛玄：《道德经序》）。他出生时已经八十岁，头发胡子都白了，所以称他为老子，意思是已经是很老的儿子。他的父亲是谁？没有人知道。那他为什么姓李？有一种说法，他母亲抱一棵李树，吃了李子就怀孕了，所以老子生下来就姓李。有的说他的先祖是尧世的理官，姓理，后受殷纣王迫害，逃难中吃了水果（木子）得以活命，所以姓李。《史记》说他西去过关时，关令尹喜求他写书，他著上下篇，讲道德之意五千言而去，不知所终。后代出现了《老子化胡经》，说老子乘自然光明道气飞往西方某国投胎，生为太子，出家创立摩尼教。宋朝政府将摩尼教视为邪教，于是只好在民间流传，成为福建等地的民间宗教。

道家的创始人老子是学术界研究的对象，道教的教主老子则是宗教界崇拜的对象。二者不能混淆。

（2）《老子》其书。

流传最久，影响最大的《老子》一书，是魏晋时代王弼注的通行本《老子》。此书共有八十一章。最早注《老子》的是韩非的《解老》和《喻老》。韩非是战国后期人，因此，他所注的《老子》应该是战国的本子。但是，有人提出，《韩非子》书中这两篇不是韩非写的，是后人的伪托。于是，这个版本也就无法确定是先秦的本子。但是，这种怀疑是否充分？疑古时代有怀疑过勇的偏颇，未可全信。1973年，从长沙马王堆三号汉墓出土的《老子》帛书甲、乙本，与通行本有一些不同，文字不同，篇章顺序也不一致。《德》篇在前，《道》篇在后，与传统的《道德经》不一致。1998 年 5 月文物出版社出版了《郭店楚墓竹简》，其中有《老子》三组，现在称为简本《老子》甲、乙、丙。与通行本《老子》中的三十一章有关系，总字数只有通行本的五分之二。据郭沂研究认为，"简本优于今本"，"简本早于今本"，从简本到帛书本，再到今本，有一个发展过程。①

《云笈七签》中的《老子中经》(上、下)讲的都是神仙，与先秦那位道家创始人老子无关，那是道教的著作。其中也有《老君二十七戒》、《老君说一百八十戒》、《老君说五戒》等，虽然也不是老子的著作，其中有一些思想表明了保护环境的意识，还有现代价值。道教的典籍总汇《道藏》。"考《汉志》所录道家三十七部，神仙家十部，本截然两途。黄冠者流恶清静之不足耸听，于是以丹方符箓炫耀其神怪，名为道家，实皆神仙家也。黄老之学，汉代并称，然言道德者称老子，言灵异者称黄帝，名为述说老子，实皆依托黄帝也。其恍惚诞妄，为儒者所不道，其书亦皆不足录。"(《四库全书总目》卷 147《子部·道家类存目》《道藏目录详注四卷》提要)《道藏》中很多内容在汉代应该属于神仙家的著作。

老子与《老子》的问题十分复杂，以上一些最简单的情况，只是提供一种信息，供有心研究《老子》的学者参考。

---

① 郭沂：《郭店竹简与先秦学术思想》，524～533 页，上海，上海教育出版社，2001。该书附录：简本与帛书本、王弼注的今本文字主要差异对照表。现在研究《老子》的不能不看这些不同的版本。

(3)老子思想的产生背景。

中国春秋战国时代是乱世，许多思想家都提出了治理天下的方案，形成许多学派，并展开争论，这就是著名的"百家争鸣"。老子就是众多学派中道家一派的创始人。《老子》一书也是这一时期的重要思想成果。

春秋时期的老子是道家的创始人。而《老子》一书可能成书于战国时代。从书中可以看到它对战国时代特别流行的"显学"——儒学与墨学的批驳。例如，儒家提出，推行仁义原则，可以使社会恢复平静。仁义原则在实践中必须具体化为礼仪，用礼仪规范行为，社会就能有序，就不会乱了。《老子》认为，一旦实行礼的制度，不管你心里是否愿意，都要按礼的规定行动。这样就形成思想与行为的脱节。重视了表面形式，内心的忠信却淡薄了。这正是导致社会混乱的根本原因。它说："夫礼者，忠信之薄而乱之首。"(38 章)它还主张"绝仁弃义"(19 章)。很明显，它是针对儒家的仁义原则的。墨家提出"尚贤"的主张，儒家在重视亲亲的前提下，也认为重视贤人是非常必要的。尚贤，就是表彰先进人物，提高模范人物的社会地位，为人民树立学习的榜样。大家都向好的学习，社会风气也就会变好，提高正气，压倒邪气。所谓"榜样的力量是无穷的"，就是尚贤主张的典型体现。《老子》认为，尚贤会引起竞争，竞争就会产生胜利与失败的分化，这样就会导致一些人高兴，另一些人悲伤。这也是社会不安定的因素。因此，它提出："不尚贤，使民不争。"(3 章)与此相关的，中国古人包括儒、墨许多家，都崇拜圣贤，圣人比贤者更

高一级。他们认为圣人与贤者可以解决人间的一切问题，因此，都
将希望寄托在他们身上，盼望着他们这些"救星"来赐予人民幸福。
所谓明君贤臣，所谓清官廉吏，所谓青天大老爷，崇拜包公就是典
型代表。在说书、戏剧等民间文艺中，这一类内容最多。可见是中
国民俗文化的重要部分，影响深广。《老子》认为这也是不好的。它
说："绝圣弃智，民利百倍。"(19 章)如果没有圣人及其智慧，人民会
得到更多的好处。法家主张用法律来治国，就是现在所谓"以法治
国"，用司马迁的说法，就是"一断于法"，一切行为都以法律为标
准，符合法律的就是对的，不符合法律的都是错的。政府规定的法
是判断社会一切是非的唯一标准。法律规定非常具体详细，没有漏
洞，人民都按法行动，都服从政府，社会怎么会乱起来呢？法家的
理想就是令行禁止。但是，道家不赞成，《老子》认为："法令滋彰，
盗贼多有。"(57 章)法律规定越详细、越明确，盗贼也就会越多。因
为任何法律不能规定所有人的行为规范，所以漏洞就非常多。许多
人就利用这些漏洞干坏事，于是盗贼就特别的多。法律可以惩治不
孝，却不能提倡孝，可以惩治贪污，也不能倡导廉洁。法只能惩治
违法者，不能提倡高尚品德。管子认为圣人"不能废法而治国"(《管
子·法法》)。中国古人在两千年前就知道无法不能治国，也知道只
有法也不行，孟子说："徒善不足以为政，徒法不能以自行。"(《孟子
·离娄上》)没有法不行，只有法也不行。在诸侯分裂、学派林立的
社会环境中，老子是一位伟大的思想家，《老子》一书也就成为当时
百家争鸣的思想结晶，成为中国传统思想的重要组成部分，也成为

世界文化的优秀成果。

《老子》认为这也不行，那也不行，到底如何才行？它如何看待社会的混乱？它对治理社会又提出什么样的方案？这是我们要着重谈的问题。

## 2.《庄子》新论

(1)评价悬殊。

《庄子》是一本奇书，在中国思想史上留下深刻的影响，特别是在高层知识分子中间，更有无可比拟的影响。司马迁在《史记·老子韩非列传》中说庄子"其言洸洋自恣以适己，故自王公大人不能器之。"说他利用各种言论论证自己的观点，当时的统治者不能用他为自己服务。他的书在汉代已经流行，但影响还不大，因此，《史记》将他附在老子传后，只写了二百三十三字。汉代经学随汉代的统治衰微以后，《庄子》在魏晋时代就开始盛行起来，被玄学家尊为经典"三玄"之一。许多人都研究、注释它，扩大了它在学术思想界的影响。唐代道教盛行，与《老子》并称"老庄"的《庄子》也是身价百倍，被尊为《南华真经》。受到许多著名的思想家、艺术家，特别是画家的欣赏和崇拜。历史上如唐代的李白、宋代苏轼、清代曹雪芹都深受庄子的影响。近现代的一些思想家都对《庄子》有很高的评价。例如，鲁迅说《庄子》一书，"其文则汪洋辟阖，仪态万方，晚周诸子之作，莫能先也。"①晚周指春秋战国时代，晚周诸子就是现在常说的"先秦诸子"。先秦诸子的作品没有超过《庄子》的。顾颉刚说："在战国时代里，《庄子》是最高的哲学表现，《楚辞》是最高的文学表现。"②闻一多阅读《庄子》以后，特别崇拜庄子。他说：

> 读《庄子》的人，定知道那是多层的愉快。你正在惊异那思想的奇警，在那踌躇的当儿，忽然又发觉一件事，你问那精微奥妙的思想何以竟有那样凑巧的，曲达圆妙的辞句来表现它，你更惊异；再定神一看，又不知道那是思想那是文字了，也许甚么也不是，而是经过化合作用的第三种东西，于是你尤其惊异。这应接不暇的惊异，便使你加倍的愉快，乐不可支。这境界，无论如何，在庄子以前，绝对找不到，以后，遇着的机会确实也不多。③

闻一多还认为，魏晋时代，庄子成了"整个文明的核心"，《庄子》"竟是清谈家的灵感的泉源"，从此以后，"中国人的文化上永远留着庄子的烙印。他的书成了经典。他屡次荣膺帝王的尊封。至于历代文人学者对他的崇拜，更不用提。别的圣贤，我们也崇拜，但哪像对庄子那样倾倒、醉心、发狂？"后来，徐复观的研究证实了闻

① 《汉文学史纲要》，17页，北京，人民文学出版社，1973。
② 《〈庄子〉和〈楚辞〉中关于昆仑和蓬莱两个神话系统的融合》，载《中华文史论丛》第二辑，上海，上海古籍出版社，1979。
③ 闻一多全集选刊之二：《古典新义》（上），285页，北京，古籍出版社，1956。

一多的看法，中国传统文化上留着庄子的烙印。徐复观研究认为："庄子之所谓道，落实于人生之上，乃是崇高的艺术精神"①。徐复观认为庄子思想对艺术界影响极大，特别是绘画，指中国画是庄学的私生子。为此他写了一本 500 页的专著，详细论述了庄学对中国历代文学艺术界的深刻影响。1979 年在太原召开第一次中国哲学史研讨会时，冯契先生说："我很喜欢庄子，让我写《辞海》的辞条，很想给他写几句好话，结果写不上去。"有一天，张岱年先生说："庄子水平最高，提出的问题多而且深刻，是汉代以后所不及的。"任继愈先生对庄子情有独钟，为了把庄子说成是唯物主义者，绞尽脑汁，费了九牛二虎之力，做了十分牵强的论证。冯友兰先生在九十岁的时候，向祝寿的朋友和学生说自己悟到处世道理，用庄子的两句话表达。这两句话就是："举世而誉之而不加劝，举世而非之而不加沮。"(《庄子·逍遥游》)绝顶聪明的哲学家冯友兰先生到了九十岁才认识到庄子这两句话的深刻含意。从此可见，《庄子》的思想是相当深刻的，也说明过去冯先生对庄子的批评还多少有点肤浅或者幼稚。也许，他过去对庄子的批评只是按照某种模式，讲给别人听的，并非自己的本意。总之，高水平的思想家都是比较推崇庄子的。

但是，现代对《庄子》的评价却很不相同，从出版的教科书的目录中就可以看出来。

一本教科书的目录是：

第五章　庄周的唯心主义和相对主义

---

① 《中国艺术精神·自叙》，沈阳，春风文艺出版社，1987。

第 1 节　追求无条件精神自由的虚无主义人生观

第 2 节　相对主义的不可知论

第 3 节　主观唯心主义体系

另一本教科书的目录是：

第 2 节　庄周的唯心主义和相对主义

一、"物物者非物"的天道观

二、以相对主义为基础的认识论

三、"知其不可奈何而安之若命"的宿命论

再一本的目录是：

第 6 节　庄子的相对主义和主观唯心主义

一、"齐是非"、"齐万物"的相对主义

二、"齐物我"的主观唯心主义

举一反三，举三为众。三种教科书可以代表当时多数人的看法。所谓"唯心主义"和"相对主义"，在当今的中国哲学界，都是批评的对象，都是错误的代名词。在教材上都是这样给庄子哲学定性的，表明中国大陆整个学术界对于庄子的看法基本是否定的。颇有影响的冯友兰先生的《中国哲学史新编》(人民出版社 1964 年 9 月第二版)第十二章题目是"庄子——先秦最大的唯心主义者"。因此，此书肯定庄子的"主要作用是消极的、反动的"。

我在上大学或者读研究生时，在我的心目中，庄子是中国历史上突出的唯心主义哲学家，是反面人物，是应该全盘否定的。庄子的世界观是唯心主义的，方法论是相对主义的，人生观是悲观厌世的，认识论是不可知论，还有宿命论，没有一点合理性。当时，我曾经想过，庄子的思想既然没有一点合理性，我们为什么还要研究他的思想呢？当时虽然也说反面教材是很有必要的，但我还是想不通。看的书多了，才发现许多高水平的学者对庄子的评价与教材上的评价竟有如此悬殊，这就更引起我的关注。我就开始对这个奇怪现象进行思考，成了悬在头脑中经常想到的研究课题。这个课题是我在研究实践中发现的，不是哪一个指南提出来的。科学研究的课题可以从实际需要中提出来，也可以从个人研究实践中发现。这是不言而喻的。哪一种成果更有用呢？很难说。因此，我认为在科研上过分强调急功近利，强调近期回报，强调短期效益，是不利于科学发展的。

(2)内外有别。

《庄子》一书有内篇七篇，外篇十五篇和杂篇十一篇。按传统说法，内篇是庄子自著，而外篇、杂篇是其后学所著。任继愈先生认为内篇是后学所著，而外篇、杂篇才是庄子自著。刘孝感先生对此作了详细深入的研究，进行复杂的统计，有力地论证了内篇是庄子自著，外篇、杂篇才是后学所著。一时间，这一观点受到学术界普遍赞同。似乎成了无懈可击的定论。

刘孝感先生证明了：①《庄子》全书都是成书于先秦时代，没有汉代以后撰写的。②内篇比外篇、杂篇早。③内篇是庄子自著，外篇、杂篇是其弟子或后学所著。这些论证主要有两种方法：一是利用概念的差异，内篇中使用道、德、性、命、精、神，没有使用过道德、性命、精神这样的复合词。而在外篇、杂篇中开始使用复合词。文字发展史肯定先出现单字词，后出现复合词。二是根据思想分析，先生提出观点，学生解释观点。刘先生所论，证明内篇早于外、杂篇，显然是很有说服力的。但是，外篇、杂篇是否就是学生所写，其根据就不太充分了。思想分析与陈垣先生所说的理校法一样，是最不可靠的一种方法。对此类考证，我们只能存疑，不敢深信。

先秦著作中很多是集体创作的，如《论语》、《管子》、《墨子》、《吕氏春秋》等。但它们都没有分内外篇。而《孙子兵法》、《商君书》、《孟子》、《韩非子》、《鹖冠子》等都可以看成是个人专著。以前虽然也有人提出怀疑，理由不充分，因此没有得到学术界的认可。分成内外篇的古籍并不多，据我所知，在《汉书·艺文志》的医经类有《黄帝内经》十八卷，《外经》三十七卷，《扁鹊内经》九卷，《外经》十二卷，《白氏内经》三十八卷，《外经》三十六卷，《旁经》二十五卷。在杂家类中，有《淮南内》二十一篇，《淮南外》三十三篇。在《诗》家中，有《韩内传》四卷，《韩外传》六卷。在《春秋》家中，有《公羊传》和《公羊外传》，《穀梁传》和《穀梁外传》。现有《黄帝内经》十八卷，《外经》失传。今存《淮南内》二十一篇即《淮南鸿烈》又称《淮南子》，《淮南外》失传。《韩外传》六卷即《韩诗外传》。《韩内传》四卷失传。《公羊传》、《穀梁传》今存，外传均失传。先秦两汉的著作中，内外均存的，除《庄子》外，其他一本也没有。现存晋代葛洪所著《抱朴子》内外篇均存，内篇讲道教的内容，外篇讲儒家治国平天下的内容。按内容分内外篇，而全书还是葛洪自己一人所著。学术界没有人提出有根据的怀疑。另外，孟子也有学生，也有后学，为什么没有外篇呢？孟子与庄子生活时代相近，为什么孟子没有在书中提到庄子，庄子也没有在书中提到孟子？如果《庄子》书中有些内容是战国末期甚至汉代所著，有没有可能不提孟子？荀子提到孟子，荀子以后的学者为什么不提孟子其人及其思想？至于书中一些概念的变化，只能说明前后之别，并不能说明就是两代人的作品。一个人生活时间可达几十年，前后时代会有许多变化，思想与语言也会有许多变化。现实的例子有，冯友兰先生早年写的《中国哲学史》(1930 年)，与后来于 1964 年写的《中国哲学史新编》和晚年于 20 世纪 80 年代写的《中国哲学史新编》(修订本)都有极大差别，可以说判若三人。如果先出的为内篇，后出的为外篇、杂篇，那么，我们能说后出的就一定是他的学生写的吗？冯先生活了九十五岁，庄子可能活不到这个年龄。《庄子》内外篇的差别没有冯先生的前后三本书的差别大。战国时代与中国现代同样都是变化特别急剧的时代。因此，我们没有充分的理由说庄子个人在著述中不会在语言与思想方面有那么多的变化。

　　因此，我同意刘孝感的考证，认为《庄子》内篇早于外篇，但我以为内外篇未必是两代人的作品。先秦以个人命名的著作是不是个人所著，当然可以继续讨论，但是，一般来说，这本著作就是研究这位哲学家的可靠资料。《孙子兵法》是研究孙武军事思想的可靠资料。《商君书》是研究商鞅的可靠资料。《孟子》是研究孟子的可靠资料，《庄子》是研究庄子的可靠资料，《公孙龙子》是研究公孙龙子的可靠资料，《荀子》是研究荀子的可靠资料，《韩非子》是研究韩非的可靠资料。即使这些著作不一定都是个人所撰写，可以说都表达了他的基本思想。如果认为这些著作都不可靠，那么，我们该如何研究这些哲学家的思想呢？而这些思想已经对中国传统产生了巨大的影响，已经成了客观事实。《庄子》一书从魏晋时代开始，就已经成了"三玄"之一，是经典性的著作，到唐代是道教的《南华真经》。在一千多年的历史中处于经典地位的《庄子》，对中国思想界的影响，特别是对文学艺术界的影响，非常巨大。以上这些著作，只根据一些说法被认为不合理，不协调，就被判为伪书或者掺伪的书，理由不那么充分。只有《管子》与管仲的关系不那么可靠。例如书中提到管仲死后很久的事情，春秋早期的管仲怎么会在《管子》书中提到春秋后期的西施？其他书中没有这样的情况，靠一些猜测推理，判定伪书，是靠不住的。《荀子·非十二子》中说："案往旧造说，谓之五行，甚僻违而无类，幽隐而无说，闭约而无解。案饰其辞而祗敬之曰：此真先君子之言也。子思唱之，孟轲和之，世俗之沟犹瞀儒欢欢然不知其所非也，遂受而传之，以为仲尼、子游为兹厚于后世。是则子思、孟轲之罪也。"这里讲子思和孟子提倡五行，但是《孟子》一书中没有提到五行，于是就可能被认为《孟子》是伪书。实际上还有一种可能：《荀子》这一篇是伪文，怎么能在不一致的情况下，就断定一方败诉呢？另有一种可能，双方都是正确的，子思与孟子有关于五行的论述，而那些篇在流传过程中散失了。近年从湖北郭店出土的竹简中就有战国中期的《五行》篇，讲的是仁、义、礼、智、圣。这不是金、木、水、火、土的"五行"。这个道德"五行"在《孟子》一书中到处可见。出土文物解决了千古之疑。

(3)精神自由。

对一个历史人物如何评价和定性,首先就有一个标准的问题。过去,我们采取西方的哲学模式来给庄子定性,把他定为主观唯心主义者。如果采取别的标准来衡量,那么,这个性就会有变化。

首先,哲学应该可以分为三大类型:求真哲学、求善哲学与求美哲学。全世界各国各民族都有自己的哲学,这些哲学是千差万别的。如果从宏观上进行分类,大体上可以分为三大类。人类追求真、善、美,因此,哲学也可以分为这样三大类。通过观察、试验、实践,来认识客观世界的实际情况,探讨事物的本质,最终目的是要认识宇宙的本质或宇宙的终极本原。这是需要自然科学作为基础的,需要有科学精神的。研究的最后结论,认为宇宙的终极本原是物质性的东西,那么,这个哲学体系就是唯物主义的;如果认为宇宙的终极本原是精神性的东西,那么,这个哲学体系就是唯心主义的。我们把这一类型的哲学称为"求真哲学"。对社会进行深入研究,对于人际的复杂关系有了系统、全面的了解,为了解决各种矛盾,照顾各方面的利益,提出处理各种关系的法则。为了使这些方针与措施建立在理性的基础之上,必须建立一套理论。这一套理论,就是政治哲学,也可以说是求善的哲学。宗教哲学也有一些内容是求善的哲学。还有一些哲学家重视艺术,重视情感,陶冶情操。他们既不拘泥于客观事物的真实性,也不关注政治活动。这些哲学家可以说是求美的哲学家。

西方哲学家有这三种哲学家，而求真的哲学家占多数。中国的哲学家也有这三种哲学家，却是以求善的哲学家为主流。我以为这三种哲学家应该有不同的标准来对他们进行评论。对于求真哲学，有唯物主义和唯心主义的区别，而且只有在这种哲学中才有这种区别。对于求善哲学，就没有唯物主义与唯心主义的区别，只有善与恶，文明与野蛮，进步与落后的区别。中国历史上的孔子、孟子、董仲舒、朱熹都是求善的哲学家，他们都是想提出一个可以把天下治理好的理想方案，都是善的理论。给他们戴上唯心主义，是张冠李戴。他们不探讨宇宙的本原，只是讲了精神，讲了心性修养，就成了唯心主义者，是否有点冤枉？

庄子受到的冤枉也很大。过去许多人都说他是唯心主义哲学家。庄子不研究宇宙本原的问题，也不愿意参加政治活动，只是追求自己的精神自由。他所讲的道，实际上是讲艺术精神。徐复观说："庄子的所谓道，本质上是最高的艺术精神。"[①]追求美，追求精神自由，是庄子哲学的核心。因为他没有研究宇宙的本原，因此，他既不是唯心主义者，也不是唯物主义者。他的哲学没有唯物主义与唯心主义的问题。他也不研究政治问题，也没有参加宗教活动，所以也没有关于善恶的问题。他的艺术精神只有美丑、雅俗的问题。庄子讲的道，是最高的艺术精神，是非常高雅的。因此，庄子哲学应该是

---

① 《中国艺术精神》，49页，沈阳，春风文艺出版社，1987。

高水平的。中国历史上高水平的学者都十分欣赏庄子哲学，就是欣赏他的高雅情趣，而不是欣赏他的唯心主义。庄子讲精神自由，是主张超越一切局限。他称那种局限性的思维方式为"拘墟"，比喻为井底之蛙，用现代话说，就是局限性。他要以道观天下，要摆脱任何束缚。这些束缚包括人间所有的思想顾虑。他认为，儒家提倡仁义道德，就是给人一种精神束缚。按人的本性本来应该这样做，因为有了仁义，人们就要考虑如何做才符合仁义，这样一来，人就不能按自己本来的想法做，处处要以仁义作为自己行动的法则。因此，庄子认为，仁义破坏或者摧残了人的本性。毁誉也是人们比较普遍的思想负担。人们总是不太了解自己，经常要通过周围人们的反应来认识自己，如果大家说好，就认为自己做得对；如果大家反对，就是自己做错了，就要纠正。于是，做什么事都要看大家的反应，自己的精神就不能自由。庄子提出："举世而誉之而不加劝，举世而非之而不加沮。"（《庄子·逍遥游》）世间的毁誉对自己没有任何影响，当然更不会成为精神负担。战国时代诸子蜂起，百家争鸣，各家都认为自己的主张是绝对正确的，而别人的主张则是十分错误的。所谓"自是而相非"。在辩论的时候，都站在自己的学派性上，是讨论不出是非的，也是无法确定是非的。这是学派性的思想局限。他提出，人在床上睡觉，是最好的选择。如果在烂泥中睡觉，就会得风湿病，但是，难道泥鳅也是这样吗？人要是在树上睡觉，会发抖，难道猿猴也这样吗？如果让泥鳅在床上睡觉，第二天一早，它就干了。如果让猿猴在床上睡觉，它们也会很不习惯的。从物种的角度来看，各种物种也有自己的是非。这是万物平等的观念，与西方所谓"人是万物的尺度"的说法，是很不一样的。后来北宋张载提出"民胞物与"，可以认为是这种思想的继承。过去提倡优胜劣汰，似乎人类是优胜者，而万物是劣汰的对象。但是，人类后来发现，把万物淘汰以后，人类也就失去了自己的家园。保护万物成了人类的责任。保护万物，也就是保护人类自己。人类有了这种觉悟以后，对庄子的这种万物平等的观点，应当有新的评价。总之，庄子的精神自由，实际上就是解放思想。解放思想，就是要摆脱各种束缚，如时代的束缚、地区的束缚、阶级的束缚、传统的束缚、观念的束缚、自己的肉体与心灵的束缚等。庄子的这些思想与观点都是有合理性的。但是，用西方的求真哲学的标准来衡量庄子的求美哲学和精神自由，得出了全盘否定的结论。这也是学术上的冤案，应该平反。学者的欣赏与教材的贬抑的矛盾，在这里可以得到一种解释。

(4)相对论与辩证法。

相对论即相对主义，似乎是庄子哲学的一大特点。甚至可以认为是庄子哲学的代名词。理由大体一致。主要有"彼亦一是非，此亦一是非"(《庄子·齐物论》)。这也是可以作详细分析的。

"彼亦一是非，此亦一是非。"彼，此，都是指示代词，代表那与这。可以代表某个人，某个集团，某个时间，某个地区，某个条件，以及某种情况等。例如，这个人认为鱼好吃，那个人却认为蛋好吃，这里就有不同的是非。又如，儒家认为需要用仁义治理天下，天下才会安定；法家认为仁义不管用，只有用法制才能治理好天下。儒家提倡礼乐制度，道家认为礼是搅乱社会的首要因素，墨家认为乐不解决吃穿问题，是劳民伤财的东西，所以他们主张"非乐"。现代，无产阶级认为资本家是靠剥削起家发财的，资产阶级认为资本家是靠自己的本事起家发财的。在时间上，不同时间有不同的是非。例如，晚上该睡觉时，睡觉是正确的，如果唱歌，就不对。如果在上音乐课，老师要求唱歌时，不唱歌，却要睡觉，那就是错误的。唱歌与睡觉都有适当的时间，在不适当的时候进行这些活动都是错误的。过去，武松打虎成了英雄，现在再打虎，可能就要坐牢，因为老虎已经成了国家一级保护动物。

美国人爱吃牛肉；印度人不吃牛肉。在我国回族人不吃猪肉；汉族人多吃猪肉。各国各民族都有自己的习惯，不能说吃法与我不一样的都不对，都是陋习。例如，不吃猪肉的民族不能反对其他民族吃猪肉，爱吃牛肉的国家不能说不吃牛肉是陋习。同样道理，美国人不应该说印度人不吃牛肉是不开化的表现，应该互相尊重各民族的风俗习惯。有些人有狭隘心理，只要与自己习惯不一样的，他们就一定要说东道西，这也指责，那也批评。似乎真理都在他那里，总喜欢以自己的价值观来衡量别人、评论别人、指责别人，甚至还要用经济制裁别人，用武力干涉别人，缺乏的就是平等观念。

同样是天下雨，评价可有很大差别。由于大旱，下雨当然是最好不过的了。如果已经大水成灾，再下雨，就要加重灾情。农民播种后盼着天下雨，城里人为了行动方便，希望天晴。收获季节，农民怕下雨导致新收的粮食发霉；也许气温太高，城里人还希望下一些雨，降降温，好凉爽一些。养鱼人没有水不能养鱼，水多了又怕冲走鱼苗。总之，下雨好不好？谁也答不出来，因为在这里确实无法确定是非。这并不是没有是非，而是没有固定的普遍的是非。这不是相对论，而是从实际出发的真正辩证法的是非观。

关于辩论的问题，庄子提出来说，我与你辩论，你赢了，难道你就正确吗？或者我胜了，难道我就对吗？或者都对，也可能都不对？关于这个问题，很多人并不理解，总以为是就是是，非就是非。实际上是非并不像黑白那样分明。中国历史上曾经讨论过天体是圆球形的(浑天说)，还是伞形的(盖天说)，后来好像是说圆球形的赢了，因为浑天说统治中国天文学界达两千年之久。西方近代天文学传进来以后，说天是空的，既没有圆球形的天体，也没有伞形的天体，只是无限的空间。庄子接着说，如果来了一个第三者，他支持你的意见，你也不一定对；如果赞成我的观点，我也不一定正确；如果他的主张是与你我都不一样的观点，那么，是非就更难判断了。第三者是有代表性的。再来第四者，第五者，也可以类推。总之，辩论是判断不了是非的。所谓"道理越辩越明"，只能说明在辩论中使双方的观点都更加明确了，并不能最后确定是非。

辩论不能最后确定是非。那么，如何确定是非呢？我们可以说通过实践的检验，可以确定是非。这个问题是否就因此有了结论呢？还没有。一方面如上面所说，是非是因人而异，因时而异，因地而异的，即使经过实践的检验，不同阶级、不同社会地位的人，看法是不一样的，例如在过年过节的时候，群众放鞭炮，对不对？政府禁止放鞭炮，对不对？虽然实践反复检验过许多年，到底检验出什么结果？谁也说不清楚。有的说放鞭炮，每年都炸伤了许多人的眼睛，甚至引起火灾，所以必须禁止。有的说这是长期形成的民俗，是传统文化的一部分，应该继承。不让放鞭炮，就大大削弱了节日气氛。这里的是非不仅有真伪的问题，还有价值观的问题。另一方面，即使在真伪问题上，也不是那么容易检验出来的。例如，浑天说与盖天说的辩论，在两千年前的汉代，浑天家可以用实验的办法证明自己的看法是正确的。实验的具体做法是：用一个圆球，标上天上的各种星象，做成浑天象这么个仪器。将这仪器放在地下室里作缓慢匀速的旋转运动，与地面观察到的天上星象的出没一一相应。在制订历法的时候，历代历法家都是根据浑天说的理论来制订的。这些历法的精确度是很高的，有时达到世界先进水平。千年的实践不断证明浑天说是正确的。但是，千年以后，西方传来近代天文学，浑天说也就被取代了，被证明是错误的。千年实践所不断证实的结论，为什么还会被推翻呢？实践证明究竟能不能判断真理呢？应该如何理解这种现象呢？这些问号，只是说明一种事实：所有具体真理都是相对的，不同层次的真理的总合，才构成绝对真理。正如黑格尔所说：真理是一个过程。一定时期的实践可以检验这一时期的真理，也就是说，可以判断这一时期出现的事物的是与非。实践发展了，认识也发展了，是非问题还要继续研究，还要再检验。世界历史上没有一劳永逸的事。所谓实践检验，不是有一两个人实践一下，就能确定是非的，也不是一两次实践就可以检验出真理来的，甚至不是几万人几百年的实践就能盖棺论定的。所谓实践检验，必须讲"社会实践"。有了"社会"，就不是个别人的，也不是局部的，地区性的，更不是短时期的。所谓"社会实践"，就是指世界历史上所有人的实践，应该包括过去的、现在的、未来的世界上所有人的一切实践。一时一事的实践，只能检验人们对于一时一事的认识是否正确或者有多大程度的合理性，不能因此就检验出绝对真理来。研究历史，只知道结论，没有领会历史精髓的人，研究自然科学，只有许多科学知识，没有科学精神的人，研究哲学，只会背诵教条，没有领会辩证方法的人，都不能参透这个似乎非常简单的道理：社会实践是检验真理的唯一标准。曾经对这一句话中除了"是"与"的"两个字以外的每一个字每一个词都进行过讨论，发表过几百篇文章，但是，有一些人还是在辩证法门外困惑、徘徊、探索。个别人自以为什么都明白，实际上他们更惨，因为至今还摸不到门。他们看到在辩证法门内走动的人，就指责他们是相对论者。这种误解是有原因的。辩证法与相对论有许多相似之处。有一位哲学家说：辩证法包含相对论，但不归结为相对论。我的理解是：相对论认为一切都是相对的，只有相对性才是绝对的。辩证法也认为一切都是流动的，即相对的，但相对中包含绝对性，即在一定条件下，都有某种绝对性。例如讲到真理，相对论认为真理都是相对的，没有绝对性，所有真理的总和也只是一堆相对真理。辩证法认为具体真理都是相对的，但是，所有真理都要正确反映客观事物，这是绝对的。否则就不能称为真理。而无数具体真理的总和，可以形成绝对真理。具体真理像一滴水，而绝对真理就是无尽的长江。

（5）无道则隐。

庄子不愿意做官，是很有典型性的。楚国派使去聘请庄子做令尹（相当于丞相），并且送去很多礼金。庄子说："你见过牺牛吗？用好料养几个月，然后洗得干干净净，宰杀后还用精致的容器盛着，送进太庙，供在神案上，还用红布盖着。愿意做这种牺牛，还是愿意做那在野地寻找杂草吃的野牛呢？"使者说愿意做活着的野牛，不愿意做牺牛。庄子说那好了，你走吧，我就在这里当野牛。又有国君要聘他，他用乌龟做比喻，把龟杀了，把它的壳供在神庙里，让人以虔诚的心情用它进行占卜。庄子宁可做野龟在水沟里爬着，也不愿意当神庙里的供品。总之，他不愿意当官。他认为做官是用隋侯之珠去弹麻雀，损失是巨大的，得到的却十分微小。在他看来，个人精力、身体健康和生命，都是自己最宝贵的东西，即使贵为天子，富有天下，也不能用自己的生命去交换。何况当一般的官。

庄子的朋友惠施是很喜欢当官的，听说魏国相死了，他就匆匆忙忙地赶去接任，怕迟到了相位被别人先占了。惠施任梁惠王相时，庄子到梁国去，惠施派人搜查，又怕庄子来争夺他已经到手的相权，因为他知道自己的水平不如庄子。庄子讥笑他抱着已经腐烂的死老鼠，还怕被别人抢走。庄子把相位比作死老鼠，其他级别的官员就更不用说了。

庄子自己不愿意做官，对于当官的人也不会那么敬畏。有一个叫曹商的人，为宋王出使秦国，回来时后面跟着一百辆车，装满秦王送给他的财物。路上遇见穷困潦倒的庄子，很神气地说自己没有能力忍耐贫穷，只有一点发财的小本事，以此挖苦庄子的贫穷。庄子毫不客气地回敬他。庄子说："秦王有病请医生，治疗一个疖疮，给一辆车；舔一下痔疮，给五辆车。干越卑下低级的活，得到的车也越多。你难道也给秦王舔过痔疮，要不怎么会得到这么多车呢？你真行呀！"（《庄子·列御寇》）

庄子不但对个别当官的人反感，而且对整个政治界都有反感。他说："彼窃钩者诛，窃国者为诸侯，诸侯之门而仁义存焉，则是非窃仁义圣知邪？"（《庄子·胠箧》）小偷被杀头，窃国大盗当诸侯。诸侯家里有仁义，一定也是从哪里偷来的。诸侯是富人之家。按孟子的说法，"为仁者不富，为富者不仁"。诸侯应该属于"为富者"，就不应该有仁义。因此，庄子认为，他们家有仁义，一定是从哪儿偷来的。

总之，在政治与生命两者之间，庄子重生命，轻政治。

庄子不愿意从事政治工作，能不能说他的人生观就是悲观厌世的呢？我们可以作一番分析。首先，庄子生活的是战国那个战乱时代，孟子说"春秋无义战"，战国时代更甚。古称"乱世"。其次，参与不义之战，是犯罪行为。"争地以战，杀人盈野；争城以战，杀人盈城。此所谓率土地而食人肉，罪不容于死。故善战者服上刑。"（《孟子·离娄上》）孟子认为在不义战争中立大功的人应该"服上刑"，受到最严厉的惩罚。庄子不参加这种为不义战争而奔走的政治活动，与儒家所谓的"隐"是相一致的。孔子曾经说："天下有道则见，无道则隐。邦有道，贫且贱焉，耻也；邦无道，富且贵焉，耻也。"（《论语·泰伯》)这与孟子的说法也是一致的。孟子说："穷则独善其身，达则兼善天下。"(《孟子·尽心上》)在这乱世的时代，天下无道，庄子退隐民间，甘受贫贱，独善其身。这完全符合孔子和孟子的说法，有什么不可以呢？庄子也曾经说自己这样避世，"方今之时，仅免刑焉"(《庄子·人间世》)。他认为在乱世，像曹商那样发了大财的人是可耻的，是发国难财，是不义之财。

那些积极参与政治活动的政治家、思想家和军事家，情况如何呢？吴起为楚国在政治军事诸方面都做出了突出贡献，最后被乱箭射死。白起坑赵卒四十万，为秦国立了大功，最后赐死。蒙恬为秦国名将，也被赐死。李斯为秦国做出的贡献可以说是最大的，最后与他的儿子一起被车裂。秦国是战胜国，战胜国的将军丞相尚且如此，那些战败国的将军自然就更惨了。所谓"将军百战死"，"十个将军九没头"。从这些参战将军的下场来看，庄子的避世还是有根据的，也可以说是明智的选择。庄子不愿意当这些政治集团争权夺利的牺牲品和殉葬品，是否也有合理性呢？只不过是儒家所说的"无道则隐"而已。

## 3. 道家辨认

近些年来，研究道家的人很多，出的成果也很多。这是可喜的现象。有些研究似乎强调道家的重要性的同时，力图扩大道家队伍，把传统认为是儒家的一些人物和著作收入道家，成了道家的新成员。

传统观点并不是一成不变的，但改变应该有确实的理由和充分的根据。根据是否充分？这就需要讨论，考辨。考辨还需要注意方法论的问题。

在这里，我对近年来被新吸收进入道家队伍的成员进行一次资格审查，考辨一番，发表一下个人看法，供道家研究者参考。

(1)讲"道"的就是道家吗？

请专家原谅我这样提出问题，确实有人是这么研究的。

西汉初年的思想家陆贾时常向刘邦称颂、讲述《诗》、《书》，被认为是当时重要的儒家，他的代表作《新语》历来都收入儒家著作。两千多年来，陆贾被公认为儒家，无人怀疑。

有的研究者认为陆贾是西汉新道家。我们要审查一下资格问题，对他考辨一番。陆贾是新道家的一条重要根据是他的代表作《新语》

第一篇就是《道基》，"这一篇名表明，作者认为道是天地万物的基础，是事物的本原这就是《老子》'天地之始'、'万物之母'的意思。"①这一篇名有个"道"字，又把篇名《道基》理解为"道是天地万物的基础"，这样就把陆贾吸收入道家，成了一名新成员。

根据是否充分，首先要看对《道基》的理解是否正确。

《道基》的开章明义就说：

> 传曰：天生万物，以地养之，圣人成之。功德参合，而道术生焉。

万物是天生的，不是道家的观点。道术生于天、地和圣人的功德参(三)合，更不是道家的观点。道家认为道生天地万物。那么，这篇文章所谓"道基"究竟是什么"道"呢？它的最后一段话有结论，再抄录如下：

> 骨肉以仁亲，夫妇以义和，朋友以义信，君臣以义序，百官以义承，曾、闵以仁成大孝，伯姬以义建至贞，守国者以仁坚固，佐君者以义不倾。君以仁治，臣以义平。乡党以仁恂恂，朝廷以义便便。美女以贞显其行，烈士以义彰其名，阳气以仁生，阴节以义降。鹿鸣以仁求其群，关雎以义鸣其雄。《春秋》以仁义贬绝，《诗》以仁义存亡。乾坤以仁和合，八卦以义相承。《书》以仁叙九族，君臣以义制忠。《礼》以仁尽节，《乐》以礼升降。仁者，道之纪；义者，圣之学。学之者明，失之者昏，背

---

① 熊铁基：《秦汉新道家略论稿》，69 页，上海，上海人民出版社，1984。

之者亡。陈力就列，以义建功。师旅行阵，得仁为固，仗义而强。调气养性，仁者寿长，美才次德，义者行方。君子以义相褒，小人以利相欺。愚者以力相乱，贤者以义相治。《穀梁传》曰："仁者以治亲，义者以利尊。"万世不乱，仁义之所治也。

陆贾在这一段话中使用了17个"仁"字和22个"义"字，从各个方面、各种角度强调仁义的重要性，最后结论是："万世不乱，仁义之所治也。"文中提到的书有《春秋》、《诗》、《书》、《礼》、《乐》和《穀梁传》，都是儒家的经传。还有一句："仁者，道之纪。"是否可以这样理解：陆贾认为仁义是治道的基础。这种思想与道家思想当然是大相径庭的。陆贾的这个"道"是治理天下的仁义之道，是儒家传统之道，不是道家作为天地万物本原的那个"道"。《道基》实指治道的根基在于仁义，并非"道是天地万物的基础"的意思。因此，陆贾的《道基》不能作为道家入门证，陆贾没有资格当汉代新道家。

有些人认为西汉董仲舒也是道家。董仲舒有没有资格当道家呢？他在汉景帝时研究儒家经典《春秋》，当了《公羊传》的博士。在对汉武帝策问中，提倡以孔子儒学传统一天下人的思想，"诸不在六艺之科孔子之术者，皆绝其道，勿使并进"（《汉书·董仲舒传》），并在三篇对策中十九次提到孔子，还多次提到儒家经典《诗》、《书》、《春秋》以及《论语》。曾从董仲舒问学的司马迁把他列入《儒林列传》，班固《汉书》中称董仲舒为"群儒首"、"儒者宗"，是汉代著名的儒家代表。东汉王充说："文王之文在孔子，孔子之文在仲舒。"（《论衡·超奇篇》）认为董仲舒是孔子学说的正宗嫡传。南宋儒学大师朱熹称他为"醇儒"。后人还请他入孔庙陪祀。近代康有为说："因董子以通《公羊》，因《公羊》以通《春秋》，因《春秋》以通《六经》，而窥孔子之道。""若微董生，安从复窥孔子之大道哉！"①没有董仲舒的学说，到哪儿"窥孔子之大道"？董仲舒是汉代大儒，历代似无争议。如今有人提出他是新道家，理由是他说过："天不变，道亦不变。"研究者认为这里的"天"和"道"都是道家的概念。因此，董仲舒提倡"独尊儒术"的结果，确立了"道家思想在中国传统文化中的主干地位"②。董仲舒讲了"道不变"，就有资格当道家吗？

孔子说："道不同，不相为谋。"（《论语·卫灵公》）诸子百家各有自己的"道"，是互不相同的。道家的"道"是派生天地万物的宇宙本原，道家的哲学是"道一元论"。其他各家的"道"都不是作为宇宙本原的概念。这应该是道家和其他各家讲"道"的根本区别。

陆贾提出"道本于天地"的思想，他说："道不本于天地，可言而不可行也，可听而不可传也，可小玩而不可大用也。"（《新语·怀虑》）就是说：道本于天地，是可言可行、可听可传、可玩可用的。董仲舒提出"道之大原出于天"、"圣人法天而立道"③。他们都认为天地比道更根本，哪有资格加入以"道为宇宙本原"为主旨的道家队伍？

（2）一个概念可以确证道家吗？

---

① 《春秋董氏学》自序，北京，中华书局，1990。
② 周玉燕、吴德勤：《试论道家思想在中国传统文化中的主干地位》，载《哲学研究》1986 年第 9 期。
③ 《汉书·董仲舒传》。

这似乎也是一个不成问题的问题，而实际上已经成了问题。

学术界公认秦汉时代有个黄老学派，该学派主张自然无为。因此，有些研究者把"无为"这个概念作为黄老之学、秦汉新道家的标签。当然，提倡"无为"的思想家多数属于黄老学派，或者颇受道家思想影响者。但是，并不是只要一讲"无为"，就是道家。对于具体人物要做具体分析，注意考辨，谨防假冒。

例如上面提到的陆贾，这是历代公认的儒家。他在《新语》中还写了一篇题为《无为》的文章。是否可以断定陆贾是新道家呢？这就需要深入了解一下。

首先，讲"无为"的，有道家，也有儒家。如孔子说："无为而治者，其舜也欤？夫何为哉？恭己正南面而已矣。"（《论语·卫灵公》）因此，讲"无为"的未必就是道家。

其次，黄老道家崇拜的是黄帝、老子，而儒家崇拜的是尧、舜、禹、汤王、文王、武王、周公。陆贾讲"无为"，举的是舜，与孔子说法一致。说明他是继承儒家的"无为"。

第三，陆贾讲周公制作礼乐，也作为"无为"的典型例子。这也与道家无缘。因为道家反对制作"礼乐"，他们认为："礼者，乱之首也。""五音令人耳聋"。

第四，陆贾的理想是建立有威望的朝廷，"四海之内，奉供来臻，越裳之君，重译来朝"而不是《老子》所向往的"小国寡民"，"鸡犬之声相闻，民至老死不相往来"。

最后，陆贾《无为》是反对秦王的残暴、奢侈，提倡仁义、教化。

引孔子的话说："移风易俗，岂家至之哉？先之于身而已矣。"这是说，移风易俗，不是挨家挨户去做说服劝告的工作，而是靠自身的榜样力量。黄老道家的所谓"无为"是指不管事，曹参用"黄老术"就是"不事事"、"不治事"（《史记·曹相国世家》），日夜饮醇酒，醉歌呼。谁劝他干事就挨打。儒家与道家的无为有极大差别，不能混为一谈。实际上，儒家的"无为"是指"其身正，不令而行"（《论语·子路》）。

可见，陆贾讲"无为"是继承了孔子儒家的思想，而不是继承黄老道家的思想。因此，他虽然讲了"无为"，却不能证明他就是新道家。

又如，有的人认为精气说是稷下道家的"特产"，提到"精气"的书就一定是道家的著作。按传统看法，《周易》是儒家的经典，《系辞》等十大传，又称"十翼"都是儒家的著作。最近，有的文章指出：《系辞》中的精气说乃是继承稷下道家的代表作《管子四篇》而来的，这是《系辞》之为道家之作的第一个确证。[①]

讲继承，必须有先后的问题。据张岱年先生考证，《系辞》的若干章节，写成于战国前期。《管子》四篇写成，当在《老子》以后，荀子以前。而《老子》书应编成于战国前期。[②] 如果张先生的考证无误的话，那么，《管子》四篇不能早于《系辞》，至多同时，怎么能肯定《系

---

① 陈鼓应：《论〈系辞传〉是稷下道家之作》，载《周易研究》1992 年第 2 期。
② 张岱年：《中国哲学史史料学》，北京，三联书店，1982。

辞》继承了《管子》四篇呢？

《系辞》中只出现一次"精气"这个词。即使按论者的意思，它继承了稷下道家的特产，那么，《系辞》引述儒家祖师爷孔子的话达二十多处，都是用来论证的，为什么不能证明它是儒家著作呢？

一般的情况，一个词刚开始使用时，用的频率较少，流行以后，使用的频率就会不断提高。例如西汉董仲舒使用"元气"这个词较早，他只用了两次，到了东汉，"元气"流行了，王充使用"元气"不下几十处。据此，《系辞》用"精气"只有一次，而《管子》四篇却多次使用，是否可以证明《系辞》用"精气"在先，而《管子》四篇在后呢？

孔、孟没有讲精气，老、庄也不用精气。"精气"一词没有学派性特征，不能作为学派的标志。"道"本来是道家的标志，但因道的内涵各不相同，只在特定的情况下才是道家的标志。另外，各家的思想交流、概念借用，是常有的事，不能据一两个词就可以确证哪个人、哪些书属于哪一家哪一派。孔子讲正名，名家讲名实，名家不是儒家。荀子也讲名实，他也不是名家。

有的人说：《系辞》重占筮，先秦儒家则反对占卜，所以，《系辞》不是儒家著作。而《系辞》重占筮与田齐尚卜之风有密切关系，所以，《系辞》就是稷下道家的著作。

我们知道，《老子》、《庄子》都不讲占卜，而孔子及其学生还是讲占卜的。在儒家的经书《周礼》中就有《大卜》、《卜师》、《龟人》、《占人》、《占梦》、《冯相氏》等许多篇讲占卜的文章。《仪礼》、《礼记》和《春秋左传》也都讲占卜。难道这些也都不是儒家的著作，都是稷下道家的著作？奇怪的是，居然引《左传》记载占卜的事来证明《系辞》与稷下道家的关系，却说儒家不讲占卜。难道说《左传》也不是儒家著作？另外，《左传》讲占卜未必都是田齐的事，很多是晋国的事，怎么能说讲占卜就与田齐有密切关系呢？再说，稷下是百家争鸣的地方，大儒荀子曾在那里三任"祭酒"。因此，田齐、稷下、占卜、黄老道家、儒家，这些并无必然的联系。占卜即使与田齐有点联系，也不能断定所有讲占卜的书都是与田齐有关系的，与田齐有关系的书，也不能说都是黄老道家的著作。《孙膑兵法》也称《齐孙兵法》。《汉书·艺文志》列"兵权谋"十三家，有一家就是《齐孙子》八十九篇。颜师古注："孙膑。"孙膑虽然是田齐时代齐威王的军师，并写有兵书，但孙膑及其兵书都难以列入稷下道家或者黄老道家。

　　《诗》、《书》、《三礼》、《春秋三传》都是儒家经传，都讲占卜，应该说占卜是儒家的传统，虽然不是优秀的传统。引一两句话，就断言儒家反对占卜、与占卜无关，那是不妥当的。现在还没有人证明以上这些书都不是儒家著作。关于影响的问题，如果确实存在的话，那只能是儒家的占卜影响了其他家，包括稷下道家。怎么能将占卜的儒家著作判给稷下道家呢？很显然，根据一两个概念，就判定哪一本书哪一个人属于哪一家，是很不可靠的。要通过全面考察、综合分析，才能做出切实的判断。

　　（3）肯定道家一个观点，就能成为道家吗？

　　有一种相当奇妙的说法："《系辞》中所表现的革新性、进取性及开放精神，也不是日愈衰退的鲁文化的产物，而是当时齐国社会文化背景的一种反映。"①

这里说的"鲁文化"就是指孔孟儒学。作者认为儒学在战国时代就是保守、落后和封闭的，而且是日愈衰退的。我以为，这种判断是缺乏根据的。

管仲、子产都不是儒家，孔子赞赏管仲的功业，称子产为"古之遗爱"(《左传》昭公二十年)。老子是道家的创始人，孔子虽知"道不同，不相为谋"(《论语·卫灵公》)，仍然虚心地向他问礼。他入太庙，每事问。向许多有知识的人学习，学无常师，他说："三人行，必有我师焉。"(《论语·述而》)这难道不是"开放精神"吗？有什么封闭性呢？

孔子儒学在战国时代，风行天下，成为显学。经过秦火的洗礼以后，到了汉代，越居"独尊"地位，受到普遍的推崇，"自天子王侯，中国言《六艺》者，折中于夫子，可谓至圣矣!"(《史记·孔子世家》)从汉代以后，孔子的圣人地位维持了两千多年。他不仅是汉族的圣人，同时也是其他少数民族的圣人，孔庙有元朝和清朝皇帝立的碑。现在，他已经不仅是中华民族的圣人，而且也是世界共仰的圣人，被列为世界历史上十大思想家之一。

奇怪的是，影响如此深远的孔子儒学在两千多年前的战国时代怎么就已经"日益衰退"了呢？"衰退"了两千年以后，儒学却更加流行起来，流传到更加广大的地区去。这一现象又该作何解释呢？

---

① 陈鼓应：《论〈系辞传〉是稷下道家之作》，载《周易研究》1992年第2期。

儒学是不断丰富、发展的。孟子讲性善论是孔子所未言。孟子不失为儒学亚圣。荀子反孟子，提出性恶论，也仍是战国后期的大儒。汉代董仲舒"始推阴阳"，还是被史学家称为"群儒首"。宋代朱熹融合佛、道的一些思想还是公认的儒学大师。如果认为除了孔子的思想，都不是儒家思想，或者把说了孔子没说过的话的那些人都排出儒家，那么，这就把原本开放的儒学变成封闭型的，这种封闭性不是儒家固有的，而是后人着意强加的。另外，孔子儒家以博学著称，博学来于好学深思，来于学无常师。自然要吸收许多学派的思想。一个儒家如果学习了别人的思想，使用了别人创造的概念，就不算儒家，就是别的什么家。那也是人为的封闭儒家。封闭的结果：秦汉以后的两千多年的中国历史上就没有一个儒家。孔子讲"无为"、"正名"，按那些人的说法，也应该是道家、名家。孟子讲民贵君轻，违背儒家的尊卑等级观念，荀子讲"制天命而用之"，违背了孔子"畏天命"的思想。他们也都不是儒家。儒家是那么纯而又纯的"怪物"，中国几千年的历史上哪有这样的儒家？中国就根本不存在儒家！把儒家抽象化、概念化，以此来审查实实在在的人，那么，没有一个人是理想的合格的儒家。这种思维方法经常出现在极"左"思潮统治的时代，是极容易造成大批冤假错案的思路。现实的冤假错案减少了，也不要在历史人物上制造新的冤假错案。这是我的祈愿！

道家人物代不乏人，道家典籍也是汗牛充栋。仅《道藏》就有千余种，四千多卷。由中国社会科学出版社出版的任继愈主编、钟肇鹏副主编的《道藏提要》就是厚厚一大本，一千多万字。道家和道家的典籍还有很多未被人研究，需要挖掘的有价值的内容还很多。我想研究道家道教的人是否可以在这方面下功夫。精力用于把一个个儒家人物变为道家人物，一本本儒家著作变为道家著作，是否能建立起道家的主干地位呢？值得怀疑！从事"转化"工作，一方面浪费精力，一方面制造混乱，我认为是不值得的。

第五课　儒　家

中国封建社会的上层建筑占统治地位的是孔孟之道。什么叫孔孟之道呢？就是孔子创立、孟子发展的儒家学说。这一学说主要概念是仁与义，所以又称仁义之道。这一学说在中国封建社会对思想界、政治界的影响是无与伦比的。因而孔子被尊为大圣人，至圣先师文宣王，天下文官祖、历代帝王师。孟子被称为亚圣。

## 1. 孔子与"仁"学

孔子生于公元前551年9月28日，这是1989年2月由紫金山天文台与曲阜县文物管理委员会共同研究确定的。孔子于公元前479年逝世，享年73岁。孔子，名丘，字仲尼，春秋末期鲁国陬邑（今山东曲阜）人。

孔子原是宋国贵族的后代，他的父亲叫"叔梁纥"，"与颜氏女野合而生孔子"（《史记·孔子世家》）。他幼年丧父，家境贫寒，接触实际，学到一些技艺。他当过管仓库的"委吏"和管牛马的"乘田"，后来当了短时间的"司空"、"司寇"。他主要时间是在从事教育工作，据说有弟子三千，贤人七十二。他还整理古籍，选编了《诗经》，编撰了《春秋》。他的言论被后学编为《论语》。过去有人说：半部《论语》治天下。①　可见，《论语》是很有影响力的书。

孔子生前是一个贫穷的民间教师。在先秦，他所创立的儒学虽属显学，但也仅是一个学派。汉代人独尊儒术，他这个儒学的创始人才成了大圣人。唐宋以后，孔子不断被升封，清顺治时，升为"大成至圣文宣先师"，有了"阔得可怕的头衔"（鲁迅语）。现在山东曲阜有"三孔"：孔府、孔庙、孔林。

孔庙里有金碧辉煌的大成殿，该殿前有浮雕龙柱，后有青石线雕龙柱，都是北京故宫所没有的。殿中有四圣（复圣颜回、宣圣曾参、述圣孔伋、亚圣孟轲）十二哲（包括孔子的十一位学生和南宋朱熹）。殿前两庑还有一批思想家从祀，如荀子、董仲舒、韩愈、张载、二程、周敦颐、司马光、王安石、陆九渊、王阳明等。殿前还有历代帝王立的石碑，不仅有汉族皇帝立的，而且还有元代蒙古族统治者、清代满族统治者立的石碑。最大的一块碑是清康熙立的。孔府是孔子后代住的地方。北宋仁宗朝圣时封孔子46代孙孔宗愿为"衍圣公"②，以后历代相袭。孔府就是"衍圣公府"了。袁世凯授予孔

---

① 宋初宰相赵普读《论语》，"及次日临政，处决如流"。罗大经《鹤林玉露》乙编卷一《论语》载赵普对宋太宗曰："臣平生所知，诚不出此（指《论语》）。昔以其半辅太祖定天下，今欲以其半辅陛下致太平。"而后有"半部《论语》治天下"的说法。中华书局，1983年8月。

② 张秀荣：《孔府档案》，载《走向世界》1989年第5期。

子76代孙孔令贻一等嘉禾勋章，赐一身将军服。日本侵略军入侵时也没有破坏孔庙。说明孔孟之道在古今中外都有很大的影响。孔府正门有"圣府"的横匾和金字对联："与国咸休安富尊荣公府第"，"同天并老文章道德圣人家"。这个对联中的"富"字不加点，意即富贵无头，"章"字最后一竖向上伸出，表示文章通天。还有孔林，是孔子及其后代的墓地。封建皇帝改了几十次姓，今有25史，而孔子的圣人地位却保持了两千多年。仅这一点就足以说明孔孟之道的影响深远。

孔子创立儒家学派，提倡仁、义、礼、智、信。孔子最核心的思想还是仁。孔子提倡的儒学为什么会产生这么深远的影响呢？

人类社会刚形成时，都是以血缘关系联系成小团体的。这些小团体随着社会发展而逐渐扩大成大团体，由家族扩大成宗族，形成部落。部落之争不断进行。生产力发展以后，部落战争的俘虏变成了奴隶，而社会也从原始社会进入奴隶社会。从社会总体来看，主要还是以血缘关系的宗族为基本形式。这种以血缘为纽带的关系，是中国原始社会到奴隶社会的"亲亲"宗法制度的特征。什么叫"亲亲"宗法制度呢？就是社会上人与人的关系主要根据血缘亲疏来决定，血缘近的就亲，血缘远的就疏。例如，周武王当天子时分封天下，把天下的地分为一片一片的，交给他的亲属去管理。只有一小部分分给有功的臣子和圣人的后代，如姜尚、召公和神农、黄帝、尧、舜、禹的后代。当时可以说就是家天下。不但天子世袭，各地诸侯也都世袭。这种以血缘关系为基础的社会，反映到社会意识上，就产生了"亲亲"思想。古代把最高尚的道德叫仁，"亲亲为仁"，跟自己的亲属最亲密，就是美德。亲属中最主要的是父母兄弟，对父母是孝，对兄是悌。孝悌是最根本的美德。《论语·学而》篇载"孝弟也者，其为仁之本与"，就是这个意思。

春秋时代，社会产生了很大的动荡。诸侯国之间经常进行战争，大国不断地吞并弱小国家。为了保存国家，就要提倡有利于国家的行为。当时一些有识之士就提出利国也是一种美德。所以，美德（仁）有两种："为仁者爱亲之谓仁，为国者利国之谓仁。"（《国语·晋语一》）持旧观念者以"爱亲"为仁，持新观念者以"利国"为仁。在战争中，人民的积极性是很重要的，人民是国家的宝贝。利国就要利民。于是产生了"宽惠爱民"的观念。以农业为基础的国家，"民"主要从事农业生产。农业生产季节性很强，误了农时，就会影响生产。爱民就要"宽农"，"无夺民时，则百姓富"（《国语·齐语》）。利国爱民的思想在当时是新的思潮，是进步开明的新观念。

孔子吸收了当时进步开明的新观念，经过加工，形成了"仁"的思想体系。他一方面讲"亲亲"；一方面也讲"爱人"，而把"仁"解释为"爱人"（《论语·颜渊》）。"爱人"本来是通俗明白的话，但在思想发达的现代研究者那里却弄得有点糊涂了。有的说，这里的"人"是指奴隶主贵族，说孔子"所爱的实际上只是一小撮奴隶主贵族"。"民"与"人"不一样，"民"指被统治的奴隶，所谓"博施于民"，只是"对于劳动人民给一点小恩小惠"。这么一讲，孔子的"仁"的思想就没有什么进步意义了。实际上，把"人"和"民"作为对立的两个阶级，恐怕是孔子没有想到过的。子贡说："博施于民而能济众。"（《论语·

雍也》)民众并没有被排除在"人"之外。孔子说过"泛爱众",说明所
爱的人,包括众人,不是只爱一小撮。怎么个爱法呢?孔子提出:
"己欲立而立人,己欲达而达人。"(《论语·雍也》)自己想立,也要使
别人立,自己想达,也要使别人达,"己所不欲,勿施于人",自己
不想要的,也不要强加给别人。这是推己及人的思想。推己及民,
就形成了利民的思想。孔子提出对民要"慈"(《论语·为政》)、"宽"
(《论语·阳货》)、"惠"(《论语·阳货》)、"使民以时"(《论语·学
而》),总之,"因民之所利而利之"(《论语·尧曰》)。利民是爱人的
主要方面,也是"仁"的主要内容。张岱年认为孔子的仁"是一个宏大
而切近的生活准则"(《中国哲学大纲》第三篇《人生理想论·仁》)。而
这个生活准则由亚圣孟子发展成为政治准则,形成"仁政"思想体系。

## 2. 孟子与"仁政"

　　孟子(约公元前372—公元前289年),名轲,山东邹县人。孟子
3岁丧父,母亲是他的第一位老师。原来,孟氏住处接近墓区,小孟
轲和其他小孩以模仿丧葬为游戏。孟母认为这对教育小孩不利,就
搬家。家搬到一个集镇,那里买卖交易,尔虞我诈。孟母怕小孟轲
沾染市侩习气,又一次搬家。最后搬到学宫附近,孟轲跟着学礼仪,

孟母认为这是好地方，才定居下来。这个学宫正是孔子之孙子思教学的地方。孟子以后就从子思的学生那里学习儒学。这就是孟母三迁择邻的故事。这种思想跟孟子性本善的理论是一致的。孟母的"断机教子"也是生动的启发式教育的例子。

战国中期，战争频繁。人民由于战乱而陷于饥寒交迫的境地。有些人无法正常生活下去，就铤而走险，逃亡或反抗，造成社会的不安定。为了稳定社会，许多思想家提出各自的治国方案。法家提出以法治国，以法作为善恶赏罚的标准。道家提出无为而治，上头无欲无为，下头无欲无争，这样就天下太平了。兵家力主用战争解决问题，纵横家想通过外交活动来保持均衡局势，通过游说诸侯来达到政治目的。孟子继承孔子的"仁"学思想，提出一套仁政学说，并作了详细论证。

(1)仁政学说的理论基础——"人性善"。

关于人性问题，孔子提出"性相近也，习相远也"(《论语·阳货》)的观点。关于人性问题的第一次争论，就是孟子和告子的争论。这个争论保存在《孟子·告子》篇中。告子认为人生下来就是性，性没有善和不善，向善方面引导，就成为善，向不善方面引导，就成为不善，就像水那样，向哪个方向引，它就向哪个方向流。孟子认为水的本性是向下流，由于外力的激发，水有时也可以向上流。人性也像这样，本来是善的，由于外界的影响也会变成不善。因此，他说："为不善，非才之罪也。"成为不善，不是天生资质的过错。

孟子认为，人性善主要表现为仁、义、礼、智这四个方面。他说这些品德"非由外铄我也，我固有之也"(《孟子·告子》)。这些品德不是外加的烙印，而是人性中本来就有的，这就是所谓先天道德论，或称道德先验论。孟子认为，人的口味有相同之处，耳之于声，目之于色，也都有相同的爱好，那么，人心也有相同的地方。他认为人心相同之处在于义理，所谓人同此心，心同此理。对于此心此理，圣人和凡人都有一样的认识，只是圣人先认识到，讲出来后，大家也都赞同。也就是说，圣人和凡人的心是一样的，人性是相同的，都具有仁、义、礼、智这些品德。因此，他说："人皆可以为尧舜。"(同上)

人性如果先天就是善的，那么为什么有不善的人呢？人人都可以成为圣人，为什么多数人并没有成为圣人呢？其关键仍然在于后天。人有善性，开始只有"端"，即萌芽，善的萌芽经过培养才能成为完整的善性。培育的方法就是扩充善性。如果不扩充善性，又受到外界不良影响，以致"陷溺其心"，那就会变成不善。孟子以种麦为例，麦子的性质是一样的，由于"地有肥硗，雨露之养、人事之不齐"(同上)等客观条件不同，到收成时节，它们会有很大不同。所谓"富岁，子弟多赖；凶岁，子弟多暴。"(同上)富岁指丰收年，赖是利于人的意思。丰收年，青年人都干利于人的好事。凶岁指歉收年，青年人多做不利于人的事。孟子认为这不是他们天生的本性不一样，而是生活条件影响了他们的本性。可见，孟子对后天的影响还是十分重视的。孟子的母亲怕年幼的孟子受到邻居的不好影响，为了选择好邻居，曾经三次搬迁，这也许对孟子以及后人都有很广泛的影响。据此，孟子主张要创造良好的社会环境来造就一大批善人。这就是孟子提出仁政学说的重要根据，也是仁政学说的理论基础。

(2)仁政学说的中心思想——"民为贵"。

孟子有一句名言："民为贵，社稷次之，君为轻。"(《孟子·尽心下》)民为什么贵呢？他认为："土地、人民、政事"是诸侯的"三宝"，哪一个诸侯能够保护人民，那他就一定会成为王，这是谁也阻挡不了的，"保民而王，莫之能御也"(《孟子·梁惠王上》)。如果不能保护人民，反而残害人民，那他就没有资格当王，就是"一夫"，即孤家寡人，应该被打倒。臣子推翻这样的君主，不算弑君，而是为民除害。孟子认为周武王推翻殷纣王的统治，就是"诛一夫纣"，并不是弑君。殷纣王为什么失天下呢？"失其民也。"为什么有的人能得天下呢？孟子说："得天下有道。得其民，斯得天下矣。"(《孟子·离娄上》)有天下者，失民，则失天下；无天下者，得民，则得天下。孟子下结论说："是故得乎丘民而为天子，得乎天子为诸侯，得乎诸侯为大夫。"(《孟子·尽心下》)从这个排列顺序来看，丘民即众民比天子更重要。赵岐注"民为贵"章时说："言得民为君，得君为臣，论君民社稷之轻重也。"[1]这是符合孟子思想的。

君不能保民，就可以共诛之。为了封建社会的全体利益，孟子不主张效忠于一姓一人。孔子讲："君使臣以礼，臣事君以忠。"(《论

---

① 《孟子注疏·尽心下》，载《十三经注疏》，2774页，北京，中华书局，1980。

语·八佾》)君使臣不以礼呢？孔子没有说，孟子作了发挥："君之视臣如手足，则臣视君如腹心；君之视臣如犬马，则臣视君如国人；君之视臣如土芥，则臣视君如寇仇。"(《孟子·离娄下》)君臣关系是相对应的。在孟子的心目中，根本不存在国君的绝对权威。他说："说大人则藐之，勿视其巍巍然。"(《孟子·尽心下》)跟大人物说话时，要藐视他，别看他很威严的样子。这些都是"君为轻"思想的表述。

孟子又说："天子不仁，不保四海。"(《孟子·离娄上》)这跟"保民而王"联系起来，我们可以发现，他所谓的"仁"，主要是对于"民"来说的。为了得天下、保四海，就要行仁政，保人民。"民为贵"就是孟子仁政学说的中心思想。

(3)仁政学说的基本原则——"得民心"。

民是国家存亡的关键，最为重要。得民者就可以得天下，保民者就可以保四海。然则，如何才能得民呢？孟子说："得其民有道，得其心，斯得民矣。得其心有道，所欲，与之聚之，所恶，勿施尔也。"(《孟子·离娄上》)道指基本原则。得民就是要得民心。怎么得民心呢？这分两方面，一方面替人民聚集他们所喜欢、所需要的东西；另一方面不要把人民所厌恶的东西强加给他们。这样，人民就会靠近你，你就得到了民心。"尔"，赵岐注："近也。"这两方面，简单地说，就是"为民谋利"和"为民除害"。这种措施，这种政治，孟子叫"以德服人"，也叫"仁政"，还称为"王道"，总之，是得民心的政治。与此相反的是失民心的政治，孟子称它是"以力服人"，是"暴君"、"霸道"。

孟子对这两种政治做过比较："以力服人者，非心服也，力不赡也；以德服人者，中心悦而诚服也。"(《孟子·公孙丑上》)"以德服人"的统治者是仁者，"仁者无敌"(《孟子·梁惠王上》)。仁者为什么会无敌于天下呢？孟子说是因为"得道者多助"，天时、地利都不如"人和"。有人民从心里拥护、支持，就会所向无敌。"以力服人"的统治者是暴君，他企图用武力去征服别人，不断地发动战争，"争地以战，杀人盈野，争城以战，杀人盈城"。孟子坚决反对这种不义的战争，认为战争发动者"罪不容于死"，善于打仗，杀死人多，别人认为立了大功，孟子却说他们犯了大罪，应该"服上刑"(同上)。上刑指重刑，就是说要严惩战犯。孟子对战争也有义与不义的区别，他认为"春秋无义战"(《孟子注疏·尽心下》)，所以一概加以反对。对于好仁的国君，"南面而征北夷怨，东面而征西夷怨"(同上)的那种"义战"，例如周武王伐纣，孟子还是赞同的、支持的。因为他认为这种出于仁的征战是得民心的。也就是说，以是否得民心作为判别对错的标准。得民心，征伐也是正义的。

(4)仁政学说的具体内容。

如何才能做到得民心呢？从原则上说就是要从其所欲，去其所恶。具体地讲，有以下三个主要方面的内容。

第一，保证基本的生活条件。

饥寒是民之所恶，为使民免受饥寒痛苦，就要保证民的基本生活条件。为了维持生活，就必须有一定的生产资料，以农业生产为主的社会，生产资料主要是土地。因此，孟子认为："仁政，必自经界始。"（《孟子·滕文公上》）实行仁政首先要解决土地问题。他设想了一个所谓"井田制"："方里而井，井九百亩，其中为公田，八家皆私百亩，同养公田。"（《孟子·滕文公上》）把一平方里的土地划为九块，像井字那样，每块一百亩。中间一块是公田，周围八块各一百亩，分给八家人耕种，收获归己。八家共同耕种中间公田，公田收获归公。实际上这是一种典型的劳役地租。孟子认为，这一百亩地可以养活八口之家。在一般年景下，"仰足以事父母，俯足以畜妻子，乐岁终身饱，凶年免于死亡"（《孟子·梁惠王上》）。除种公田的劳役地租之外，国家还要向人民征用三样东西：布、粮、劳力。孟子说：这三者只能"用其一"、"缓其二"，如果三者都要，那也会给民造成困难。在征用劳力时还要特别注意季节性，农闲时征用，农忙时不征用，"百亩之田，勿夺其时，八口之家可以无饥矣"（同上）。分给民土地，勿夺其时，省刑罚、薄税敛，这样才能保证民的生活。

孟子说：民有了这么一点"恒产"，也就有了"恒心"，愿意在这里安心住下，不会去逃荒、流浪、奔波。这是建立安定的小康社会的基本条件。孟子有恒产才有恒心的思想，跟"经济地位决定政治态度"、"存在决定意识"有相同之处，值得肯定。保证人民正常生活所需要的物质条件是保证社会安定的重要因素，这是迄今都有借鉴作用的。

第二，进行封建的伦理教育。

对于民众，孔子主张先"富之"，然后再"教之"（《论语·子路》）。《管子·牧民》云："仓廪实则知礼节；衣食足则知荣辱。"这说明民富足之后，才有可能进行思想教育。饥寒的人民是听不进空洞说教的。孟子对民富之后进行教育的必要性作了论述，他说："饱食暖衣，逸居而无教，则近于禽兽。"（《孟子·滕文公上》）人富足以后，如果不及时接受伦理方面的教育，那就会跟禽兽差不多。孟子主张在民富之后，对民进行封建的伦理教育，"谨庠序之教，申之以孝悌之义"（《孟子·梁惠王上》）。庠序就是学校。孟子认为，办学校，首先进行孝悌教育。尧这位圣人使契为司徒，对民"教以人伦：父子有亲，君臣有义，夫妇有别，长幼有序，朋友有信"（《孟子·滕文公上》）。

人需要教育是肯定的，如何教呢？孟子说："教亦多术矣。"（《孟子·告子下》）教育的方法、方式是很多的。他说："君子之所以教者五：有如时雨化之者，有成德者，有达财者，有答问者，有私淑艾者。"（《孟子·尽心上》）大意是，一是用潜移默化、感染的方式来感化受教育者；二是进行品德教育，弥补受教育者品德不足的方面；三是根据固有才能进行培养，使受教育者能充分发挥自己的特长；四是回答受教育者提出的问题，即韩愈所谓的"解惑"；五是身教问题。私，独。淑，善。艾，治。私淑艾者，即独善其身者。自己有善行，让别人效法，也是教育的一种方式。所谓"言教不如身教"，

"私淑艾者"就是"身教"，也就是表率作用。还有一种情况，受教育者多少有些毛病，孟子故意不肯教他，用以激励他去自修，这也是教育的一种方法。他说："予不屑之教诲也者，是亦教诲之而已矣。"（《孟子·告子下》）所谓"善教得民心"（《孟子·尽心上》），这话说得何等深刻呀！得民心是实行仁政的基本原则，只有搞好教育工作，才能得民心。可见，教育工作对仁政又是何等重要呀！不重视教育，就谈不上仁政。

第三，"尊贤使能，俊杰在位。"

为了实行上述的经济政策和教育方针，必须有干部路线的保证。因此，孟子提出："尊贤使能，俊杰在位。"（《孟子·公孙丑上》）孟子反对墨子是很激烈的，但对于墨子"尚贤"的主张似乎还有所继承。贤指道德高尚的人，能指能力比较强的人。只有贤善没有才能的人做不好政治工作，只有完备的法而没有能人去执行，也不能生效。"徒善不足以为政，徒法不能以自行。"（《孟子·离娄上》）这充分说明孟子对尊贤使能的必要性有很深刻的认识。

孟子关于尊贤使能的观点是明确的，态度也是坚决的，他甚至认为，如果道德高尚、能力很强的话，"匹夫而有天下"（《孟子·万章上》）也是允许的。由于社会是极端复杂的，简单化的思想方法是不可取的。孟子不主张把尊贤使能绝对化，根据当时社会状况和人们的传统思想，他有时主张一种比较现实主义的态度。例如他认为，在一般情况下，还应该以亲者、尊者为先。另外，对于很有势力的家族，他不主张采取敌对的做法，"为政不难，不得罪于巨室"(《孟子·离娄上》)。这实际上也是一种比较现实的做法。据此说他的思想不彻底，而加以贬抑，那是一种"左"派幼稚病，天子的位子都是可以推翻的，何况巨室？只是当矛盾没有激化的时候，仍然要采取稳定巨室的措施。还有，对于残害人民的暴君，孟子极力主张加以推翻，主张以"王师"去进行征讨。这种义战，孟子是支持的。他同时主张，这种义战只是以推翻暴政为目的，反对灭其国的过火行为，也不同意"毁其宗庙，迁其重器"(《孟子·梁惠王下》)这样破坏性和掠夺性的措施。既然是义战，就不能任意烧杀抢掠，实行"三光"政策。这似乎也不彻底，但这也正是他的仁政学说的组成部分，是他在战争中的仁政思想。

(5)实行仁政的主观动机——"尽其心"。

孟子说："尽其心者，知其性也，知其性则知天矣。存其心，养其性，所以事天也。"(《孟子·尽心上》)这是一段重要的话，但历代学者的理解不尽相同。我以为这两句话，上一句讲认识，下一句讲践履。所谓"尽其心"，就是说要尽力去想。只要这样做，就会从对自己本性的认识进而认识到普遍的人性，这就是"知其性"。再从对普遍人性的认识推广到对整个自然界的认识，那就可以"知天"了。天是什么？"莫之为而为者，天也。"(《孟子·万章上》)这个"天"是指自然规律或客观必然性，也指万事万物。这是推己及人，推人及物的演绎过程。接着，孟子讲到践履。所谓"存其心"，就是将通过"尽心"想出来的认识永远保存在心中，不使忘却。"养其性"，即用施仁政的办法养育民的善良本性。并且用同样的方法来对待万事万物。这就叫"事天"，即对待客观自然性的正确方法。

这里表达了孟子的认识论观点。其基础是人有共同的本性，即善性。因为人有共同的本性，所以，只要认识了自己的本性，也就可以认识所有人的本性了。只要深入思考，反身自省，就会认识自己的本性。人又是自然界的一部分，认识了人也就可以认识万事万物了。因此，孟子的认识论是从人的主观开始的，从心到社会、自然界，是属于主观唯心主义路线的。在践履上，也是从自己开始，推己及人的。这是很有意义的。对于统治者来说，这无疑是提倡以身作则。孟子说："仁者以其所爱及其所不爱"（《孟子·尽心下》），"老吾老，以及人之老；幼吾幼，以及人之幼：天下可运于掌。……故推恩足以保四海，不推恩无以保妻子。古之人所以大过人者，无他焉，善推其所为而已矣。"（《孟子·梁惠王上》）要把对待自己所爱的态度推广到对待自己所不爱的事物，这样就能掌握天下，保住四海。如果不是这样，只爱自己喜欢的，不爱自己所不喜欢的，那么，连妻子都保不住，还谈得上四海吗？对于士来说，孟子认为，应当"穷不失义，达不离道"，"得志，泽加于民，不得志，修身见于世。穷则独善其身，达则兼济天下。"（《孟子·尽心上》）无论何时，都不能离开道义，能够当上官，有一点权力，就为民做一些好事；当不上官的时候，就加强修养，使自己品德高尚，行为正派。不做任何不应该做的事，不贪不应该贪的东西。这样，天下就会太平无事的。孟子说："君子之守，修其身而天下平。"（《孟子·尽心下》）只要自己修养好了，天下就太平了。如果某处出了问题呢？那就要像射箭手那样，自己的姿势先要摆正了，然后射箭。射不准，就不要埋怨射准的人，要回过头来，检查一下自己，看哪儿还有不正确的地方需要加以纠正，这样才能提高命中率。为政者如果都能这样严格要求自己，那么，社会风气当然就会好起来。从以上这些思想来看，孟子认为要实行仁政，当权者自身修养是极其关键的。如果当权者只管谋私，不顾人民，那么他就不可能实行仁政。只有当权者"尽其心"，"反身而诚"，自己做出仁的榜样，仁政才有可能实行。梁漱溟对此作了正确概括："儒家孔门之学要在反躬修己。"[①]

　　总之，仁政学说是孟子理论的核心，也是孟子思想的特点。这个体系的思想内容很丰富，也很深刻，很有研究价值，也很有理论意义。它对汉代民本思想有重大影响，提高了人的价值。过去仅因人性善是先验论而加以鄙弃，显然失之偏颇。孟子仁政学说对中国古代思想有极为深远的影响，这跟其中有深刻的合理性是分不开的。

－－－－－－－－－－

　　① 给"中华孔子研究所第二届年会"的题词，1987年。

## 3. 孔孟之道的影响

在中国封建社会里，孔孟之道的影响是无与伦比的。汉代统治者独尊儒术，孔子创立的儒学凌驾于诸子之上成为经学。经学就是经典之学，是社会生活、政治活动的指导思想，也叫统治思想。魏晋时期社会动乱，浮虚狂放的玄风盛行。但在朝廷中，在政治生活中，主要还是以儒家思想组织活动的。南北朝时期佛教盛行，梁武帝萧衍三次舍身同泰寺，是中国封建皇帝最信佛的。但他在政治活动中仍然以儒家思想为指导。他即皇帝位于南郊，也是先"昭告于皇天后帝"。佛教讲佛主，是不讲天帝的。梁武帝舍身同泰寺以后，一面"为回部众说《大般若涅槃经》义"，一面释《孝经》义，还著《周易讲疏》、《毛诗答问》、《春秋答问》、《尚书大义》、《中庸讲疏》、《孔子正言》、《老子讲疏》等。一面讲佛经，一面讲儒经。唐代三教鼎立。三教的排列顺序虽然有先后之分，但佛教、道教始终没有凌驾于政权之上却是铁的事实。而政权是按儒家思想组织活动的。可见在唐代的政权机构中，儒家思想实际上占统治地位，对社会起着主导的作用。宋明时代，儒学发展到了理学阶段，孔孟之道占统治地位则是没有人怀疑的。这时，孟子的仁政、王道成了理学家们追求的社会理想。直至清朝后期，还有一些人要成立孔教会、孔道会、孔社等孔教社团。还有人倡议定孔教为"国教"①。五四时代，有人喊出"打倒孔家店"的口号。时过不久，这种口号的偏颇性又受到批评、纠正。无产阶级革命家毛泽东希望总结从孔夫子到孙中山的历史文化遗产。刘少奇在《论共产党员的修养》一书中也多处引用孔孟的话。中华人民共和国成立以后，学术界认真地用马克思主义的方法来研究孔孟之道。在"文化大革命"中，孔子又被当作历史罪人，加以口诛笔伐。孔孟之道被作为反动思想，予以声讨批评。孔子和儒学被全盘否定。"十年内乱"结束以后，人们又开始正常研究孔子。国家拨款几十万元，成立中国孔子基金会，召开过国际性的学术讨论会，创办《孔子研究》杂志，并且重修孔庙。中国孔子基金会会长匡亚明主持撰写了《孔子评传》，并在外文版序中说孔子"不仅是中国而且是人类历史上一位伟大的思想家、政治家和教育家，是集中反映中国传统思想文化的主要代表之一，在中国以至国外，都产生过而且在一定程度上至今仍在产生着或大或小、或明或暗的深远影响"②。该会名誉会长谷牧认为孔子儒家思想中有些精华已经"凝聚在丰富灿烂的中国文化和中华民族的精神生活之中"，可以用来"充实具有中国

---

① 《孔子之道与现代生活》载："康先生（有为）前致总统总理书，以孔教与婆、佛、耶、回并论，其主张以'孔子为大教，编入宪法'，是明明以孔教为宗教之教，而欲尊为国教矣。"（载《独秀文存》，合肥，安徽人民出版社，1987）

② 《孔子研究》，1987年第1期。

特色的社会主义精神文明"①。

孔孟之道在世界许多国家，如日本、韩国、新加坡等国家和地区都有较大影响。公元3世纪，孔孟之道传入日本，江户时代以后，日本各地建造纪念孔子的孔子庙、圣庙、圣堂、学校，并经常举行祭孔活动。新加坡教育当局于1982年2月宣布将在各中学施行儒家伦理教育，并作为高年级学生的选修课程。孔孟之道也已经进入西方世界。在美国，加州议会把孔子诞辰日9月28日定为加州的教师节。由于孔孟之道在世界产生广泛而深远的影响，孔子被列为世界十大思想家之一②。更有意思的是，1988年1月，全世界的诺贝尔奖金获奖者在法国巴黎召开了一次会议，会议结束时发表的宣言中破天荒地宣布说："如果人类要在二十一世纪生存下去，必须回到二十五个世纪以前，去吸取孔子的智慧。"③

历史上对孔孟之道也有不同的看法。王充写《问孔》、《刺孟》，就是指出孔孟思想中有某些不合理的成分。李贽提出不以孔子的是非为是非，不承认孔子的每一句话都可以作为判断是非的标准。太平天国时的洪秀全、五四运动、"文化大革命"，都有全盘否定孔孟之道的说法。另外，蔡尚思的《中国传统思想总批判》、杨荣国的《中

---

① 《孔子研究》发刊词，1986年。
② 美国出版的《名人年鉴手册》列出世界十大思想家是：孔子、柏拉图、亚里士多德、阿奎那、哥白尼、培根、牛顿、达尔文、伏尔泰、康德。（载《孔子研究》1987年第1期注文）
③ 新加坡东亚哲学研究所所长吴德耀：《古今人对孔子的评价》，载《走向世界》1989年第5期。

国古代思想史》(1973 年版)、冯友兰的《论孔丘》也都是全盘否定孔子思想的主要著作。冯友兰对《论孔丘》作过自我批评，蔡尚思的态度有所改变①。杨荣国则在拨乱反正之前就已去世了。否则，他的态度可能也会有所改变。

近代，外国侵略者的炮舰打开中国闭关锁国的门户之后，中西文化产生了猛烈碰撞。一些学者带着中华民族的传统到西方寻求真理，产生了以中华民族传统(以儒学为主体)为基础融合西方文化的新儒学。在抵抗帝国主义文化侵略中，为了保存传统文化，并使之适应世界潮流，新儒学不断兴起，成为一种潮流，一种运动。被称为当代新儒学运动的五位大师是梁漱溟、熊十力、唐君毅、牟宗三、徐复观。② 现在又有一些中年人也是以弘扬儒学为己任，在世界各地积极活动的"新儒家"。他们一致认为："儒家文化除了在伦理道德价值方面有其内在的意义之外，也是促成今日东亚经济发展的重要文化因素之一。推广儒家伦理兼有文化道德重建与经济建设之效，自然很容易被接受为治国安邦的良药。"③有的学者还认为东方传统文化，孔孟之道可以解决西方工业化带来的社会病理现象等严重问题。这些问题都在探讨中，还得不出一致的结论。中外有别，古今大异，

① 在孔子诞辰 2540 周年的纪念会上，蔡尚思书面发言的题目是《孔子第一功》。而且他认为，对孔子思想体系"不要笼统肯定或否定"。

② 霍志成：《无惭尺布裹头归》——《徐复观最后日记》代序，台湾允晨文化实业股份有限公司出版，1987。除这五位外，著名的还有贺麟、冯友兰、钱穆等学者。

③ 曲舍：《新加坡的儒家伦理教育》，载《走向世界》1989 年第 5 期。

2000 年前的孔孟之道是否能治西方现代社会病，恐怕是个很复杂的问题。首先，孔孟之道要经过今人改造发展以后才能适应新时代，也才能发挥作用。如果照搬硬套，那是肯定不行的。其次，东方传统是否能治西方社会病，还需要经过实践，由事实来做回答。如果认为生产力发展了，社会上什么都好，生产力落后，似乎一切都无可取之处，这是偏颇的观点。一个人发财了，升官了，未必道德高尚；另一个人虽然穷困，人穷志不穷，在人格上未必不如人。这是常识。对于中国传统哲学，对于孔子之道，也是要作实事求是分析的。盲目否定总不能算高明吧。

第六课　诸子百家

从春秋到战国时代，乱世中出现救世的诸子百家。这一时期，因为没有强有力的思想管制，文化环境是比较宽松的、自由的，于是诸子蜂起，百家争鸣。除了儒家之外，还有道家、墨家、法家、名家、阴阳家、医家、农家、商家、轻重家、兵家等。下面简单介绍儒家以外的这些家的基本情况。

## 1. 墨　家

墨家的创始人是墨翟。他是春秋末期至战国初期的思想家。在战国时代，墨家是很流行的学派，被称为显学。《吕氏春秋》称孔墨弟子"充满天下"。墨家有十大主张：尚贤、尚同、节用、节葬、非乐、非命、尊天、事鬼、兼爱、非攻。这些主张针对不同的情况，着重宣传不同的方面。墨家的核心思想是兼爱，认为爱别的老人也应该像爱自己的父母那样。认为儒家的爱有差别是不好的。在选拔贤人方面，应该排除非实质的因素，例如选拔射箭手，只根据射箭的远近与准确度来选拔，其他如家庭出身贵贱、长相美丑、财富多寡，都不在考虑之列。其他官员职位，也只根据这个职位需要的素质来选拔，而不考虑其他与此职位无关的因素。这样才能做到"官无常贵，而民无终贱"。实际上墨家提出了身份平等与机会平等的问题，是西方两千年后资产阶级革命才提出的要求平等的口号内容。墨家思想主要是利他的，与当时的杨朱学派不同，杨朱学派主张利己。孟子讲他们的差别时说："杨子取为我，拔一毛而利天下，不为也。墨子兼爱，摩顶放踵，利天下，为之。"（《孟子·尽心上》）墨家路见不平，拔刀相助，在秦汉以后，建立了中央集权制度，墨家仍然实行自己的主张，成为侠客，由于"侠以武犯禁"，统治者要维护政权的权威性，对犯禁者严惩。墨家侠客逐渐被消灭，而为武侠小说提供了丰富的资料。

## 2. 法 家

法家人物很多，春秋时期就有管仲、子产，战国时期有商鞅、韩非。春秋时期有法治路线与礼治路线的争议，孔子说："道（导）之以政，齐之以刑，民免而无耻；道之以德，齐之以礼，有耻且格。"

（《论语·为政》）前者为法家路线，后者是儒家路线。这种争论当然可以归结为儒法斗争。《论语》中提到管仲的四处，一处说他不知礼，一处说他有才干，另两处就是上文引的这两段话，讲整体评价，一是为齐桓公称霸诸侯出力，二是为后代人民造福，这是"功在当代，利在千秋"的事业，评价不可谓不高。孔子从理论上讲礼治的优越性，批评法治的不足，但在实际上，他又多次赞扬法家人物的功绩，实际上是肯定法治的重大贡献。例如著名法家人物管仲帮助齐桓公九合诸侯，称霸天下。子路说："桓公杀公子纠，召忽死之，管仲不死。"问孔子说："未仁乎？"春秋时期的礼，在主人失败死亡的时候，作为臣子应该殉难。管仲与召忽都是支持公子纠的。公子纠失败，被齐桓公杀了，召忽就按当时的礼，自杀殉难。管仲没有自杀，是不是违背礼？没有实行仁德？孔子做了这样的回答："桓公九合诸侯，不以兵车，管仲之力也！如其仁！如其仁！"（《论语·宪问》）齐桓公不用武力，能够九次召集诸侯，是靠管仲的力量。这就算是他的仁德吧。孟子说有的"以力服人"，有的"以德服人"，而齐桓公不以兵车，不靠实力，就是"以德服人"的典型。这个德就是管仲的德。子贡也问了同样的问题："管仲非仁者与？桓公杀公子纠，不能死，又相之。"子贡认为管仲不算仁者，理由就是他不能殉难，又当了齐桓公的相。这是"背主事仇"。孔子进一步回答道："管仲相桓公，霸诸侯，一匡天下，民到于今受其赐。微管仲，吾其被发左衽矣。岂若匹夫匹妇之为谅也，自经于沟渎而莫之知也？"（《论语·宪问》）管仲辅佐齐桓公，使齐国能够称霸诸侯，并使天下稳定有序，人民到今天还享受他的好处。如果没有管仲，恐怕我们还要披散着头发，衣襟向左开了(指不开化的野蛮状况)。难道他也要像一般老百姓那样遵守小礼节，在小山沟里自杀也没有人知道吗？这一段话说明管仲对君的礼没有守好，却为国家做出重大贡献，对人民做出好事。孟子讲的"民为贵，社稷次之，君为轻"，与此正相合。公子纠是君，齐国是社稷，两者比较，社稷重于君，齐国重于公子纠。管仲放弃轻的，保住重的，这是符合大义的。更可贵的是民，世代人民都得到管仲的好处，因此可以肯定管仲的贡献和品德。虽然管仲不严格遵守某些礼节，但仍然不愧为历史上伟大的贤哲名相。管仲这样的人才，怎么能像普通老百姓那样为了遵守小礼节而牺牲自己呢？孔子也批评过管仲，认为他器量小，不节俭，很奢华，家里设置一些国君才有的设备，有违背礼制的僭越表现。(《论语·八佾》)但是，这些都不足以掩盖他的巨大贡献。在现代中国来说，国家最高领导人是君，社会主义制度相当于社稷，人民是不变的。儒家认为这三者，人民最重要，社会主义制度是其次，领导人是最轻的。当领导人站在人民一边，为人民谋福祉的时候，他代表人民；违背人民利益的时候，他就不能代表人民。为了人民的利益，就应该对他撤职查办。只跟着领导转的一些奴才，也要随着撤职查办。没有这样一个机制，就说不上民主制度，也就不是以民为本。

对于子产，孔子也很赞扬。子产在郑国为相，实行改革，当时很多人议论，反对子产改革，这些消息传到孔子那里，孔子听了以后，没有表态，"众恶之，必察焉"(《论语·卫灵公》)。不能根据众人的好恶，来决定自己的好恶。自己的好恶来自于自己对评论对象的认真考察与分析。很显然，孔子认为众人的好恶未必正确。孔子讲子产"其使民也义"(《论语·公冶长》)，使用民力符合义的原则。《左传》襄公三十一年载子产不毁乡校，并说："夫人朝夕退而游焉，以议执政之善否，其所善者，吾则行之，所恶者，吾则改之。是吾师也，若之何毁之？我闻忠善以损怨，不闻作威以防怨。岂不遽止！然犹防川，大决所犯，伤人必多。吾不克救也。不如小决使道，不如吾闻而药之也。"群众早晚到乡校休息，议论执政的好坏，说好的，我们就执行，说不好的，我们就改了，这是我们的老师，为什么要毁乡校呢？我听说以忠诚善良来减少埋怨，没听说用政治权威来防止埋怨。这就像堤防河流那样，大决口，伤害人必然多，我就不能救，不如用小决口来引导水流那样，我听到小埋怨就想法改正。仲尼听到这个消息，说："以是观之，人谓子产不仁，吾不信也。"《左传》昭公二十年载：子产弥留之际跟他的接班人子大叔说治理国家有宽猛两法，宽如水，猛如火，人死于水多，死于火少。火让人畏惧。有德的人才能用宽的方法治国。孔子从此得出这样的体会：宽猛相济，政治才能和谐。于是成都武侯祠有一对联是："能攻心，则反侧自消，从古知兵非好战；不审势，即宽猛皆误，后来治蜀要深思"。这里讲的"宽猛"就是子产和孔子说过的。孔子知道子产的死亡，孔子可能小于子产。

商鞅变法，奖励耕战，使秦国逐渐强大起来，从一个小国成为战国七强之一，后又削平六国，统一天下。战国末期的韩非是法家集大成者，将法家思想理论化，形成完整的理论体系。法、术、势三结合，为秦战胜六国奠定了思想基础。因为否定文学、道德的作用，单用法治，失之偏颇，民众无法忍耐，揭竿而起，推翻秦朝统治。单纯以法治国，又有秦朝失败的教训，以后再没有实行过。社会不能没有道德！没有道德就没有秩序，没有秩序社会怎么会不乱？有人从西方了解到以法治国的问题，不知道他们是由宗教管着社会伦理道德的。中国政治传统是"夫礼禁未然之前，法施已然之后。法之所为用者易见，而礼之所为禁者难知"（《史记·太史公自序》）。这是礼法并用的传统，怎可盲目引进外来的不切国情的方案。这是只看到法的明显作用，而不知礼教维护社会稳定的作用。

## 3. 阴阳家

按司马谈的说法："尝窃观阴阳之术，大祥而众忌讳，使人拘而多所畏；然其序四时之大顺，不可失也。"（《史记·太史公自序》）司马迁了阐述："夫阴阳四时、八位、十二度、二十四节，各有教令，顺之者昌，逆之者不死则亡，未必然也，故曰'使人拘而多畏'。夫春生夏长，秋收冬藏，此天道之大经也，弗顺则无以为天下纲纪，故曰'四时之大顺,不可失也'。"司马谈对阴阳之术是有较深研究的,其弊端是"大祥而众忌讳,使人拘而多所畏"。大是重视的意思。祥是征候、征兆的意思。阴阳家经常讲征兆,重视征兆。根据四时变化,讲了很多忌讳,使人们有了很多忌讳,活动受到拘束,有了很多畏惧。优点是阴阳家所讲的四季变化,是需要顺从的,无法改变的。什么忌讳呢?司马迁提到"阴阳四时、八位、十二度、二十四节",阴阳包括寒暑昼夜,四时就是四季,八位似应指八个方位,"四时之大顺",司马迁具体化为春生夏长,秋收冬藏。十二度,《吕氏春秋》有十二纪,即十二个月。二十四节,现在仍然保存,没有变化。当时这是最新的科学成果,有很大的神秘性,因为与阴阳五行相联系,产生吉凶观念,因此,出门,盖房子,婚丧嫁娶,都要找吉日,避免凶日,选择吉日成为重要的事情。按他们的说法,顺则吉,逆则凶。司马迁认为"未必然也",就是不一定。他们说凶,未必凶,他们说吉,未必吉。阴阳家的这种说法,使人们有很多忌讳,有畏惧心态,行动拘谨,司马迁认为这是靠不住的。按现在说法,就是一种迷信。科学的发展产生迷信的现象是很普遍的。一种科学成果很容易使一些人将它视为绝对真理,认为是绝对正确的,一旦出现与已有的科学结论不一致的说法,马上就有人出来反对,认为是"伪科学"或者"反科学"。因此科学新发现总要受到强烈的抵制,甚至发明者被判刑入狱,有的被迫害致死。阴阳家只是给民众造成心理压力,一般还没有人受到政治迫害。司马迁能有这样的说法,说明他的头脑是清醒的,具有科学精神,不仅仅只有科学知识。现在科学家像钱学森那样是有科学精神的，许多"科学家"只信现有结论，迷信权威说法，对任何创新采取打压、否定、迫害的办法，都是缺乏科学精神的表现。他们没有任何创造，整天就在给创新者扣"伪科学"的帽子。我认为他们的"院士"帽子不是真的，没有成果可以证明他们有院士资格，他们的科学只是"知识"，没有形成"精神"。因为疯狂反对创新，我称他们为"科学疯子"。还有的人在电视上做广告，滥用科学名义，只为了赚钱，是"科学骗子"。看了电视广告就相信，就花钱的人，是"科学傻子"。合起来，可谓"科学三子"。危害最大的是疯子。

《汉书·艺文志》讲："阴阳家者流，盖出于羲和之官，敬顺昊天，历象日月星辰，敬授民时，此其所长也。及拘者为之，则牵于禁忌，泥于小数，舍人事而任鬼神。"羲和是古代观测天文的官，他们的研究成果就是天文历法，给以准确的历法，以便指导农耕。这是他们的长处。至于各种禁忌，舍人事而任鬼神，说明是一种迷信。班固的说法与司马迁的看法是一致的。

战国时的邹衍是阴阳家的代表人物，他是齐国人，曾游历魏、赵、燕等国，受到隆重接待。他的学说特点是"闳大不经"，主要观点有两个：一是从时间上讲，政权的转移是按五行相胜的次序进行的。司马迁说："是时独有邹衍明于五德之传。"秦灭六国后，也相信邹衍的说法，"亦颇推五胜，而自以为获水德之瑞，更名河曰'德水'，而正以十月，色上黑"（《史记·历书》）。夏朝属于木，商朝取代夏朝，是金克木，周朝是火，火克金。秦朝是水，水克火。秦朝就是

143

根据这种说法，认为自己是获得水德，《史记·秦始皇本纪》载："始皇推终始五德之传，以为周得火德，秦代周德，从所不胜，方今水德之始。改年始，朝贺皆自十月朔，衣服旄旌节旗，皆上黑。数以六为纪，符、法冠皆六寸，而舆六尺，六尺为步，乘六马，更名河曰德水，以为水德之始。刚毅戾深，事皆决于法，刻削毋仁恩和义，然后合五德之数。于是急法，久者不赦。"水德的特点是色上黑，数用六，法律严厉。汉代继承这种说法，克水者是土德。汉代土德，色上黄，数用五。隋唐以后，也还有人在研究各朝的五行之德。明代又是土德，色上黄，产生了皇家用品的明黄色。这是以五行相胜来解释政权更替。二是从空间上讲，天下九州是小九州，在更大的范围内，天下九州只是一州，像这样的九州，外面还有八个。这大九州在更大的空间中，也是一个大州，外面还有更大的八州，合起来就是大九州。当时被视为"闳大不经"。现在看来，他说的大九州还不够大，银河系比大九州还要大许多。

## 4. 医　家

医家，在《史记》中记载春秋时期有秦越人扁鹊，汉代有太仓公淳于意，都是当时名医，有许多治病案例，颇为神奇。医学理论经典著作是《黄帝内经》，包括《素问》与《灵枢》。过去说《灵枢》晚至东汉才成书，考古发现两汉墓中出土《灵枢》内容。说《素问》是汉以后著作，可《素问》中没有"元气"这个词，而汉朝从董仲舒开始出现"元气"这个词，王充时大量使用这个词。据此推断，《黄帝内经》不会晚于董仲舒，应成书于战国时代，或者秦代。秦始皇不烧医书，当时有人用医书的形式保存自己的思想。《神农本草经》是最早的一部药书，大概成书于汉代。后来东汉张仲景著《伤寒杂病论》，将医学理论运用于医疗实践，使医学成就明显提高。张仲景可谓最高明的医生，所以被尊为"医圣"。以后，三国时的华佗是著名的外科医生，有麻沸汤可以作麻醉药，动手术不痛。今有咸阳一医生张朝堂发现麻沸汤，创制《双止药》。敷上此药，可以止血止痛，抹上这种药动手术，病人一滴血不流，一点都感觉不到痛。

2005 年 10 月 7 日，我曾专门到朝阳医院参观见证了双止药在手术中发挥的神奇作用。《三国演义》中说华佗给关羽刮骨疗疮，关羽还在下棋。一方面说华佗医术高明；另一方面说明关羽不怕痛。这次所见，正是麻沸汤的作用。

隋唐时代的孙思邈、金元四大家、明代李时珍等，对中国医药学的发展都做出了巨大贡献。

人所患的病很多，医生所能治的病很少。"故病有六不治：骄恣不论于理，一不治也；轻身重财，二不治也；衣食不能适，三不治也；阴阳并，藏气不定，四不治也；形羸不能服药，五不治也；信巫不信医，六不治也。"(《史记·扁鹊仓公列传》)骄恣，是对待病的态度。不论于理，即违背规律。人体是有生物规律的，轻身重财，所谓"人为财死，鸟为食亡"，庄子说"虽贫贱不以利累形"，不要为了赚钱而卖命、拼命。衣食不能适，是指缺衣少食与过度消费。衣食太讲究，过饥失饱。饿当然不利于养身，太饱也是有害健康的，庄子讲"虽富贵不以养伤身"。中国过去因为营养不足，成为伤身的重要因素，整天为衣食发愁，为衣食忙碌。现在经济发展了，生活水平提高了，又有一些先富起来的，为了养生，滥吃补药，损害健康，"以养伤身"比较严重。"阴阳并"可能指房事过度，导致藏气不定。形体过瘦，不能服药，也不好治。巫与医，做法不同，有的人只相信巫，不相信医生，有了病不肯按医生说的服药，请巫婆搞迷信活动来治。当今中国，市场经济盛行，轻身重财与衣食不能适是最为严重的问题。衣食不适，还是过量的情况多，饿病冻死的人少。钱多了，财大气粗，骄恣无理的现象也时有发生。交通事故有的也属于这一类，有的人由于骄恣，不注意交通安全，不严格遵守交通规则，从而引发事故。

## 5. 商　家

　　商是一个行业。在《管子》中称四民为：士、农、工、商。在《史记·货殖列传》载，"故待农而食之，虞而出之，工而成之，商而通之。"农业是以种植为主的行业。虞是从事山林和水泽生产的行业，例如伐木、捕猎等。工是加工业，包括制造木器、陶器以及后来的金属制品，主要是生活用品和生产工具。商业主要从事运输、买卖。从生产、加工到销售，分四个行业，不包括士。《周书》中也将商列为四业之一。

　　为什么叫商业？一般认为这与商朝有关系。朝代名称多与发源地有关系，王充说："唐、虞、夏、殷、周者，土地之名。尧以唐侯嗣位，舜从虞地得达，禹由夏而起，汤因殷而兴，武王阶周而伐，皆本所兴昌之地，重本不忘始，故以为号，若人之有姓也……秦起于秦，汉兴于汉中……王莽从新都侯起，故曰亡新。"（《论衡·正说篇》）商朝这个名称不是因为他们出身于经商，而是契"封于商"（《史记·殷本纪》）。商是地名。后来盘庚迁殷，殷也是地名。所以又称"殷"。商、殷都是地名。据日本学者小岛佑马的考证，在西周时代，商贵族失去封地，只好靠运输买卖来维持生活，那时多数买卖人都是商的遗民，所以做买卖的人就被称为商人，于是这个行业也就被称作商业。[①]

有人提出，商的先祖王亥是最早从事商业活动的，因此他是商业的始祖。这种说法值得推敲。《竹书》曰："殷王子亥宾于有易而淫焉，有易之君绵臣杀而放之。是故殷主甲微假师于河伯，以伐有易，灭之，遂杀其君绵臣也。"[②]王国维认为，仆牛即服牛。[③]《山海经》、《吕氏春秋》、《世本》等书都认为王亥是始作服牛之人。按《史记·殷本纪》记载，从殷的始祖契开始，经过昭明、相土、昌若、曹圉、冥、振、微、报丁、报乙、报丙、主壬、主癸，到天乙即成汤。成汤灭夏桀，才成立新的朝代商朝。王亥就是振，在成汤之前七代。所有可以看到的资料都记载王亥发明服牛，综合各种记载，简单的情况是他到有易去服牛，被有易之君绵臣所杀，后来他的儿子甲微去讨伐有易，杀了绵臣，灭了有易，替父报仇。没有资料记载王亥做买卖的事情。现在学术界有人认为王亥是商业的始祖，恐不足据。《世本》中所载的"共鼓货狄作舟"，"胲作服牛"，"相土作乘马"，"韩哀作御"，"奚仲作车"，"卫公叔文子作輢轴"，都是关于交通工具的

---

① 小岛佑马著《古代支那研究》一书中的《释富·原商》篇，弘文堂刊行，昭和十八年(1943年)二月十日初版。

② 郭璞：《山海经·大荒东经》注引，载袁珂：《山海经校注》，352页，上海，上海古籍出版社，1980。

③ 《殷卜辞中所见先公先王考》，《观堂集林》卷第九，载《王国维遗书》第二册，5页，上海，上海古籍书店印行，1983。

发明问题。交通工具为商业发展提供了方便，但不能说有了交通工具，就有了商业，更不能说发明交通工具的人就是商业创始者。如果这种说法也能成立的话，商业始祖也不能说就是王亥，因为还有相土作乘马，相土是王亥的四代祖。还有奚仲作车呢！《世本》上记载："祝融作市。"能不能说祝融就是商业的始祖呢？许多典籍都记载祝融是黄帝时代的火正，是管火的，没有与买卖有关系的经历。这个"市"应该如何理解，还有待于继续探索，难下结论。《周易·系辞下》载："日中为市，致天下之民，聚天下之货，交易而退，各得其所。盖取诸噬嗑。"（《十三经注疏》）即约定时间地点，各地人将自己生产的物品拿到市场进行物物交换，用自己所余，换自己所需。这是交换市场，没有通货，还不是买卖，也没有商人。按《系辞》的说法，这种"市"在神农时代就已经存在，远在发明"服牛乘马"之前。

《史记·货殖列传》载：西周初年，吕望被封到齐国，齐国土地盐碱，不适合种植，人口又少。吕望因地制宜，大力发展纺织业与鱼盐业，大量输出，进行交易，换回其他物品。齐国因此富了起来。地薄人稀的国家，发展农业有困难，通过发展其他产业富起来。司马迁说："夫用贫求富，农不如工，工不如商。"（《史记·货殖列传》）商业赚钱最快。从《货殖列传》来看，商业贸易是吕望被封齐国以后大发展起来的。齐国富了，他国的人"敛袂而往朝焉"。失去封地的商朝遗民可能也在其中。"中山地薄人众，犹有沙丘纣淫地余民，民俗懁急，仰机利而食。丈夫相聚游戏，悲歌慷慨，起则相随椎剽，休则掘冢作巧奸冶，多美物，为倡优。女子则鼓鸣瑟，跕屣，游媚贵富，入后宫，遍诸侯。"(《史记·货殖列传》)所谓"纣淫地余民"，就是商朝遗民。他们不安心在家，杀人越货，投机取巧。"掘冢作巧奸冶，多美物，为倡优"，似乎与商业有关。女的则以卖唱卖身为业。

商业发展以后，就有一些肯动脑筋的人，总结经商的经验教训，提出一些理论性的见解，形成代表商业思想的学派。按先秦百家的说法，这一派应该叫商家。从《货殖列传》中可以看到，司马迁讲商家是从范蠡、计然讲起的。计然是范蠡的老师，那么，这一学派的开山祖师爷应该是计然。《史记》引计然的话说："知斗则修备，时用则知物，二者形则万货之情可得而观已。故岁在金，穰；水，毁；木，饥；火，旱。旱则资舟，水则资车，物之理也。六岁穰，六岁旱，十二岁一大饥。夫粜，二十病农，九十病末。末病则财不出，农病则草不辟矣。上不过八十，下不减三十，则农末俱利，平粜齐物，关市不乏，治国之道也。积著之理，务完物，无息币。以物相贸易，腐败而食之货勿留，无敢居贵。论其有余不足，则知贵贱。贵上极则反贱，贱下极则反贵。贵出如粪土，贱取如珠玉。财币欲其行如流水。"(《史记·货殖列传》)这里提出商业理论的许多原则：一是"时用则知物"，根据不同时期的社会需要，包括预测未来的需要，就可以了解商品价格的变化；二是"旱则资舟，水则资车"，根据周期性的变化，预备未来所需物品；三是控制粮食价格，平衡行业利益是治国的重要一项；四是"贵上极则反贱，贱下极则反贵"，贵贱经常产生波动，物极必反，应掌握规律，决定取舍；五是"财币欲其行如流水"，货币不能停在手中，要增加流通，才能赚钱。存货物不存货币。所存的货物不应该是会腐烂的食品。范蠡继承计然的策略，在吴越战争中获得成功。后来他到齐、陶做生意，十九年中发了三次大财，是做生意的成功者，被称为"鸱夷子皮"、"陶朱公"。这是经商发财的代表人物。以后列了子贡、白圭、猗顿等人，都是春秋战国时期的商业界名人。秦汉以后也出现一批富商大贾，如宛孔氏"因通商贾之利……家致富数千金"。曹邴氏"赍贷行贾遍郡国"，"富至巨万"，影响到邹鲁文人"多去文学而趋利者"。刁间用奴隶"使之逐渔盐商贾之利……起富数千万。"师史"转毂以百数，贾郡国，无所不至……能致七千万。"(《史记·货殖列传》)任氏一次投机，富者数世。这些都是成功的商人，没有理论就不成家，所以一般还不属于商家。而司马迁概括商家理论，除了计然、范蠡、白圭、猗顿这些人的理论之外，还有一些有价值的理论。有理论思维的商人才可以称为商家。司马迁自己不是商家，他在《史记·货殖列传》中概括了商家的理论，反映了商家的基本状况。

## 6. 轻重家

有商家，也有轻重家。《管子·轻重甲》载：管子提到"轻重之家"。轻重之家的思想主要保留在《管子》一书的《轻重》各篇中，以及《史记·货殖列传》、《盐铁论》和《汉书·食货志》等的有关资料中。

(1)"轻重"的意义。《货殖列传》说："管仲修之，设轻重九府。"唐张守节《正义》："《管子》云'轻重'谓钱也。夫治民有轻重之法，周有大府、王府、内府、外府、泉府、天府、职内、职金、职币，皆掌财币之官，故云九府也。"(《史记·货殖列传》)周朝有掌握财政的九府。管仲设轻重九府，这个轻重九府除了掌握财政之外，还管轻重的事情。所谓轻重，就是钱的问题。钱为什么叫"轻重"呢？《货殖列传》说："夫籴，二十病农，九十病末。末病则财不出，农病则草不辟矣。上不过八十，下不减三十，则农末俱利，平籴齐物，关市不乏，治国之道也。"(《史记·货殖列传》)这一段讲的是市场价格，不是商人的事，而是政府要关注的事，所以是"治国之道"。籴是卖粮食。米价如果一斗二十钱，米价贱，农民就吃亏；如果米价一斗九十钱，米价贵，末业就受损失。末业指商业、手工业等。末业受到损失，没有人做工买卖，财富就出不来。农业吃亏，就没有人愿意开荒种庄稼了。因此，政府要想办法控制粮食的价格，上不超过一斗八十，下不低于一斗三十。这样，农业与末业都能得到利益，维持市场上粮食与物品的价格平衡，就不会缺少粮食，也不会缺少生产与生活用品。这是治理国家所必须掌握的"轻重"。"轻重"与钱有关，但不简单是钱的问题。"轻重"与价格有关，但情况十分复杂。我们可以从《管子》一书的《轻重》各篇中了解在当时的条件下，轻重家有哪些思想，"轻重"概念有哪些意义。轻重主要是经济的问题，也涉及政治、外交等其他领域，主要有以下这些情况：

①谷与物的比价。谷是农产品，物是工业品，万物就是各种工业品。《管子·乘马数》载："谷重而万物轻，谷轻而万物重。"这里是谷与万物的比价。

②由于土地厚薄不同，花同样的劳动，所收获的谷有多有少，差别很大。因此，政府还应该用政策来调剂余缺。"以上壤之满，补下壤之众。"（《管子·乘马数》）这也是轻重的问题。

③ 农业生产与气候关系也很大，气候影响收成，收成影响谷的价格。由于政府与社会的需要也会影响物的价格。《管子·国蓄》载："岁有凶穰，故谷有贵贱；令有缓急，故物有轻重。"农业生产还受到气候变化的严重影响，好年景，收入就高一些，如果受灾，收成就会大大减少。国家有时急需一些物品，这些物品的价格就会上升。不急需的物品，价格则相对要低得多。这也是造成不平衡的原因。

④智愚造成贫富差别扩大，也是一种轻重。有些商贾通过投机，获得百倍利润，大发其财，损害民众的利益，使贫富差别扩大。《管子·国蓄》载："蓄贾游市，乘民之不给，百倍其本。……智者有什倍人之功，愚者有不赓本之事。然而人君不能调，故民有相百倍之生也。夫民富则不可以禄使也，贫则不可以罚威也。法令之不行，万民之不治，贫富之不齐也。"政府如果不能调剂，那么，"民富则不可以禄使也，贫则不可以罚威也。"奖罚不能起作用，法令就不能实行，政府就无法治理。原因就在于贫富差别太大，又不能得到控制、

调剂。当国君的不掌握"轻重"，就不能笼住人民。

⑤物的多少与聚散，也会影响价格的起落。这也是"轻重"的一种意义。《管子·国蓄》载："夫物多则贱，寡则贵，散则轻，聚则重。"这就是所谓"物以稀为贵"。散，就是放到社会上去，充斥市场；聚，就是少数人收购某种货物，囤积居奇，造成市场脱销。什么物堆满市场，就要降价；什么物市场缺货，就要涨价。这里所说的轻与重，也就是贵与贱的关系。国君知道这个道理，就要根据物的多少进行调节。怎么调节？谷多了，就给钱代替谷；布帛多了，发钱代替布帛。相反，谷少了，给谷；布帛少了，就给布帛。这就是聚散的道理。管子肯定"贵贱可调"。

⑥言行一致，名实相符，也是"轻重之法"的内容。《管子·揆度》载："轻重之法曰：自言能为司马，不能为司马者，杀其身以衅其鼓；自言能治田土不能治田土者，杀其身以衅其社；自言能为官，不能为官者，劓以为门父。故无敢奸能诬禄至于君者矣。故相任寅为官都，重门击柝不能去，亦随之以法。"自己说了能做什么，实际上做不到，则予以严惩，就没有人敢欺骗国君，谋取利禄。

⑦君民也有轻重问题。孟子说："民为贵，社稷次之，君为轻。"管子认为："民重则君轻，民轻则君重。"(《管子·揆度》)他认为能够调剂民的利益的，君就重；不能调剂民利的，君就轻。轻的君随时会被推翻。重的君能够调剂民利，受到人民的拥护，就不会被推翻。

⑧轻重的衡是否有定数。管子认为"衡无数"，为什么呢？一年四季所生产的东西不同，价格就不一样。齐桓公想通过调整来固定

物品的价格。管子说："不可调。调则澄，澄则常，常则高下不贰，高下不贰，则万物不可得而使固。……故岁有四秋，而分有四时，已有四者之序，发号施令，物之轻重，相什而相伯(佰)。故物不得有常固，故曰'衡无数'。"(《管子·轻重乙》)如果调整物品价格，使它在任何时候都一样，那么，就不能保证万物及时生产，保障供给。一年四季，不同季节生产不同的东西，有不同的收获。同一种物品在不同季节，价格可以相差几十上百倍，不能使物价有不变的固定价格。所以说"衡无数"。

　　轻重应该说还有很多内容，列举这些已经可以说明它的基本意义了。

　　(2)轻重原理的运用。在《管子》的《轻重》各篇中，讲了"轻重"的许多理论，更多的是讲"轻重"原理的运用。这些运用，是否合理，有待分析评论。因为内容比较多，本文只列举少数例子，作一些分析评论。

　　例一：用行政命令干预经济。《管子·轻重乙》载：管子对曰："粟重而万物轻，粟轻而万物重。两者不衡立。故杀正商贾之利，而益农夫之事，则请重粟之价，金三百。若是则田野大辟，而农夫劝其事矣。"桓公曰："重之有道乎?"管子对曰："请以令与大夫城藏。卿诸侯藏千钟，令大夫藏五百钟，列大夫藏百钟，富商蓄贾藏五十钟。内可以为国委，外可以益农夫之事。"桓公想提高农业的地位，问管子有什么办法?管子根据"贵贱可调"和"聚则重"的理论，建议桓公下令让各级官员储存粮食，官大的储存多，官小的储存少，商人也必须储存。大家都"聚"粮食，这样，粮食的价格就提高了，农业的利益就大了，为国家储备了粮食，又增加了农民的利益。这是用政府的"令"来干预经济。

例二：以经济手段颠覆外国。《管子·轻重戊》载：桓公要收服鲁梁一个小国，问管子有什么办法。管子提出，鲁梁民俗为绨。绨是一种织物。桓公带头身穿绨，大小官员也都跟着穿绨，百姓也穿绨。绨必须靠鲁梁来提供。"鲁梁释其农事而作绨矣。"桓公同意这一建议，过几天就穿上了绨服。管子就对鲁梁的商人说，你们给我置办绨，我就给你们赏钱。鲁梁之君不用向人民收取赋税，财政都足够了，非常高兴，"教其民为绨"。很多车马源源不断地从鲁梁将绨运往齐国。鲁梁全国人民都去生产绨。然后，管子建议，桓公穿帛，全民都改穿帛。并且关闭与鲁梁的通使，不再交易了。过十个月，到鲁梁看，他们因为放弃农业，陷入饥荒。"鲁梁之君即令其民去绨修农谷"，三个月产不出粮食。齐国规定：鲁梁人来买粮食，十斗一百钱，齐国人买十斗十钱，相差十倍。十分之六的鲁梁人都入了齐国籍。鲁梁之君只好表示臣服。同样方法，使莱莒之民降齐者十分之七，"莱莒之君请服"。这是经济实力强大的富国，利用经济颠覆其他国家的做法。这种做法在当时看来是合法的，似乎也没有道德规范可以约束它。这是利用没有远见卓识的当政者的无知所进行的带有欺骗性质的活动，使对方上当，也可以说是设圈套陷阱，引对方入歧途，走向灭亡。一方面使对方产生依赖性；另一方面又采取经济封锁的办法，置对方于死地，或者叫经济制裁。这都是经济霸权的表现。穷国不可能对富国进行经济制裁。所以所谓"经济制裁"，就是经济霸权的一个口号。

(3)轻重家与儒家、法家的区别。

《管子·轻重甲》载：管子说轻重家能散积聚，轻重家的代表癸乙对于散积聚发表了自己的看法。积聚，就是物品滞留，积压物资，囤积居奇。一旦一种物品积聚，这种物品就会涨价。只要让它流通起来，就会降价。有好心，就可以做到让物品流通，降低价格，使人民得到好处。明明知道物品可以利用而不利用，就是损害天下人民的利益。损害天下人民的利益的人就是国家的大贼。因此，当政者利用政权，推动物品流通，人民就会像流水那样涌向自己，拥护自己，投奔自己。这就是轻重家所研究的内容。这也就是利用政权引导市场经济，满足人民的物质需要。

轻重家与儒家、法家有什么区别呢？儒家讲德治、仁政、王道，都是讲的政治道德的问题，以及由道德引出的教育与文化的问题；法家讲以法治国，以法为教，"一断于法"，讲的是政治法律问题；轻重家讲的是如何用法令从宏观上调剂经济、控制市场，保证各行业人民的基本利益的问题。简单地说，儒家重视的是教育、文化与道德的问题，法家关注的是法律问题，轻重家关心的是经济问题。这些都是中国传统政治所必须关注的重要方面。三方面的结合，才能治理好国家，可以说是缺一不可的。《管子》一书讲到圣人不能无法以治国，讲到轻重的各种问题，也讲到道德，是比较全面的治国思想。以商鞅、韩非为代表的法家，主张奖励耕战。奖励耕，是为了发展经济；奖励战，是为了加强军事。战争是政治的继续，加强军事是政治的需要。在法家那里，以法来指导、管理耕战。因此，在法家理论中，法律是主要的，经济是次要的，道德是不要的。

汉代独尊儒术以后，德刑关系和礼法关系都产生了偏差，刑法在思想上被淡化。在实际中则有两种情况：有的官员从实际出发，用刑法维持了社会秩序，被后代史家列为"酷吏"。而在实际中强调仁政，忽视刑法的官员，未能整治社会秩序。儒家重义轻利，并走向极端，产生了只要义而不要利的观念。这种偏颇导致一些人不重实务，只擅空谈。在崇德、利用、厚生三项中，只注意到崇德，忽视了利用与厚生，对人生的关注很不全面。司马迁对此有所批评："无岩处奇士之行，而长贫贱，好语仁义，亦足羞也。"(《史记·货殖列传》)

东汉时代，独尊儒术更甚，班固站在儒学的立场上批评司马迁《史记》"是非颇缪于圣人，论大道则先黄老而后六经，序游侠则退处士而进奸雄，述货殖则崇势利而羞贱贫，此其所蔽也"(《汉书·司马迁传》)。

治理国家，需要德与力两个方面。因此，王充说："治国之道，所养有二：一曰养德，二曰养力。养德者，养名高之人，以示能敬贤；养力者，养气力之士，以明能用兵。此所谓文武张设，德力具足者也。事或可以德怀，或可以力摧。外以德自立，内以力自备。慕德者不战而服，犯德者畏兵而却。徐偃王修行仁义，陆地朝者三十二国，强楚闻之，举兵而灭之。此有德守、无力备者也。夫德不可独任以治国，力不可直任以御敌也。韩子之术，不养德，偃王之操不任力，二者偏驳，各有不足。偃王有无力之祸，知韩子必有无德之患。"(《论衡·非韩篇》)王充讲的养，似乎简单化了一点。实际上，养德是一个多方面综合的整体性的政治。养德应该包含在所有的方针政策之中，养德应该包括对待人民，对待外国，对待政敌等诸多方面，主要是对人民有好处的、合理的、正义的内容。养力自然也不只是养几个力气大的武士，而应该包括所有的军事力量，经济实力。古代法家讲耕战，一方面鼓励人民参加为国家的战争；另一方面鼓励发展生产，发展经济，这样才能富国强兵。只有德治，没有实力，就会像徐偃王那样，被强大的楚国所消灭。只有实力，不讲德治，就会像韩非所支持的秦国那样，虽然能够一时战胜六国，却很快就被广大人民所推翻。从这个理论的角度讲，缺少德，只有力的强大不一定就能胜利，即使一时胜利，也不能保住胜利的成果。韩非法家理论"必有无德之患"，从秦王朝的灭亡得到证实。关于这一点，桓范在《政要论·臣不易》中也有更明确的论述："夫治国之本有二：刑也，德也。二者相须而行，相待而成矣。天以阴阳成岁，人以刑德成治。故虽圣人为政，不能偏用也。故任德多用刑少者，五帝也；刑德相半者，三王也；杖刑多，任德少者，五霸也；纯用刑，强而亡者，秦也。"①应该补上"纯用德，弱而亡者，徐偃王也。"说明治国"偏用"刑德必亡的道理。王充与桓范都只注意德与刑即道

①　《群书治要》卷四十七，日本天皇宫内厅书陵部藏书，古典研究会丛书·汉籍之部，第九卷。

德与法律两方面，对于经济方面都不那么重视。说明在那个时候，在社会政治斗争中，道德与法律是竞争的重要内容。而经济的作用被人所忽视，只在《盐铁论》一书中受到充分的重视。

（4）汉代轻重家在大一统条件下发挥了巨大的作用。

在《史记·货殖列传》中，主要记载的是商家，而在《汉书·食货志》中主要记载了轻重家。《史记》所记载的多是民间发财者，《汉书》所记载的多是政府掌控经济者。《汉书·食货志》开头就说："《洪范》八政，一曰食，二曰货。食谓农殖嘉谷可食之物，货谓布帛可衣，及金刀龟贝，所以分财布利通有无也。二者，生民之本，兴自神农之世。……食足货通，然后国实民富，而教化成。"食货是政治的重要内容，也是教化的基础。班固就是从政治视角来看食货，实际上就是中国古代的政治经济学。战国时期，魏文侯臣李悝提出："籴甚贵伤民，甚贱伤农；民伤则离散，农伤则国贫。故甚贵与甚贱，其伤一也。善为国者，使民毋伤而农益劝。"（《汉书·食货志》）这就是轻重问题。魏文侯采纳这种建议，"故虽遇饥馑水旱，籴不贵而民不散，取有余以补不足也。行之魏国，国以富强"（同上）。这是班固肯定轻重家在魏国发挥了好的作用，使魏国富强了起来。

汉文帝时，贾谊建议驱民归农，发展农业，增加粮食积储，就"可以为富安天下"。他在《谏除盗铸钱令》中说："令禁铸钱，则钱必重；重则其利深，盗铸如云而起，弃市之罪又不足以禁矣。……铜必归于上，上挟铜积以御轻重，钱轻则以术敛之，重则以术散之，货物必平。……以临万货，以调盈虚，以收奇羡，则官富实而末民困。"这是从铸钱的角度，讨论轻重问题。晁错从粮食的角度，讨论轻重的问题。他提出贵粟的建议。他说："欲民务农，在于贵粟。贵粟之道，在于使民以粟为赏罚。"只要将一定量的粮食交给政府，就可以"拜爵"、"除罪"，这样一来，"富人有爵，农民有钱"。其后果一箭三雕："一曰主用足，二曰民赋少，三曰劝农功。"实行以后，果然天下大富，汉文帝下诏，"赐民十二年租税之半，明年，遂除民田之租税。"到汉景帝时代，天下达到极富。所谓文景之治，就是指的这个时代。汉代，战国时期轻重家的思想在社会上有很大影响。太史公曰："吾读管氏《牧民》、《山高》、《乘马》、《轻重》、《九府》及《晏子春秋》，详哉其言之也。既见其著书，欲观其行事，故次其传。至其书，世多有之，是以不论，论其轶事。"(《史记·管晏列传》)这里所讲的"世多有之"，同时指《管子》与《晏子春秋》。上列篇名，则都是《管子》书中的篇名。当时社会上流行的书，恐怕很难造假。因此，我以为，现存《管子》书中司马迁读过的篇章应该是比较可信的。既然社会有很多书，影响自然就比较大。贾谊、晁错提出这些建议，说明他们也受到轻重家思想的影响。桑弘羊、耿寿昌应该是有成就的轻重家。"管仲世所谓贤臣，然孔子小之。岂以为周道衰微，桓公既贤，而不勉之至王，乃称霸哉？"(《史记·管晏列传》)齐桓公称霸，是管子出的力。因此，管仲的思想中可以说有霸权主义因素。班固认为轻重家在古代"民赖其利，万国作乂"，对国家对人民都是有好处的。汉武帝时，轻重家的政策"国用饶给，而民不益赋，其次也"。王莽时代，"制度失中，奸轨弄权，官民俱竭，亡次矣。"(《汉书·食货志》)也就是说，轻重家在不同的政治局势下，作用是不同的。政治局势好，吏良而令行，他们会起利国利民的好作用；政治局势不好，政权干预经济，贪官污吏巧取豪夺，就会弄得民不聊生，接着就要亡国。在国际竞争中，富国强国也经常利用经济手段对弱国穷国进行经济侵略，掠夺资源，垄断市场，倾销商品，更严重的就是实行经济制裁，来达到政治目的。讲政治讲人权，又都有经济目的。政治和经济相互为用。从形式上看似乎都是合法的，因为法也是为强国富国定的。但是，不符合人心，损人利己，却是非常明显的。因此，轻重家在历史上的作用也有两面性，班固已经有了清醒的认识，以管仲为正面代表，以王莽为反面代表。管子令齐称霸诸侯，王莽导致亡国灭身。

## 7. 兵　家

《四库全书总目提要·子部九·兵家类》："其最古者，当以《孙子》、《吴子》、《司马法》为本，大抵生聚训练之术，权谋运用之宜而已。"《孙子兵法》是春秋时期孙武所著。战国时期的孙膑也著《兵法》。日本曾长期讨论《孙子兵法》的作者是孙武还是孙膑，后山东出土文物有《孙子兵法》，也有《孙膑兵法》，这场讨论才告结束。日本有一些学者总喜欢将中国的典籍往后说，明明是春秋时期孙武著的《孙子兵法》，偏要将它加在战国时期的孙膑头上。以便将历史推后数百年。

《孙子兵法》共十三篇，是春秋时代孙武所著。孙武在《史记》中有传，与吴起合传。内容简单，主要讲了一件事：孙武到吴国见吴王阖庐，阖庐让他训练女兵。孙武就将宫中美女一百八十人分为两队，让吴王的宠姬分别为队长，都拿着戟列队。孙武下令："你们知道前后左右吗？"女兵答："知道。"接着，孙武又说："前看心，后看背，左视左手，右视右手。"女兵说："知道了。"说好以后，摆出刑具，三令五申。于是鼓右，女兵没有看右手，而是大笑。孙武说："约束不明，申令不熟，将之罪也。"再三令五申，然后鼓之左，女兵又大笑。"约束已明，不按法执行，就是士兵的罪过。"孙武要斩两队的队长。吴王在台上观看，看见要斩爱姬，吓坏了，赶紧派人来告诉孙武："我已经知道你能用兵了。我没有这两个爱姬，吃饭都不香，希望你不要斩她们。"孙武说："我已经受命为将，将在军，君令有所不受。"于是就斩了吴王的两个爱姬。任用两个新的队长。于是再鼓左右前后起跪，都符合规矩。没有人敢出声，更没有人敢笑。孙武派人向吴王报告说："女兵练好了，请你下来观看，你要用她们，就是赴汤蹈火也可以做到。"吴王还很不高兴，说："将军去休息吧，我不想去看。"孙武说："国王喜欢的是语言，不能用实在的。"后来阖庐用孙武为将军，西破强楚，进入首都郢。威震北边的齐国与晋国。

《孙子兵法》共有十三篇，过去考武举要默写其中一些段落，许多从军的人都会背诵此书。因此，书中各篇内容常有被引用者。《始计》第一给战争下定义："兵者，国之大事，死生之地，存亡之道，不可不察也。"五个方面决定战争的胜负。这五个方面就是：道、天、地、将、法。什么意思？"道者，令民与上同意，可与之死，可与之生，而不畏危也。"这个道就是后来说的王道，王道得民心，得民心才能取胜，因此后人说"得民心者得天下"，道理就在这里。这是最根本的。《作战》第二认为"知兵之将，民之司命，国家安危之主也"。用将，决定人民的死活、国家的存亡。《谋攻》第三提出"知彼知己，百战不殆"，成为后世经常引用的经典。《军形》第四有"善战者，立于不败之地"之语，成为后世流行的话语。《兵势》第五提出："战势不过奇正，奇正之变，不可胜穷也。"这里充满辩证法。《虚实》第六提出："五形无常胜"，五形即五行，当时有五行相胜的说法，因此提出无常胜，体现了辩证法思想。如水胜火，若是杯水车薪，水就不能胜火。《军争》第七有"兵以诈立"、"以逸待劳"、"穷寇勿迫"等词语，后来"穷寇勿迫"演变成"穷寇勿追"。《九变》第八提出："君命有所不受"。《孙子兵法》共十三篇，注家很多，名注十一家，第一家是曹操，注文简洁，从思想上点睛。其他多在文字训诂上作注解，文多不精。以上摘录一些文字都是常为兵家所引用的。

《吴子兵法》作者吴起，《史记》有传。据《史记》记载，他是很有争议的人物。吴起，卫国人，曾经跟曾子学习儒学，在鲁国当官。

齐国进攻鲁国，想任吴起为将军，吴起娶齐国女人为妻，有人怀疑他。他为了当将军，杀了妻子，表明与齐国没有瓜葛。鲁国任他为将，战胜齐国。但是，这事引起群众的议论。有的知道他的老底，说他少年时，家庭富裕，当官不成，把财富折腾掉，受乡人耻笑，他杀了毁谤自己的三十多人。他出走时在卫国城门与母亲诀别，发誓"如果当不了卿相，不回卫国！"他的母亲逝世，他果然不回来奔丧。曾子瞧不起他，鲁君怀疑他。他听说魏文侯重视人才，就奔赴魏国。《吴子兵法》第一篇《图国》就是讲他去见魏文侯，文侯任他为将，出击秦国，拔五城。吴起为将，与士兵同衣食，同行军，亲背粮食，与士兵一起劳苦。士兵身上长疮，吴起亲自为其吮脓血。文侯派吴起守西河，秦、韩不敢东向。

文侯死后，儿子继任，为武侯。武侯乘舟在西河漂流而下，到中游，武侯对吴起说："多么美呀！山河稳固，这是魏国的宝贝！"吴起对曰："在德不在险。昔三苗氏左洞庭，右彭蠡，德义不修，禹灭之；夏桀之居，左河济，右泰华，伊阙在其南，羊肠在其北，修政不仁，汤放之；殷纣之国，左孟门，右太行，常山在其北，大河经其南，修政不德，武王杀之。由此观之，在德不在险。若君不修德，舟中之人尽为敌国也。"这里吴起讲了一番仁德是治国之宝，而山河险峻不足以保江山社稷，完全是儒家的一番道理。田文任相，吴起知道田文比自己强，可以与他合作。田文死后，公叔任相，不放心吴起，到武侯那里挑拨。吴起怕得罪，就离开魏国，去了楚国。楚悼王知道吴起有本事，他一来就任为相。吴起就进行政治改革，明法审令，取消不必要的官员，废黜比较疏远的公族，用于强兵，马上见效，"南平百越，北并陈蔡，却三晋，西伐秦"。诸侯怕楚强大起来。楚国贵戚都想害吴起。楚悼王死以后，楚悼王的王亲国戚和大臣就作乱，群起而攻吴起，吴起逃去伏在楚悼王尸体上，叛徒用乱箭射死吴起，有的箭射中楚悼王尸体。悼王埋葬以后，太子立，"乃使令尹尽诛射吴起而并中王尸者，坐射起而夷宗死者七十余家"。新楚王诛灭射吴起并中王尸的人，族灭七十多家。吴起死后，为自己报了仇。吴起就是这样一个不仁不义而又大仁大义的将军，在鲁、魏、楚都立了大功。不仅有超强的军事能力，而且在政治改革、理论创新诸方面都极有成效。司马迁说："《吴起兵法》，世多有。"说明此书在汉代就已经非常流行，没有焚于秦火。《吴起兵法》只有六篇，分上、下两卷。

《司马法》一卷只有五篇。《尉缭子》二十四篇，分上下卷。这些就不作介绍了。

## 8. 名　家

名家的代表人物是惠施与公孙龙。惠施没有著作存世，其活动与思想散见于先秦典籍，主要在《庄子》中。庄子与惠施是朋友，经常在一起讨论学术问题。

司马谈说："名家使人俭而善失真，然其正名实，不可不察也。"司马迁说："名家苛察缴绕，使人不得反其意，专决于名而失人情，故曰'使人俭而善失真'若夫控名责实，参伍不失，此不可不察也。"俭是什么意思？名家重视从概念上推论来研究问题，有的问题可能脱离实际，善失真。"苛察缴绕"就是指从概念到概念的推导。他们的正名实却是不可缺少的。孔子讲过必须正名，名正才能言顺事成，荀子也讨论过名实的问题。

《庄子·天下》比较全面地介绍了惠施的情况与观点。全文如下：

> 惠施多方，其书五车，其道舛驳，其言也不中。历物之意，曰："至大无外，谓之大一；至小无内，谓之小一。无厚不可积也，其大千里。天与地卑，山与泽平。日方中方睨，物方生方死。大同而与小同异，此之谓'小同异'；万物毕同毕异，此之谓'大同异'。南方无穷而有穷，今日适越而昔来。连环可解也。我知天下之中央，燕之北、越之南是也。泛爱万物，天地一体也。"……"卵有毛，鸡三足，郢有天下，犬可以为羊，马有卵，丁子有尾。火不热，山出口，轮不辗地。目不见。指不至，至不绝。龟长于蛇。矩不方，规不可以为圆。凿不围枘。飞鸟之景未尝动也。镞矢之疾，而有不行不止之时。狗非犬。黄马骊牛三。白狗黑。孤驹未尝有母。一尺之捶，日取其半，万世不竭。"

惠施多方，学问大，有五车书。理论驳杂混乱，说法也不正确。分析事物有以下这些说法或命题：最大没有外部，那是大一；最小没有内部，就是小一。没有厚度，就不能积累，即使大千里，也还是没有厚度。天与地一样低，天不比地高。这在宇宙中应该没有错。山与泽平，山高，泽低，这是相对而言，而高原地区的泽可能比平原地区的山还高，雅鲁藏布江河床海拔 3000 米以上，山东泰山海拔高度只有 1500 多米。而且在大宇宙中，在地球表面上，山河的高低常常可以忽略不计，那就可以说是平的。日刚到正南方，就过中午，斜射下来。正午是在过程中，没有停止。将日的运行看成动的过程，而不是静止的。这也符合辩证法观点。万物都在方生方死中，这里的物刚生，别处的物正在死亡。另外，生物的新陈代谢，就是方生方死的。物从出生就逐渐走向死亡。生死的辩证关系也是动态的，不是静止的。万物有大同，也有小同，二者差别，是"小同异"。例如植物是绿色的，是大同，杨树与槐树叶子不同，是小同。这些差别是"小同异"。万物都一样与都不一样，就是大同异。如万物都一样是物质性的，与精神性的不同，这是毕同。差别是绝对的，这是毕异。这个毕同与毕异，就是大同异。一直往南方走，无穷无尽，可以说南方无穷。但是，走到不能再走下去了，是否就可以说是有穷。有穷，按现代科学的说法，走到南极就穷了，再向前走，就是往北走了。那时科学是否知道地球是圆的，如果不知道，这种解释就不是原意。今日适越而昔来，今天去越国，昨天就到了。这好像是在时间上的讨论，不知原意应该是如何。《庄子·齐物论》中有"未成乎心而有是非，是今日适越而昔至也"。昔来与昔至，意思应该一样。就是到达的意思。连环可解，按《战国策·齐策》的说法，将连环砸破，就是所谓的解。惠施的原意恐怕不是这个意思。现代有连环可解的技术，与魔方相似。天下的中央在哪儿？惠施指在越之南，燕之北。越是南方的国家，燕是北方的国家。中央在越国的南方，燕国的北方。实际上可以理解为任何地方都是中央，也都不是中央。因为天下无穷大。泛爱万物，天地一体。这与庄子所谓"天地与我并生，而万物与我为一"（《庄子·齐物论》）是一样的思想。佛教讲众生平等。所见略同。

"卵有毛"，鸡蛋孵化出小鸡，小鸡有毛，从此推出卵有毛。"鸡三足"，鸡有足，是一足，有左足与右足，合起来为"三足"①。"郢有天下，犬可以为羊，马有卵，丁子有尾。火不热，山出口"，不知如何解为好。轮不辗地，一个车轮，在运行过程中，着地的少，不着地的多，由此推论轮不着地。目不见，在黑暗中，眼睛看不见什么，说明只有眼睛还看不见东西，需要有光线。细小的东西，也是肉眼看不到的，古代称气，现代讲细胞、细菌、分子、原子，都是肉眼看不见的。指不至，至不绝。手指指着物体，中间还有空隙，说明指头没有指到物体。如果指到物体，手就离不开物体。"龟长于蛇。"如果从长度来看，是可以讨论的，如果长指寿命，那就不必讨论，龟是长寿的。"矩不方，规不可以为圆。凿不围枘。"都是从相对方面来讲的。"飞鸟之景未尝动也。"比西方讲"飞矢不动"更容易理解。影

---

① 《公孙龙子·通变》："谓鸡足一，数足二，二而一故三。"

子是不断产生不断消失的过程，不是影子的移动。"镞矢之疾，而有不行不止之时。"飞矢是连续的过程。"狗非犬。黄马骊牛三。白狗黑。孤驹未尝有母。"不知如何论证。"一尺之捶，日取其半，万世不竭。"这从数学上讲，容易理解。但从实际上无法用实践证明。因为小到一定程度，人就无法进行分离了，就不能取其半了。

惠施的说法，没有论证的内容，就只好仁者见仁，智者见智，进行猜测，未必切合本意。有的可能是在概念上作一些巧妙的推论，未必合理，因此，荀子说他"蔽于辞而不知实"（《荀子·解蔽》）。惠施为魏惠王制定法制，大家都认为这些设想很好，翟翦却认为"善而不可行"（《吕氏春秋·淫辞》）。因为这些说法不切实际，大概也是脱离实际的纸上谈兵。

庄子不想当官，庄子的朋友惠施却是比较重视当官。据《说苑》卷十七《杂言》载：梁国相死了，惠施赶往梁国。渡河的时候，因为慌张，落到水中。船夫救上他，问："你要到哪儿去？怎么这么慌张？"惠施说："梁国没有相，我想去当这个相。"船夫说："你在船上都站不稳，没有我救你，你就死了。你还怎么能当梁国的相？"惠施说："在船上。我肯定不如你；至于管理国家，你跟我比，就像还没有开眼的狗崽子那样一无所知。"这里说明人各有自己的本事，有的能管理大事，有的只会做具体的小事。不能说，能做大事的人，什么具体小事也都会做。也不能说，能做好小事的人，也一定能做好大事。

惠施赶到梁国，后来，他果然当上了梁相。他感到相位得来不易，有了机遇，自己又能及时抓住机遇，经过努力，才可能成功，因此很珍惜。庄子与惠施是好朋友，志向却大不相同。庄子不应楚相之聘，惠施追逐梁相之位。

楚国比梁国大，楚国相当然也比梁国相地位高。庄子不接受楚国相，当然更不会接受梁国相。惠施当作宝贝的梁国相位，在庄子看来，只是被抛弃的废物。于是有了这么一段记载：惠施当着梁国相，庄子要去见他。有的人告诉惠施："庄子来要取代你的梁国相位。"惠施害怕，在国中搜查庄子三天三夜，没有查到庄子。庄子却到了他的官府，对他说："南方有一种鸟叫鹓鶵，你知道吗？它从南海飞往北海，一路上，不是梧桐不停留，不是竹实不吃，不是甘泉不饮。"就是说，鹓鶵是非常高贵的动物，对自己的物质需要特别挑剔。但是，鸱这种鸟喜欢吃老鼠，得到腐烂的死老鼠，如同宝贝一般，还怕被其他鸟抢走。鹓鶵从上空飞过，鸱抬头呼叫："吓！"庄子在这里把相位比作死老鼠，把惠施比作鸱，而把自己比作鹓鶵。最后庄子说："现在你想保你的相位而轰我吗？"

我们可以把这种情况叫作"以小人之心度君子之腹"。有的人自己当作宝贝的东西，以为别人也会将它视为宝贝，唯恐别人抢了去。实际许多东西并非大家都想要，别说抢，就是白给、白送，甚至倒贴，别人也不会要。

现在，中国经济和平崛起，有些人说中国对周边国家构成威胁。自己想威胁别人，威胁不了了，就认为别人会对他们产生威胁。都是"以小人之心度君子之腹"类似的例子。自己喜欢的，也以为别人一样喜欢，总怕被别人抢走。这在儒家看来，是一种"患得患失"的态度。

名家另一代表人物是公孙龙。他生活于战国中期，比惠施幸运，有《公孙龙子》一书流传于世。现存《公孙龙子》共有六篇，第一篇《迹府》是后人编辑的关于公孙龙子的事迹，其他五篇是悼念公孙龙子的著作。他的主要命题有"白马非马"与"离坚白"。因为保存详细的论证过程，使我们明白这个命题的意思以及意义。虽然如此，仍然有争议，有的认为是诡辩，有的认为对逻辑是有贡献的。

公孙龙是这样论证的：马是形状，白是颜色。说颜色不同于说形状，所以白马非马。要马，给黄马、黑马都可以。要白马，给黄马、黑马就不行。如果白马是马，那么，为什么要马时可以给黄马、黑马，要白马时，就不能给黄马、黑马呢？白色加上马的形状，才是白马，而马本身没有颜色的要求。白马就有颜色上的要求。问马圈里有白马吗？回答没有。问有马吗？回答有。马圈里有黄马。同一马圈，回答是"有"与"没有"。说明马与白马不一样。于是"白马非马"的命题就可以成立。

冯友兰先生概括名家两派的特点是惠施"合同异"与公孙龙"离坚白"。

## 9. 农　家

　　农家以战国时代的许行为代表，主张"君民并耕""君臣并耕"①。他的弟子陈相曾与孟子辩论，讨论过人性问题与社会分工问题。《管子》与《吕氏春秋》两书中保存一些关于农业知识的问题，可能也是农家研究的成果。先秦没有农家著作存世。《四库全书》的农家著作首列《齐民要术》。与农业有关的著作如茶经、相马经、菊谱等都算在内。农家应该是比较早的学派，以神农为圣人，大概是原始时代的产物。人与人是平等的。进入奴隶社会与封建社会，等级成为公认的事实，正如荀子所说："夫两贵之不能相事，两贱之不能相使，是天数也。"(《荀子·王制》)说明等级是治理社会所必需的。关键是等级要合理，不同等级的待遇也要适当，社会才能和谐。如果能者多劳，与民争利，贫富两极分化，那么社会就不能安定。总之，社会绝对平均不行，差别过大也不行，总要在适当的差别之内，才能达

---

　　① 《孟子·滕文公上》载许行弟子陈相的话："贤者与民并耕而食。"《汉书·艺文志》载农家的话有："以为无所事圣王，欲使君臣并耕，悖上下之序"。

到动态均衡。财产是这样，教育环境、民主权利以及其他条件都要这样，而且要有协调机制进行不断调整。

# 第七课　中西文化比较

## 1. 航　海

　　大家都知道欧洲有一个航海家哥伦布，却不知道中国也有一个航海家郑和。

　　郑和于公元 1405 年奉明朝皇帝之命下西洋。他率 27800 多人，驾 200 余艘海船，其中 62 艘大船，每艘长 44 丈(约合 147 米)，宽 18 丈(合 60 米)，从闽江口(今长乐市)启航下西洋，沿途经过三十多个国家，到达非洲东岸，与沿途各国进行文化交流和商品贸易，大大加强了中国与世界的联系，增进了相互了解，为世界作出了巨大的贡献。在郑和航海 87 年之后，哥伦布才开始航海。哥伦布率人 87 名，郑和所率人员是他们的三百倍。哥伦布驾船三艘，而且小得可怜，横着放在郑和的船上，两旁还可以走军队。哥伦布三次航海，郑和七次下西洋。从时间、人员、规模、次数、结果等各方面来考察，郑和航海都比哥伦布航海更加伟大。在当时的世界上，中国的航海业和造船业都是世界上第一流的。

　　有的人说，中国是黄色文化，而欧洲是蓝色文化。这种说法只是由于一些人不了解中国历史和世界历史而造成的。中国在两千多年前的秦代，就有航海家徐福远航日本，汉代就可以制造大楼船，隋唐时代的造船业更加发达，宋元时代，海军远征日本。到了明代就有了郑和下西洋的大船队。从两千多年的历史看，中国的造船业与航海业都居于先进行列。如果说世界上有所谓蓝色文化，那么，中国就是当然的杰出代表。如果中国没有历史上长期发达的造船业，那么，为什么在15世纪的时候，中国在造船业和航海业方面会居于世界第一流的水平呢？有的人说中国历来是封闭的、落后的，那么，在15世纪时，中国为什么能到几万里以外去与世界各国交流呢？有的人说中国只有技术，没有科学，哥伦布的三艘小舢板有科学，为什么郑和的一大批大船却只有技术而没有科学呢？一批大船在海上航行几万里，没有出现任何事故，只有技术行不行？中国的郑和航海比哥伦布时间早、规模大，但是，为什么世界上许多人只知道有哥伦布航海，不知道有郑和航海呢？哥伦布航海使欧洲人大批涌向美国，开辟殖民地，大大刺激了欧洲的经济发展和科学进步。这是哥伦布航海的世界意义。实际上这只是对欧洲人有直接的意义，他们因此发了大财。对于美洲当地的居民印第安人，是空前的灾难，他们被赶走，被杀戮，被残酷奴役。中国历史上曾经有"胜者为王，败者为寇"的说法，是以胜负论英雄。按这种说法，任何强盗，只要成功了，都是英雄。没有什么公理正义可说。欧洲白种人侵入美洲的时候，究竟有什么公理，有多少正义？所谓优胜劣汰，实际上就是弱肉强食。这是为强盗不义行为作论证的，是强盗逻辑。

从郑和航海与哥伦布航海相比中，我们发现有许多疑问。不知道是否有人可以解释这些疑问。但在我的印象中就是欧洲中心主义作怪。欧洲中心主义者认为一切重要发现和发明都不可能在欧洲以外的任何地方诞生。什么都是欧洲第一，中国人被视为低等公民，没有什么东西可以称道。即使有，他们也不相信，也避而不谈。我们如果对于自己的成果都不了解，自然就会盲目相信从欧洲传来的各种结论。在欧洲人的世界科学史中，常常以欧洲第一当作世界第一，这是因为他们的知识不全面，观念有片面性。我们如果都相信他们的结论，就会产生民族虚无主义和历史虚无主义。这样怎么能产生爱国主义思想呢？中国还有什么可爱呢？因此我认为，爱国必须先知国。在15世纪以前，中国在科学技术和经济实力方面都居于世界的前列。后来为什么落后了？落后要挨打，中国在这一百多年中受尽磨难。经过许多先行者前赴后继的艰苦努力，牺牲了几千万人，终于又取得了独立自主，正在走向富强。我们知国才能爱国，我们知道现在的独立自主来之不易，对祖国的前途更加充满爱心。90多年前的五四运动，正是青年学生出于爱国之心进行的一场伟大的斗争。纪念五四运动，最主要的要继承爱国精神。

五四运动提出的主题有两个：民主与科学。中国现在实行具有自己特色的民主制度——人民代表制。至于科学，当然要向西方学习。因为西方现代的科学比我们先进。有的人说：文化有民族性，科学没有民族性。文化有希腊文化，也有印度文化、中国文化、阿拉伯文化。但是，科学就没有德国数学、法国物理、英国化学。那么，现代世界上只有欧洲科学，就没有其他科学如中国科学。有的人更进一步说，中国从来就没有科学。上文提到，郑和航海的大船没有科学，倒是哥伦布的小船有科学，这不值得怀疑吗？另外，在公元二世纪，西方出现地心说，中国产生浑天说，两者极为相似。如果说地心说是科学，就没有理由说浑天说不是科学。如果承认浑天说是科学，那么就无法否定中国有科学。如果说浑天说不是科学，地心说也不是科学，那么，世界历史上都没有科学，科学史就没有办法写了。诸如此类，我们在研究学问时也不要忘记爱国。当然实事求是是我们更高的原则。我们绝对不用弄虚作假的办法为"爱国主义"作任何论证。我们要实事求是地反对欧洲中心主义，弘扬中国传统文化，宣传爱国主义精神。

## 2. "优胜劣汰" 与 "和而不同"

　　中西文化比较是一个极大的题目，写十本书也说不完。我现在用十分钟的时间对一个问题谈一点管见，这就是"优胜劣汰"与"和而

十五堂中国国学课

不同"的比较。

西方人讲"优胜劣汰",自然界把好的、优质的物种保留下来,淘汰那些劣质的、不能适应自然界变化的物种。万物在那里竞争,由天即自然界来选择,所谓"物竞天择"。这个理论原本是对自然现象的概括。人类就是自然界选择的结果。

但是,现在对于"优胜劣汰"有两个误区:一是"天择变成人择"。科学进步,人的作用大了,人有了选择权,在一些范围内,人择取代了天择。例如种庄稼,可以选择优良品种,养鸡养猪也选择优良品种。这样大大提高了产量,为人类创造了很多财富。所谓优良品种,都是以人的需要为标准。人想吃肉,长肉多而且快的,就是优良品种。这就是所谓"人是万物的尺度"。什么叫益鸟,就是对人类有益的鸟。什么叫益虫,就是对人类有益的虫。对人类有害的鸟和虫,都是害鸟、害虫。由于人类的选择,当然就淘汰了一部分生物。福建原来有一种地瓜,叫"台湾秋",红皮红心,皮上有一条条隆起,像筋脉,特别甜,应该是好品质的。由于产量低,在追求产量的时代,被淘汰了。现在生活水平提高了,要享受质量高的食品,却找不着它了。人类还要改良物种,选择了改良的物种,新种被保留下来了,它的母本和父本都被淘汰了。人类活动的范围不断扩大,改造自然的力度不断加强,破坏了很多自然环境,使很多生物失去了生存条件而被灭绝。人口不断增加,科学不断发展,改造自然的能力不断提高,几百年或者一千年以后,或许几十万种生物都会被淘汰。也许那时还剩下少量的物种,例如会下蛋的鸡、能挤出奶的奶

180

牛、伴人玩的宠物。那时的人类是否太孤单了。也许动物园还养一些其他观赏动物，例如二十只斗不过一头水牛的变态狮子，三只咬不死一头病牛的没有野性的老虎。被人类留下来下蛋的鸡也只能扒在那里吃食、下蛋，再也站不起来，变成与自然界的鸡完全不同的、只能生产蛋的生物机器。奶牛也只能悬在空中吃食、挤奶，再也不会走路，成了制造牛奶的生物机器，人们看到它们，无法想象自然界能够跑的牛。丰富多彩的自然界一旦变得如此单调，人类生活的兴趣也就索然无味了。这当然是很不好的情景。更严重的是，千万年形成的生态平衡可能被破坏，甚至可能破坏了人类生存的基础，使人类变成地球上的新世纪的恐龙，将在地球上灭绝。二是在人类社会中搞"优胜劣汰"即所谓社会达尔文主义。据最新的科学研究成果，人类的基因99％以上是相同的，差异非常小。从人类发展史也可以看到非常明显的事实，一个国家，一个民族，在某一时期可能很发达、很进步，过一段时间，又走向没落。美国现在是最强盛的国家，二百多年前，还是英国的殖民地。英国曾经是日不落的国家，但当中国处于盛唐时代，英国却是很不起眼的小国、弱国。中国五千年前有黄帝时代，创造了许多物质文明。在此之前，古埃及、古希腊、古罗马和苏美尔都已经有了青铜和石器并存的奴隶制时代，古巴比伦在公元前两千年就能够解含三个未知数的方程式。许多民族都在不同的历史时期辉煌过，也都衰败过。哪个民族是优等民族呢？不能只看一时的情况。同样道理，一个家族，有时富强，成为豪族名门；有时又衰败，成为破落户。事实与科学研究结果是一致的，人的内在本质差别不大。但是，一些西方人以为自己是优等民族，例如，希特勒认为自己是优等的，犹太人是劣等民族。第二次世界大战期间，希特勒屠杀了上千万犹太人，就是这一理论的恶果。犹太人还没有杀完，希特勒就完蛋了。如果没有斯大林领导的苏联顶住纳粹的进攻，如果没有苏联红军攻入柏林，历史也将重写。如果纳粹杀完犹太人，当然还杀其他"劣等民族"，最后只剩下一个民族。这个民族中的个体也还有优劣之分，自然还要继续杀下去，最后当然只能剩下极少数的一些人。剩下的人越来越单纯，也越来越无能。这些人会在一般的自然灾害面前无能为力，最终使人类彻底灭亡。所以，"优胜劣汰"先淘汰了别人，最后也会淘汰了自己。总之，西方的"优胜劣汰"为生产的发展和科学的进步做出过贡献，但重视其贡献而忽视其弊端，已经给自然界生态平衡造成严重破坏，也给世界的安定带来严重的威胁。恐怖的问题，最后的根子也在这里。

人类应该说有一定的共性，以前只讲阶级性，不讲共性，是不太全面的。人类是非常复杂的，对于个体来说，水平有高低，能力有大小，但是，每个人都有他的长处，都有生存的权利，别人没有淘汰他的理由，也就是说没有不让他生活的理由。例如在体育比赛中，可以通过竞争和比赛选拔跑步冠军、足球冠军，被淘汰的人可以继续努力，争取下一届比赛当冠军。如果自己确实不行，没有信心，可以另找出路，不一定要在一棵树上吊死。只要找到适合自己的位子，就可以谋生，就可以发展，就可以做出与自己付出相应的成绩来。所谓"天无绝人之路"。智力有高低，体力有大小，人各有长处，谁也不要在一条独木桥上挤。让围棋棋圣聂卫平打排球，不是郎平的对手，在排球场上被淘汰是很正常的。但不能杀了他，因为在围棋比赛中，他可以得冠军，当棋圣。郎平要在围棋赛中必定不是聂卫平的对手，在围棋赛中被淘汰的郎平可以在排球赛中发挥自己的特长。其他人大多类此，寻找合适的位子，树立信心，经过努力，都有成功的希望。在一种竞争中被淘汰，就自杀，那是错误的。考不上大学，可以当农民，当工人，也可以干一番轰轰烈烈的事业。考不上博士，就更不必悲观了。对于似乎什么作用都没有的人，养活他们，也是人道主义的体现，对其他人也是一种精神教育。总之，人生在这个世上，就不应该被抛弃。但是，优胜劣汰理论用于社会领域以后，产生了强盗逻辑，弱肉强食，使弱者经常挨打，受剥削，受欺负，受贫困，受歧视。占世界人口的少数人，消费了世界财富的大部分，这是多么的不平等！多么的不公平！他们何曾都比别人本事大、智力高？不平则鸣，弱者就要反抗。哪里有压迫，哪里就有反抗。以邻为壑的人，必然祸及自身。损人利己的人，最后必将损害自己。"优胜劣汰"传统培养出来的霸权主义，给天下带来诸多不安定因素，也制造了大量的恐怖现象。不让天下安定的人，自己也绝对安宁不了。马克思说得好，不解放全人类，就不能解放自己。因此，无产阶级的口号是：解放全人类！现在世界上发达国家的政治家有几个有这种胸怀呢？一心想着如何统治别人，一心想着如何用武力压服别人，其结果都是压而不服，然后恼羞成怒，公然发动战争。霸权主义是恐怖的根源，不消灭霸权主义，要消灭恐怖，难矣！

中国传统讲"和而不同"。这一原则有三条主要内容：一是自己要有独立思考，要自主，不能随波逐流，更不应与坏人同流合污；二是允许别人有自主权，不能强迫别人服从自己；三是要善于与别人合作，善于协调关系，特别是要保护弱者，帮助弱者，使自己不能劳动又失去依靠的鳏、寡、孤、独以及残疾者都能享受人间的幸福。因为强者要以弱者为基础，智者也要以愚者为基础，失去这个基础，自己也就失去优势，强者不强，智者不智。按这一原则，在人群中，每个人既不当奴才，也不做霸主，也不是各自孤立的个人，而是组织成和谐的整体，这个整体使每个人的生活幸福，安全得到保障。按这一原则，人类也不应随便杀害动物，也不能乱砍树木，这对于保护生态平衡有好处，最终也是对人类有好处的。中国古人规定，春天不能打鸟，怕打死雌鸟，饿死雏鸟；也不许打野兔，怕伤了孕兔的胎儿；反对竭泽而渔，捕鱼要用大眼的网，好让小鱼逃走。"采葑采菲，无以下体"，采野菜时，只采叶子，不要连根拔掉，这样才能保证以后还能采到叶子。这些都是保护生态平衡的措施，也是可持续发展的要求。对于人类则应该有更多的怜悯之心，实行的是仁爱的原则："己欲立而立人，己欲达而达人"，"己所不欲，勿施于人。"跟所有爱好和平的人友好相处。和平共处，是我们的愿望。但是，如果有的坏人想欺负我们，那么，我们该怎么办呢？那就要起而反抗。几十年以后，如果我们国家强大了，也不要称霸，也不要去打其他弱国，强迫它们服从我们。日本有一个儒家天天给学生讲儒学，学生问："如果孔子挂帅，带领他的弟子来进攻日本，我们怎么办？"老师说："坚决地狠狠地打他们！"学生问为什么，老师说："孔子儒家主张仁义，不会去进攻任何国家，会来打日本的，就一定不是孔子及其学生，一定是假的孔子。"不称霸也是我们的优秀传统。因此，我们的发展不会成为周边国家的威胁。如果我们的后代违背这个传统，富了就对别国进行经济制裁，强了就对他人进行军事威胁，那也会遭到外国的报复，自己必然得不到安宁。总之，我们要继承优秀的传统，为世界和平做出自己应该有的贡献。

"优胜劣汰"与"和而不同"，是可以统一的。优胜，不是说强大者必定会胜利。地球上那么多恐龙都是强者，最后为什么都灭绝了呢？倒是那些弱者如蜻蜓、蜜蜂，却能保存下来。自然界的"优胜劣汰"也不是强者胜，而是适者生存。恐龙虽然是强者，却不能适应变化了的自然界，所以灭绝了。蜻蜓、蜜蜂，虽是弱者，由于能适应变化了的环境，故能保存下来。在人类社会中，强者如果违纪犯法，与别人都合不来，不能协调好人际关系，就会遭到大家的抛弃，就属于应该淘汰的"劣者"。有爱心，又善于与其他人合作，受到大家的欢迎，那么他就会在大家的支持下生存下去。"和而不同"的人就是这种能够生存下去的人。因此，能够坚持"和而不同"，就是优秀者，就能胜利，就能生存下去。优者，就是"和而不同"的人。作了这样解释以后，中西方的文化传统也就可以接轨了。

## 3. 中医与西医

在一次学术会议上，有的学者提出，文化是有民族性的，而科学没有民族性。有欧洲文化、印度文化、中国文化、阿拉伯文化、玛雅文化、日本文化等，而没有德国生物学、法国天文学、英国数学、美国化学等。当时，我以为很有道理。会后，我从中医与西医的不同，对以上说法逐渐产生了怀疑。科学是文化的重要内容和组成部分，文化有民族性，科学自然也应该有民族性。科学发达与世界进步以后，各民族之间的文化交流与经济贸易大大发展了，强势群体的优势科学掩盖了弱势群体的落后科学，才出现了一统天下的科学。这种科学以欧洲模式作为代表。但是，这并不能否定其他民族科学的合理性。关于这一点，可以医学为例作一下说明。

关于医学，到底是不是自然科学，世界思想界有不同的看法。那么，医学是什么？医学是研究人类生命过程以及与疾病作斗争的科学体系。这个科学体系主要包括正常人体学、生理学、病理学、诊断学、治疗学、药物学、预防学、养生学等。都是研究人体与疾病的，研究对象是一样的，为什么会产生不同的科学体系呢？因为产生的文化背景不同，文化背景中包含不同的思维方式。我国现在医学界主要分为中医与西医两大体系。分析思维影响下的西医，分科很细，分为内科、外科、妇产科、儿科、五官科、肠胃消化科、泌尿生殖科、皮肤科、神经科、心血管科等。五官科又分为眼科、耳鼻喉科、口腔科、牙科等。有心内科、心外科，还有神经内科、神经外科，有男科、不育症科，还有肿瘤科、传染病科等。各科都因科学的发展，分科越来越细，科类之多，甚至连医生都说不清究竟现在有多少科。综合思维影响下的中医，没有分那么仔细，只分为内科、外科、骨科、妇科、儿科、针灸、按摩等。

有人类的地方，都有人类与疾病作斗争，也就都有医病的经验，经过总结，加以提升，也就有了医学。由于治病经验的丰富、理论思维的特点，医学会有水平高低、特色不同的问题。又由于人的疾病与自然环境有很大的关系，疾病的种类、症状、治疗方法，也会由于地理气候、生态环境的不同而有很多差异。治病的药物也因地制宜，与地理环境密不可分。医学在产生的初期，还常与当地的迷信、巫术相联系，甚至纠缠在一起，难分难解，这就是所谓"巫医同源"。这也就决定了医学与民族文化的联系。后来，医的成分不断增加，巫的成分逐渐减少。从世界科学发展史来看，科学产生以后，长期与哲学、神学、工匠技术融合在一起。科学从融合体中独立出来才是一百多年的事，而后，医学才从科学中分离出来。医学真正形成自己体系的时间就更短了。现代西药也是在化学发达以后才成为可能。在化学不发达的时候，西医的治病水平很难说会比中医高明多少。中国在两千年前的汉代，人口达到5900多万，到清代康雍乾盛世，人口达到三亿，占世界总人口的三分之一。直至今天，中国的人口也是世界上最多的。在以前的两千多年中，中国一直是人口最多的国家，这一事实应该说可以间接说明中国的农业生产力是比较强的，也说明中国的医学水平是比较高的。

中医与西医，由于产生的文化背景不同，在许多方面都不一样，第一，对人体的生理的理解就有很大差别。西医以尸体解剖为基础，研究人体分几个大的系统：循环系统、消化系统、生殖系统、神经系统、呼吸系统、内分泌系统等。中医则以活体功能为基础，以五脏六腑与体表的症状相联系的"脏象学"和全身形成一个系统的"经络学"。以西医的模式来审察中医，认为所谓经络是无稽之谈，没有解剖学上的根据，谁也不能"拿"出经络来证明它的存在，用显微镜也看不到它的存在，于是就有人认为中医是"迷信"。后来由于针灸治病的大量的事实，以及用针灸麻醉动大手术的奇迹，使一些明智的西医医生承认针灸的有效性与经络的客观性。但是，还很多西医医生将自己解释不了的现象判为"迷信"，将针灸说成是"伪科学"，有一位西医外科医生对于用拔火罐方法治关节痛，表明了自己的看法，他跟我说："还隔好几层组织，怎么能拔出来？没有科学根据！"第二，中西医对疾病的解释不同，有各自不同的病理学。西医认为疾病是由于细菌侵入、肌体受伤害引起的；中医认为疾病是由于环境变化、七情过激、阴阳失衡引起的。第三，诊病方法不同。西医用看、触、叩、听四种办法进行诊断，科学发达以后，还可以通过化验、透视、心电图、B超、同位素等方法诊断许多疾病，技术不断提高，诊断更加精确。中医使用望、闻、问、切来诊断。望，与西医的看是一样的。看的内容不尽相同。西医主要看病人营养如何，有什么痛苦。中医望的，首先是气色，了解阴阳盛衰，虚实升降。中西医都看舌苔，但理解也不一样。中医舌诊认为舌头的不同位置，反映不同内脏的功能变化。闻，闻气味，阳气出上窍，从口鼻出来的气味浓，说明阳气盛，偏于亢。问，是了解情况，问病史、感觉，也问生活变化以及社会地位的变化、经济状况等，因为这些与情绪有密切关系。情绪变化是重要的病因。切，是中国医学的以功能为基础的诊断疾病的特点，用三个指头按在患者腕前的手脉上，根据脉搏的跳动情况来了解患者五脏六腑的功能状况。西医用听诊器听患者心脏的跳动与肺的声音，对患者心肺的毛病进行诊断。三指切脉与听诊器听诊，是中西医诊断的主要的有代表性的差别。第四，中西医治病方法的不同。西医使用化学药品进行杀菌，以增加营养，修复肌体，来治疗疾病，恢复健康。化学药品在杀菌的同时，也伤害人体的正常细胞，副作用比较明显。中医使用中药(主要是植物根叶)来调整阴阳，使之平衡，提高身体的正气，抵抗邪气，排除病气，恢复健康。高明的医生还通过有针对性的说法，解开患者的思想症结，使其恢复心理健康，达到治病的目的。由于重视功能，中医可以用针灸、按摩等办法疏通经络，进行治疗。中医使用的药物主要是草药，是绿色药品，有利于环境保护，副作用又小，应该也算是一种特点和优点。针灸、按摩，不用药，好处就更不用说了。第五，对于健康，中西医的理解也不尽相同。西方人评选健美运动员，主要看肌肉的大小。中国医学认为健康主要是阴阳平衡的问题。在防病、保健方面，中国医学也有一些特殊的内容。例如，动为阳，静为阴，西方人讲"生命在于运动"，讲挑战极限，重视动；印度人讲静(瑜伽、坐禅)；中国人追求阴阳平衡，讲动静结合，劳逸适度。动后要静，静后要动。华佗创造"五禽戏"，自编模仿动物动作的五套体操，提倡在静坐时间较长以后要适当运动；但动又"不当使极尔"(《三国志·魏书·方技传》引华佗语)，运动不应当达到极限。这是很适合知识分子从事文化工作时的保养身体的形式。中医认为保持一种姿势时间太长，都会产生疲劳，疲劳会导致疾病，如说五种疲劳："久视伤血，久卧伤气，久坐伤肉，久立伤骨，久行伤筋。"(《黄帝内经·素问·宣明五气篇》)因此，中医认为，要经常改变姿势，可以消除疲劳。这也是一种防病保健的重要措施。现在有些人长时间看电视，或者长时间在电脑前工作，都是有害健康的，对血、对眼睛、对肝脏，都是不好的。哪一种姿势会产生什么伤害，是可以讨论的。但是，长时间使用一种姿势，不利于健康，会产生相应的疾病，这就是西方医学所谓的"职业病"。

与西医不同的是，中医重视情绪对身体健康的影响，强调心气平和是健康长寿的重要基础。而心气平和则要通过提高心性修养来实现。因此，加强道德修养，对于保健也是很有意义的。做好事、合理的事，叫行义。做坏事、不合理的事，叫行不义。行不义的人，或者因犯罪死于国法的制裁，或者因害人受到别人的报复，或者因作恶多端死于恐惧，心灵不得安宁者很难长寿，所谓"多行不义，必自毙"(《左传》隐公元年)。行义的人，心安理得，生活幸福，容易长寿。因此，古代哲学家董仲舒说："义之养生人，大于利而厚于财也。"(《春秋繁露·身之养重于义》)行义，行善，不仅对别人有好处，对自己有更大的好处。行义，对于养身，比任何财富都更重要。

西医用高科技，诊断准确，但造价贵；用西方的化学药品，药效快，但副作用大；强调运动，提高体力，增强免疫力，是其优点；不太重视心理平和，有其不足。综合来看，中医与西医好像两个相交的圆，各有治病的范围，有的重合，有的各自独立。有的病用中医或西医都可以治好，有的病中医治不了，西医能治；有的病西医治不了，中医能治；有的病中医与西医都治不了，当然可以试用藏医、泰医或者其他什么医学，也许还有希望。现在有的西医医生认为西医治不了的病就是绝症，到哪儿，用什么办法，都不可能治好。有少数人经过其他治疗，果然好了，可西医的医生经常采取不承认的态度。有的患者经大医院的西医诊断为癌症，结果被某中医用中药治好了。而西医却说可能诊断错误，本来就不是癌症。有的病经过西医没有治好，中医治好了。西医却说，那种病可能不用治也会好。否定中医的医疗效果，这是科学的态度吗？中国人崇拜西医大大超过西方人对西医的信任。

德国大哲学家，101 岁的伽达默尔，在接受洪汉鼎的采访时说了这样一些鲜为人知的情况，"唯一的长寿秘诀就是 50 年来未看过医生，尽管走路已拄拐杖好几十年。他将他的健康归功于他的做化学家的父亲。他说他父亲在他小时候就通过实验告诉他药物的作用与副作用的危险，以致他从那时起就未吃过任何化学的药物，也从未去医院看过病。"洪汉鼎回忆十年前在波恩与他见面时的情况，"他当时食欲很好，不仅饮了许多酒，而且也吃了很多肉，我尽管比他年轻 40 多岁，食量却比他差多了，我说这可能是他长寿的要方，他立即笑了，他说他的酒量确实不小。"[①]西医所使用的化学药品确实有严重的"副作用的危险"，由于误诊、用药不当，或者连续使用一种西药等原因，对于人类的健康与生命都造成严重的威胁。而在这一方

---

① 洪汉鼎：《百岁西哲寄望东方——伽达默尔访问记》，载《中华读书报》2001 年 7 月 25 日。

面，中药是有开发前景的。中药本身就是绿色药品，又以君臣佐使相配制，副作用可以降到最低限度。

如果能够结合中医与西医的优长，对于保健、防病治病，都是有好处的。但是，在20世纪的一百年中，西医发展很快，在全世界占了统治地位，各地方的本土医学遭到排斥、取代。在中国，也是西医占了统治地位，同时也有一些人，特别是学过西医的人，推崇西医，排斥中医，甚至认为中医都是迷信，没有科学根据，应该取缔。美国有的人对于"草根能够治病"明确表示怀疑的态度。但是，现在的事实是，中国的中药出口逐年缓慢增加。世界许多国家与地区都投下巨额资本来研究开发中医药。说明世界有识之士已经认识并开始重视中医的价值。我认为这是好的趋势，也是医学发展的正确路子。在中国，迷信西医与贬斥中医形成两大误区，严重阻碍医学的发展。解决的办法也要从两方面入手：一是提高中医的水平与中药的效力，增强中医在群众中的信任度；二是纠正西医工作者的一些错误观念，提高他们的思维水平。作为政府应该做的工作是，要重视中医中药的研究开发，也要重视培养中医中药的人才。在世界上，科学界，特别是医学界的人士应该认识到各民族都有自己的文化与科学，尽管水平有高低之分，有时低水平的特长却可以补高水平的不足。中国古人有一句话说是"尺有所短，寸有所长"，就是这个意思。这一点是欧洲人应该特别注意的。

第八课　利害相联

# 1.《老子》论治乱

《老子》分析社会混乱的原因，他说："民之饥者，以其上食税之多也。"(75 章)"天之道，其犹张弓与？高者抑之，下者举之，有余者损之；不足者补之。天之道，损有余而补不足；人之道则不然，损不足以奉有余。孰能有余以奉天下，唯有道者。是以圣人为而不恃，功成而不处，其不欲见贤。"(77 章)老子认为："民不畏死，奈何以死惧之？若使民常畏死而为奇者，吾得执而杀之，孰敢？"(74 章)"古之善为道者，非以明民，将以愚之。民之难治，以其多智。故以智治国，国之贼；不以智治国，国之福。"(65 章)"民之难治，以其上之有为，是以难治；民之轻死，以其上求生之厚，是以轻死。夫唯无以生为者，是贤于贵生。"(75 章)

按礼制把人们分成君臣各种等级，在上层的君主欲望很多很大，要兴办很多事业，要建筑大工程，要大有作为，这就要向人民收很多税，要投入很多人力、物力，增加人民的负担。在下层的人民群众自己负担过重，生活困难，特别是灾荒年份，吃不饱饭，还要将很多财富奉献给上层，好让他们养尊处优。富的更富，穷的更穷，两极分化，这是不合理的。老子说这是"人之道"。他认为"天之道"是"损有余而补不足"，富裕人家要将自己吃不完的东西拿出来分给贫穷人家，这才符合天道。上层的欲望太多，一再压榨百姓，难以满足无底洞的欲望。人民生活不下去，社会就不会安定。他们还要用刑罚约束百姓，用死亡来威胁百姓。

归纳起来，乱世的原因有几条：上贪，下智，统治者残酷剥削与压迫人民。

如何治理天下？

老子对于治理天下，提出了一系列思想：首先是统治者要无欲不争，清静无为，欲望太高，好大喜功，劳民伤财，就会增加人民负担，人民生活就受到影响。如果统治者无欲，什么也不想做，人民就安居乐业了。要无为而治，"治大国，若烹小鲜"（60章）。

其次，要人民无知无欲。"是以圣人之治，虚其心，实其腹，弱其志，强其骨，常使民无知无欲。"（3章）"天地不仁，以万物为刍狗；圣人不仁，以百姓为刍狗。"（5章）虚心、弱志、无知无欲，都是讲的愚民政策，而且非常明确。老子的时代，是科技有大进步的时代，他看到科技进步，带来的不是幸福，而是更大的灾难。所以他提出"有什佰之器而不用"，能够提高几十倍乃至上百倍效率的新技术，也不愿意使用，宁可按老办法生产、生活。"五色令人目盲，五音令人耳聋，五味令人口爽，驰骋畋猎，令人心发狂。"（12章）这是对过度享受的警告。《吕氏春秋》和《七发》上都有类似说法。不见可欲，民心不乱。高消费，宣传享受，引诱力很大，没钱的人也挡不住诱惑，只好想办法，于是，诈骗、偷盗、抢劫、谋财害命等这些现象就多起来了。

再次，小国寡民。国家小，一国有十来户人家。相互不来往，各过各的，不接触就没有矛盾，不必竞争。即使竞争，也不会出现几十万军队的战争，成千上万人战死的悲剧。"小国寡民，使有什佰之器而不用，使民重死而不远徙，虽有舟舆，无所乘之；虽有甲兵，无所陈之；使人复结绳而用之。甘其食，美其服，安其居，乐其俗。邻国相望，鸡犬之声相闻，民至老死不相往来。"(80 章)老子看到大规模战争伤亡巨大，认为小国寡民就不可能发生那么大的战争。但是，这个理想却无法实现。从老子时代以后，从来没有实现过。中国是越来越大。现在小国在世界上立足，还是相当困难的。伊拉克打科威特，因为科威特小；美国打伊拉克，因为伊拉克小。美国是个大国，如果横行霸道，世界人民也会反抗的。谁能打美国呢？只有恐怖偷袭！日本打朝鲜，很快就占领了朝鲜全国，因为朝鲜国小。日本打中国，先占东北，再占华北，进而占领上海、南京，因为中国大，打了八年，不但没有打下来，日本自己却投降了。

最后，老子认为治理天下要根据人民的愿望，按人民的心愿，"圣人无常心，以百姓心为心"(49 章)。"以道莅天下，其鬼不神。非其鬼不神，其神不伤人。非其神不伤人，圣人亦不伤人。"(60 章)用正道治理天下，人民相信政府，就不会去求神拜佛，即使去求神，神也不灵。"江海所以能为百谷王者，以其善下之。故能为百谷王。是以欲上民，必以言下之。欲先民，必以身后之。是以圣人处上而民不重，处前而民不害。是以天下乐推而不厌。以其不争，故天下莫能与之争。"(66章)大海为什么大？是因为低下，各江河的水都往那里流，海就大了。所谓能容为大。"是以圣人自知不自见，自爱不自贵。"(72章)只有不追求生的，才能更好地活着。怕死求生，越是迫切，死得越快，也死得越早。老百姓为了生活，会去拼命。他们拼命，实际上就是为了能够正常生活，为了更好地活着。

　　总之，老子治理天下，主要有两个方面：一是当政者无为无欲，二是让人民也无知无欲。小国寡民，就是这一理想的概括。其中有愚民政策的内容，被学术界认为是消极的，不可取的。

## 2.《老子》论兵法与处世

　　有的人说《老子》是一本兵书。其中讲兵法的内容也不少。如说："兵者，不祥之器，非君子之器，不得已而用之，恬淡为上，胜而不美。而美之者，是乐杀人。夫乐杀人者，则不可以得志于天下矣。"(31章)兵是不得已才用的东西。打了胜仗，不要赞美。赞美就是欣赏杀人，喜欢杀人的人不应该得天下。

　　战争最忌讳的是轻敌。它说："祸莫大于轻敌，轻敌几丧吾宝。

故抗兵相加，哀者胜矣。"(69章)哀兵必胜。为什么哀兵必胜？哀兵是受侵略的一方，是弱者，是受害者，被迫起来反抗，因此也是正义的一方。

老子战争的原则是："柔弱胜刚强"(36章)。"人之生也柔弱，其死也坚强。草木之生也柔脆，其死也枯槁。故坚强者死之徒，柔弱者生之徒。是以兵强则不胜。"(76章)刘向《新序》卷五载："魏文侯问李克：'吴之所以亡者何也？'李克对曰：'数战数胜。'文侯曰：'数战数胜，国之福也，其所以亡，何也？'李克对曰：'数战则民疲，数胜则主骄。以骄主治疲民，此其所以亡也。是故好战，穷矣，未有不亡者也。'"

"天下莫柔弱于水，而攻坚强者莫之能胜，以其无以易之。弱之胜强，柔之胜刚，天下莫不知，莫能行。是以圣人云：'受国之垢，是谓社稷主；受国不祥，是为天下王。'正言若反。"(78章)孔子请教老子，老子张开嘴，又闭上，一句话没有说。孔子说知道了。他知道了什么呢？老子一颗牙都没有了，舌头还在。是柔弱者存在，坚强者消亡。"善战者不怒，善胜敌者不与。"(68章)"用兵有言：'吾不敢为主而为客，不敢进寸而退尺。'是谓行无行。"(69章)

"将欲弱之，必固强之；将欲废之，必固兴之；将欲夺之，必固与之。是谓微明。"(36章)这是向敌人示弱，引导敌人骄傲，最后消灭对方。这种思路用于政治，就是权术。历史上有许多政治家就使用这种权术。

实际上，政治上应该诚实，才能取信于民。而在军事上，则不同，兵不厌诈。对待敌人与对待人民，应该有明确的区别。没有区别或者加以颠倒使用，用欺诈对待人民，用诚实对待敌人，都要犯大错。宋襄公用诚信对待敌人，毛泽东批评他这是愚蠢的仁义。战争首先要是正义的，然后才考虑当时的环境来确定斗争的方式方法。日本军国主义发动侵略战争，中国人被逼采取各种方法对付，只要能够战胜侵略者，所有手段都可以利用，因此有地道战、地雷战、麻雀战等的发明。两国战争，不斩来使。这是军事方面的诚信。我们的优待俘虏政策，是仁义之师的表现，是别的军队不能理解的。虐待俘虏，虐囚现象在许多大国的军队中经常存在，在日本军中更为严重。这是不义之战的表现。

老子的许多智慧，在现代社会还是有价值的。

如说"富贵而骄，自遗其咎。"（9章）富贵者骄纵、强暴，都是自己招祸。历史上这类杀身之祸和灭族之灾，往往是自招的。现代贪官污吏也多是自招灾祸。"名与身孰亲？身与货孰多？得与亡孰病？是故甚爱必大费，多藏必厚亡。"（44章）身体与财物相比，哪个更重要？当然身体比财物重要。有的人千方百计地收取贿赂，积攒财富，结果招来强盗，被抢掠一空，或者还被杀害。"祸莫大于不知足。"（46章）老子又说："故物或损之而益，或益之而损。"（42章）"知足者富。"（33章）财富无止境，何时满足？知足，就是富有的。因此，老子主张："是以圣人为而不恃，功成而不处，其不欲见贤。"（77章）历史上立了大功，后来居功骄傲，最后遭族灭的不计其数。贫富贵贱是经常轮回的，皇帝还轮流做，不知明年到谁家，其他人的富贵怎么能长久、稳固呢？仁者寿，多做善事是保命的最佳选择。

老子学派的后学列子就是深得道意的重要人物，以一件小事就可以看到他是如何处理名、身与货三者之间的关系。刘向《新序》卷七载："子列子穷，容貌有饥色。客有言于郑子阳者，曰：'列子御寇，盖有道之士也。居君之国而穷，君无乃为不好士乎？'子阳令官遗之粟数十乘。子列子出见使者，再拜而辞。使者去。子列子入。其妻望而拊心曰：'闻为有道者妻子皆得佚乐。今妻子皆有饥色矣。君过而遗先生，先生又辞，岂非命也哉？'子列子笑而谓之曰：'君非自知我者也。以人之言而知我，以人之言而遗我粟也。其罪我也，又将以人之言。此吾所以不受也。且受人之养，不死其难，不义也。死其难，是死无道之人，岂义哉？'其后，民果作难，杀子阳。子列子之见微除不义远矣。且子列子内有饥寒之色，犹不苟取，见得思义，见利思害。况其在富贵乎？故子列子通乎性命之情，可谓能守节矣。"子列子不因贪得招祸，行义守节。许多人受骗上当，都是跟自己贪便宜有关。南方有一个县有诈骗风气，有一些人专门研究诈骗术，然后选择合适的人出去诈骗，成功以后，利益共享。诈骗的唯一特点就是利用人们贪小便宜的思想来创造骗术。大利小利都不贪，就不容易被骗。

"大道废，有仁义；智慧出，有大伪；六亲不和，有孝慈；国家昏乱，有忠臣。"(18章)日久见人心，板荡识忠良。社会动荡才会分别出个人的品德，才会发现忠诚善良的人。

"见素抱朴，少私寡欲。"(19章)现在有的人提倡生活简单化，正是这种朴素和寡欲。中国人喜欢讲排场，那往往是精神境界比较差的人的行为。通过炫耀财富，来补充自己精神的缺失。精神充实的人一般都比较注意节约。实际上节约不仅是经济问题，而且也是政治品德、思想境界的问题。节约体现的是生活态度问题。俭养廉，廉生威。

"少则得，多则惑。"(22章)学习太多，就没有时间思考，孔子说"学而不思则罔"。罔与惑同。现在大学本科四年开设的课程很多，未必是好事。学生天天上课，没有看书的时间，没有思考的时间，只能培养急功近利的心态。有人提倡哲学专业的本科学生只上三门基础课，其他均为选修课，可上可不上。我很欣赏这种见解。学科门类很多，都要学习一遍，是根本不可能的事。比如，哲学在中国二级学科有八个，逻辑是其一，逻辑又分许多科。谁能学得完？中国哲学是一科，先秦有诸子百家，后来有儒释道三教，任何一个朝代都有许多哲学家，都可以成为各自的学科。如果什么都学，那只能"多则惑"。

"飘风不终朝，骤雨不终日。孰为此者，天地。天地尚不能久，而况于人乎？"(23章)这是告诫人们不要急功近利。

"知人者智，自知者明。"(33章)自知之明，非常重要。有一个姑娘十八岁，她说天下的事情自己都知道了，用不着父母再关心了。可怜天下父母心，这是中国人的心态。父母关心太多是不好，而这个姑娘说自己什么都懂，也未免太不自量力了，没有自知之明。没有一个人知道天下一切事。有一个五十多岁的中层干部告诉别人，他对世界上的知识大概还有三分之一不知道。他自己觉得已经很谦虚了。庄子讲知无涯，知识是无限的，三分之二是多少，也是无限的，自古至今全人类所知也达不到这个程度。

"胜人者有力，自胜者强。"(33章)在运动会上可以看到，许多胜负不在技术上，技术相差非常微小，心态则是最后的决定因素。能够克服自己心理上的弱点，才能胜利。

"死而不亡者寿。"(33章)人死以后，还有东西不断流传下去。因此，古代留下来的东西，弥足珍贵。特别是思想，流传时间越长，说明它的合理性越多。对于古代思想，首先要尊重，然后要体会其中的合理性，一味批判古人不会给自己带来任何好处。要学会从古人那里学习优秀的东西。老子的"寿"就是儒家所讲的"不朽"。儒家讲"三不朽"：立德、立功、立言。人有这三不朽的任何一项，就会使他"死而不亡"。没有这三项，即使当了很大的官，即使有很多钱，即使立了很大的碑，也都难免与草木同枯。

"大器晚成。"(41章)现代什么都要年轻化，但是，做学问有一个积累的过程。特别是文科，很多人的成就都是六十岁以后才逐渐做出来的。齐白石、启功、任继愈诸位均如此。任继愈说："齐白石如果六十岁死了，他什么也不是，因为他的成果都是六十岁以后才创造出来的。"任继愈说他自己从干校回来，那时也已经六十岁，才开始撰写比较有分量的文章。启功中年不得志，可以从自撰墓志铭中看出来。他们都是晚成的大器，都是名副其实的大师。突然出现的"大师"，也会迅速消失。培养少年班大学生，基本上不成功，开始名气越大的越没有成就。

"祸兮福之所倚，福兮祸之所伏。孰知其极?"(58章)塞翁失马，安知非福。这是典型的例子。

"合抱之木，生于毫末；九层之台，起于累土；千里之行，始于足下；为者败之，执者失之。是以圣人无为故无败，无执故无失。民之从事，常于几成而败之。慎终如始，则无败事。是以圣人欲不欲，不贵难得之货。"(64章)千里之行，始于足下。这句话经常被用于赠语，希望朋友从身边的事做起，逐渐实现远大理想。很多人羡慕别人的成就与名声，却不想下功夫。真下功夫的人，水到渠成，实至名归。董仲舒说："临渊羡鱼，不如退而结网。"(《汉书·董仲舒传》)

"吾言甚易知，甚易行。天下莫能知，莫能行。……是以圣人被褐而怀玉。"(70章)圣人被褐怀玉，披着破衣裳，外表很穷，却有聪明的头脑，内在价值高。外在豪华，精神空虚，无德无才，正与圣人相反。

"天道无亲，常与善人。"(79章)儒家讲："皇天无亲，唯德是辅。"(《左传》僖公五年引《周书》文)善与德同义。皇天与天道也差不多。佛教讲因果报应。中国古人都认为祸福都是自己行为的结果，没有理由怨天尤人。

"信言不美，美言不信；善者不辩，辩者不善；知者不博，博者不知。"(81章)这是老子八十一章的最后一段话，内容也非常丰富。审美心理需要夸张，夸张就脱离真实，不可信。讲实话往往不中听，甚至容易伤害人。报喜不报忧，也可以说是美言不信，反映的情况不可靠不全面。知与博的关系，深入研究，知则比较深刻，但就不能博。如果没有深入研究，虽然博览群书，可以夸夸其谈，算不上有知识。苏东坡说有一种人"游谈无根"。有的人什么都能谈，都是从别人那里听来的，什么独创性的思想都没有，没有自己的深入思考就经不起反复追问。

# 第九课 中国传统财富观

富，就是富裕、发财。这是家喻户晓、人所皆知的。还有什么可论的？但是，中国历代思想家论富者甚多，还常有新见。可见，这个问题，古人没有解决，今人也还论不清，因此有再论的必要。当然，也不是这一论就可以定乾坤，就没有别人说话的余地了。我以为，富也将和爱情一样，是一切思想家不断探讨的永恒课题。

## 1. 孔子论富

孔子赞赏卫国的公子荆善于管理家业，说他当家业富有时，说"苟美矣"(《论语·子路》)。这就是说，富有是美的。这反映了孔子对富的看法。当学生冉有提出："既庶矣，又何加焉？"人口多了，又该怎么办呢？孔子说："富之。"(同上)使人民富起来，这是从孔子仁的思想中可以自然引申出来的。推己及人，爱别人，爱人民，就要把美好的富也推给人民。这里当然包含后人所谓"富民"的思想。

富是美好的，但富人未必都是高尚的。什么样的富人不高尚呢？

一是只富自己不富别人、不富人民的统治者。例如齐景公自己很富，"有马千驷"(四千匹马与一千辆马车，古代以一辆马车和四匹马作为一个财富的单位，称为"驷")。齐景公有马千驷，说明他很富有。但他不给人民办事，没有做出什么好事。所以当他死时，"民无德而称焉"(《论语·季氏》)，人民找不出歌颂他道德的词。二是不义而富的人。孔子说："不义而富且贵，于我如浮云。"通过不正当的手段获得的富贵，对于孔子来说，就像浮云那样虚无飘缈，不会增加什么乐趣。(《论语·述而》)哪些手段是不义的呢？孔子没有明说，但他提出："邦有道，贫且贱焉，耻也；邦无道，富且贵焉，耻也。"(《论语·泰伯》)孔子又说："邦有道，谷；邦无道，谷，耻也。"(《论语·宪问》)政治混乱，百姓穷困，自己却很富，那是可耻的。政治清明，百姓安乐，自己有俸禄，政治变坏了，自己还是那样拿着俸禄，也是可耻的。透过这些说法，我们体会孔子的意思是要与人民同甘共苦。孔子说："百姓足，君孰与不足？百姓不足，君孰与足？"(《论语·颜渊》)就是说，统治者要与人民共同富裕，不要只顾自己发财，不顾百姓受穷。百姓都穷，只有自己富，那就是不义的。富人未必都是高尚的，因此嫌贫爱富，是一种盲目的追求。孔子用《诗经》上的"诚不以富"来说明"惑"。

孔子认为"富贵在天"，是由天命决定的，人是无法强求的。他说："富而可求也，虽执鞭之士，吾亦为之。如不可求，从吾所好。"(《论语·述而》)如果能够求到富贵，那么孔子愿意承担任何低贱的工作。但是，如果自己的努力求不到富贵，那么就按自己的愿望去做自己喜欢的工作。当然，孔子的学生就有不听命运的安排，通过自己的努力去致富的。典型的有端木赐。他不受命运的支配，从事商业活动，由于预测市场行情比较准确，赚了很多钱。而道德和学问都比端木赐强的颜回，不肯出去做生意，只是守在家里受穷，在贫病交加中夭折。孔子根据当时的社会状况，认为从事农业活动发不了财。要发财，首先要学好文化。因此他说："耕也，馁在其中矣；学也，禄在其中矣。"(《论语·卫灵公》)

富，需要有文化、道德相配合。有文化、道德的人称为君子。孔子认为"君子固穷"，虽然穷困，却也不胡来，仍然坚持自己的道德情操。因此，"君子忧道不忧贫"(同上)君子富起来后，不能骄傲，更不能骄横，就是"富而无骄"(《论语·宪问》)。普通百姓一旦富起来，容易骄横，因此需要加强对他们的教育，使他们提高文化、道德水平，在富裕之后不至于骄横。这就是"富而后教"。如果富裕了，不能及时教育，新富起来而又缺乏教育的人容易骄横为暴，什么坏事都敢做，为所欲为，严重危害社会。按孟子的说法，这种人就跟禽兽差不多。富裕以后，头等大事就是教育。考虑不到这一层次，就是没有远见卓识的领导者。孔子希望有文化、有道德的人先富起来。如果"上大学赚小钱，上小学赚大钱"，那么，这对教育界就会产生误导作用，使人民轻视教育。口头上讲教育的重要性，作用甚微，无人相信，而实际的导向，作用极大，不容忽视。

孔子论富，有两点值得重视：一是把物质的富裕与文化道德相结合，在讲物质文明与精神文明并重的时候，更强调精神文明。他说：“君子忧道不忧贫”，“不患贫而患不均”(《论语·季氏》)。二是同他人共富。社会安定，大家共同富裕，这才是最美好的社会。别人都很穷，只有自己特别富裕，那么，生活也不安全，整天提心吊胆，日子也难过。少数人发国难财，那是不义之财，早晚要受到惩罚的。

孔子论富中有两点需要分析：第一，富贵在天。把富裕的希望寄托在天上，显然是消极的。后儒荀子提出“制天命而用之”，是积极的。但要认识到，致富除了靠个人努力之外，还有机遇问题。而机遇就是社会、自然界各种因素的综合效应。这是人的主观意志所控制不了的，古代人把它称为“命”或“命运”。在这种意义上也可以说，谋事在人，成事在天。天就是指各种客观因素的总和，也就是机遇。第二，耕与学的问题。孔子认为从事农业生产的耕只能走向饥饿，而学习文化才能当官取俸禄。在当时，学文化，当官，发财，是一条路子。现代社会，发财致富的路子就不是一条，而是千万条，所谓条条道路通罗马，行行出状元，各行各业都有致富的路。只有当官不应该是致富的路子，当官致富是从人民那里受贿或贪污而来，那是一种犯罪。现代，学文化仍然是一条致富的路子，有了文化，可以学科学，科学致富是比较普遍的。因此，学文化致富，在现代社会有了新的解释，也有了新的合理性。

## 2. 董仲舒论富

　　孔子所处的春秋时代，土地是分封的，有爵位就有土地。土地没有进入买卖市场。秦汉以后，实行郡县制，才开始土地买卖。一旦开始土地买卖，当官的就利用手中的权力，采取巧取豪夺的办法，占领一大片一大片的肥沃土地，平民百姓就大批大批地失去土地，结果，"富者田连阡陌，贫者无立锥之地"。贫民失去土地，生活更加困难，"常衣牛马之衣，而食犬彘之食"（《汉书·食货志》），再加上"贪暴之吏，刑戮妄加，民愁无聊，亡逃山林，转为盗贼"，然后被抓去判刑。官府一年判了千万人的罪，路上行人有一半是罪犯。董仲舒从实际出发，具体分析了汉代两极分化的情况及其社会原因，认为主要是当时为官的"与民争利"。他说：当官的"因乘富贵之资力，以与民争利于下，民安能如之哉？"平民怎么能争得过他们这些有权势又有资金的官家呢？官家财富不断膨胀，"众其奴婢，多其牛羊，广其田宅，博其产业，畜其积委，务此而亡已"。与此同时，平民百姓日益贫困化，"贫者穷急愁苦，穷急愁苦而上不救，则民不乐生。民不乐生，尚不避死，安能避罪"！（《汉书·董仲舒传》）这就是抓了很多人，犯罪还不能制止的根本原因。

董仲舒进一步从理论上探讨这一问题。他首先引孔子的话说："不患贫而患不均"。不均，指财富分配不均。有所积重则有所空虚，有的人富了，有的人就必然要穷了。有一些贫富差别也是正常的现象，但是两极分化严重，就不利于社会的安定。"大富则骄，大贫则忧。忧则为盗，骄则为暴，此众人之情也。"盗与暴都是社会不安定的重要因素，都产生于贫富两极分化。为了维护社会安定，巩固封建统治，董仲舒认为要消除不安定因素，去其根源，需要采取措施，限制两极分化，缩小贫富差距。具体办法就是"调均"。经过调均，"使富者足以示贵而不至于骄，贫者足以养生而不至于忧"（《春秋繁露·度制》）。

调均有什么具体内容呢？董仲舒提出的最重要的一点就是反对官家与民争利。他说：官家"食禄而已，不与民争业，然后利可均布而民可家足"。他又说："古之所予禄者，不食于力"，例如鲁国相公仪休见到自己家种了葵菜，就生气地拔掉，认为自己有了俸禄还种葵菜，就是与菜农争利。看见自己妻子织布，就把妻子休了，说这是与女工争利。这就是著名的"拔葵去织"故事。这是说明当官的有了俸禄就不应该兼职，增加另外收入。董仲舒又说："古之贤人君子，在列位者皆如是，是故下高其行而从其教，民化其廉而不贪鄙。"（《汉书·董仲舒传》）当官的能够如此廉洁，下级就会称赞他的品行，服从他的教育。人民受到感化也变得高尚起来，不再贪心和卑鄙。这样一来，民风也就好了。董仲舒论富，反对贫富两极分化，主张调均，特别反对官家利用权势与民争利，反对官商。

综观秦汉时代以来的中国两千多年的历史，贫富问题一直是历代历朝政府所关心的民生问题。在社会自然发展过程中，富者愈富，穷者愈穷，贫富两极分化，是一种自然趋势。历代政府为了巩固自己的统治地位，经常要打击一下贪官污吏，有时也要限制一下巨商富贾，在有天灾的年份，对受灾的人民还要给予适当的救济。这一系列措施，都包含调均的意义。实际作用就是缩小贫富之间的差距。有些统治者不知道调均对于巩固政权的重要意义，任凭一些皇亲国戚和一些功臣及其后代随意兼并土地，巧取豪夺，盘剥人民，为所欲为，不予制止，还要锦上添花，给予很多赏赐，而对于贫困的人民不予关心，任其自生自灭。结果不必太长时间，这个封建政权就会在农民起义中垮掉。取而代之的那个新政权就要立即采取措施进行调均，缩小贫富差别，以博得贫困人民的支持和拥护。我们认为，随社会的自然发展，贫富差距会日益扩大，政府如果无力制约富强者的势力，进行适当调均，那么，这个政权不被日益富裕的富人夺权，就会被日益贫困而无法生活下去的穷人推翻。

调均，是对富人的限制和打击，穷人会因此得到一些好处，穷人自然会拥护和支持这样的政权。但是，古今中外的实践证明，调均在一定的条件下也会产生副作用。

在现有的生产力条件下，社会还不可能在贫富贵贱方面都是平等的，还需要竞争，这样，社会才会在竞争中得以发展。如果贫富消失了，竞争淡化了，那么，社会发展也就没有了强大的动力，社会发展也会因此而缓慢下来。西方一些高福利的国家，向高收入的人征收高税，把大量的资金用于社会福利事业，实际上起到了调均的作用。这种政策实行一段时间以后，社会竞争逐渐削弱，社会活力也逐渐减少，就会养成一批懒汉和庸人。中国也曾经刮过"共产风"，"大锅饭"，对生产力破坏，对财物的浪费，都是惊人的。在深切的教训以后，我们提出让一部分人先富起来。这些事实有力地证明，根据现有的生产力水平，贫富的差距还不应该消灭，还要保存，还要保护。从正反两方面的实际经验，我们体会到，贫富差距过大，两极分化，会激化阶级矛盾，导致社会动荡；贫富差距过小，过早实行平均主义，也不利于生产力的发展。也就是说，贫富不能差距太大，也不能差距过小。这就需要不断调整。不能进行这种调整的政府，是无能的政府，是会被推翻的政府。

关于调均的问题，《老子》的说法是"损有余而补不足"，农民起义军的口号是"均贫富"，"劫富济贫"。中国共产党在解放战争时代的口号是"打土豪，分田地"。在某种意义上，这些口号有相通之处，都是处"贫"这一极的社会成员，要求缩小贫富差别，主张共同富裕，表达了共同的愿望。我们在儒家的著作中，也可以看到儒家出于仁爱之心而提出济贫的思想。贫苦者莫过于失去劳动能力又失去抚养（赡养）的鳏、寡、孤、独和废疾者。儒家主张要救助他们，使他们都能得到"所养"（《礼记·礼运》）。西方强调物竞天择、优胜劣汰。东西比较，中国的济贫救困更符合博爱精神，也更文明、更合情理，而西方的汰劣则显得野蛮、残酷，与人道主义精神是背道而驰的。

我们从这种意义上肯定董仲舒的调均思想还是有现实意义的。值得注意的是，现代西方许多国家以高福利的方式救助贫困者，其力度和广度都超过中国。说明如今西方人也已经认识到调均的意义，劣汰的问题也需要重新加以评价。

### 3. 司马迁论富

司马迁在《史记·货殖列传》中记述了古代至西汉中期许多发财致富的企业家、商人以及他们的经验、思想。他对这些又有一些评论，阐述了自己关于致富的见解。

首先，司马迁认为富是必要的。如他说："清，穷乡寡妇，礼抗万乘，名显天下"，就是由于富而受到秦始皇的表彰。如果只会讲仁义，不会赚钱，无特技，长贫贱，那是够羞耻的。这跟荀子的说法正好相反。荀子认为统治人民的各级官员都要"羞利"，以利为羞耻。因此，"天子不言多少，诸侯不言利害，大夫不言得丧，士不通货财。""上好富则民死利"（《荀子·大略》）。荀子以利为"羞"，司马迁以贫贱为"耻"。

其次，司马迁认为致富的途径有高低之分。他说："本富为上，末富次之奸富最下。"本，指农业生产和畜牧业生产。由此致富是最好的。末，指商业、运输业和小手工业、加工业、服务业。现在称第三产业。通过这些加工、转运、倒卖的活动致富，是第二等的。最坏的是奸富，即通过不正当的手段谋取暴利。古代有盗墓、抢劫、偷盗、欺骗等。现在则有制售假酒假烟，制造伪劣商品，偷税漏税，缺斤少两等。此外，还有贩毒、倒卖军火等。在中国传统观念中，损害别人的利益，从而发财致富，都属于奸富，都是不义之财。为了倡导正当发财，反对奸富，司马迁历数当时各地贤人是如何致富的，供后人参考。他们有的开矿冶铁，有的做鱼盐生意，有的从事长途运输，倒卖粮食，有的在乱世抛金玉藏粮食，有的向列侯放高利贷，他们"皆非有爵邑俸禄弄法犯奸而富"，但他们都有一些绝技招数。由此可见，"富者必用奇胜"。"富无经业"，发财致富没有一定的行业，只要有奇术，哪一个行业都能够发财致富。俗话说：三百六十行，行行出状元。同样也可以说：世上三千业，业业能致富。

最后，政府应该如何对待人民致富？司马迁提出五种方针：因之、利导之、教诲之、整齐之、与之争。下面分别加以解说。

因之，就是因循、顺应客观形势。这是黄老道家的自然无为的思想在经济领域的体现。经济发展有一不定期的客观规律，统治者要顺应规律，不能根据个人的意愿，企图改变经济发展的自然进程。用现代的事实更能说明问题，例如马克思提出在人们思想觉悟和社会物质财富都达到高度发展以后才能实行各尽所能、按需分配的共产主义制度，而有些人却在两个条件都不具备的情况下企图实施共产主义制度，以为下个命令就可以实现共产主义。权势者的意志、行政命令都无法改变客观规律，也改变不了社会经济的发展的客观进程。唯意志的结果，不但没有促进经济的发展，反而起了破坏、阻碍的作用。司马迁根据文景时代的情况，认为"因之"是最善策。所谓"善者因之"。

"利导之"。俗话说："天下熙熙，皆为利来；天下壤壤，皆为利往。"天下人奔向利，"若水之趋下，日夜无休时"。那么，统治者只要掌握着利，就可以指挥天下人，引导天下人。所谓"有钱可以使鬼推磨"。汉代独尊儒术，政府规定精通儒家经典的人可以当官拿俸禄，享受荣华富贵。于是，天下士人，争读"五经"。经学大师也体会到："士病不明经术；经术苟明，其取青紫，如俯拾地芥耳。"只要精通经书，要做大官就非常容易。由于利禄的引诱，天下士人读经、注经、讲经，不遗余力。一部经书，注文可以达到几百万字，甚至几个字也要注上数万言。这都是利导的结果。现在的利导，就是各国政府规定的各种优惠政策。免税、减税是其中比较重要的内容。与此相反，则用高征税的办法来抑制某些商品进口，这种抑制也是一种利导。

教诲之。这种教诲，既有教师的教育作用，更重要的是政府的宣传作用。在封建时代，中国政府的宣传主要通过下诏书，赞赏什么，提倡什么，嘉奖什么，反对什么，被称为皇帝的"金口玉言"，被视为至高无上权威的"圣旨"，在百姓中都会产生很大影响。有一些御用文人，根据巩固封建统治的需要，提出一些政见，对社会也会产生极大的影响。例如董仲舒在对汉武帝策问时提出的官员不与民争利的思想对后代产生很大影响，现代有些国家规定在政府部门任职的公务员不得从事商业活动，与两千年前的董仲舒的见解是一致的。现在所说的"政治思想工作"、"打通思想"、"造舆论"、"宣传"、"动员"、"鼓动"等都是"教诲之"的新方法、新形式。

整齐之。就是用法规来统一经济活动的规范，不允许少数人暴发横财，特别限制商业活动，各处都立关设卡限制交通运输。司马迁认为政府利用行政手段限制百姓发财致富，是不可取的。

孔子说："道之以政，齐之以刑，民免而无耻；道之以德，齐之以礼，有耻且格。"（《论语·为政》）"道之以政，齐之以刑"，就是司马迁所谓"整齐之"；"道之以德，齐之以礼"，就是司马迁所谓"教诲之"。这是儒家的两种办法，而孔子认为"道之以德"比"道之以政"高明。司马迁也把"教诲之"摆在"整齐之"之上。说明他们对此有一致的看法。但是，司马迁推崇黄老之学，把体现自然无为精神的"因之"放在首位。其次才是轻重家的"利道之"，再次才是儒家的两种办法。

与之争，即与民争业、争利。司马迁把这种办法排在最后，即最下策。黄老道家和儒家都反对这种办法。孔子说："百姓不足，君孰与足？"（《论语·颜渊》）百姓贫困，国君怎么能富呢？季氏很富，冉求又帮助他搜刮民财，孔子很气愤，说冉求不是他的学生，还发动学生声讨冉求。（《论语·先进》）说明孔子反对官员与民争利。在西汉时代，与民争利极为严重，最突出的是盐铁官营。当时有些人靠冶铁和做盐的生意发了大财。冶铁利润极高。于是，由大商人出身的桑弘羊执掌政府财政大权以后，就将盐铁之利收归国家所有，不允许私人经营盐铁。董仲舒认为这是"与民争利"，司马迁也这么看。后来，在汉昭帝始元六年(公元前81年)召开的盐铁会议上，从各地选派来的文学贤良之士都激烈反对桑弘羊提倡的盐铁官营。

盐铁官营究竟有什么好处，又有什么弊端？二者比较，究竟是利大，还是弊大呢？

盐铁官营的好处是夺了富商大贾的大利，大大增加了国家的财政收入。汉武帝出巡时，带领浩浩荡荡的庞大队伍，耗用甚多，好大喜功的汉武帝所到之处，还赏赐臣民大量的布帛和金钱。他用兵征伐，扩疆守土，耗资无数，没有增加人民的税赋，全部由大农提供充足的费用。大农就是桑弘羊领导的负责盐铁等事务的政府机构。桑弘羊也说实行盐铁官营是为了"蓄货长财，以佐助边费"，如果罢去盐铁政策，那就会导致"内空府库之藏，外乏执备之用，使备塞乘城之士饥寒于边，将何以赡之？"(《盐铁论·本议》)国家财政空虚，就无法提供守卫边疆官兵的费用。这就是实行盐铁政策的现实意义。

反对者认为盐铁官营的弊端极大，应该取消。理由多得很，有几点值得现代人注意。

其一，官办企业生产的铁器多是大件的，是为了完成生产指标，又因为粗制滥造，质量很差，品种单一，农民使用很不方便，严重影响农业生产。

其二，官办企业由雇工生产，质量差可价格不低，不像私营那样精心制作。在销售方面，官商的态度不好，从来不考虑顾客的方便与否，而私营企业为了竞争销售，千方百计为顾客提供各种方便，农忙时到田间地头推销商品，又可以赊账。

其三，私商多家竞争，促进提高质量，降低价格，改善服务态度。而官商只此一家，别无分店，质量、价格都一样，没有挑选的余地。官商的铁器卖不出去，有时还摊销派售。有时工厂完不成任务，还要派农民去帮忙，增加了徭役负担。

其四，私商较多，分布零散，农民买农具比较方便。官商摊点少，分布集中，有些农民要到很远的集镇上才能买到，特别是农忙时节，农民认为花宝贵的时间，走很远的路买农具，划不来。农具又不能储备，储备多了容易生锈、报废。

利弊大小之比，不能根据多少条的数量。更重要的要看实际的效果。这个实际效果也还有不同的看法。从短期看，桑弘羊的盐铁政策确实为国家增加了大量的财政收入，解决了支边的经济困难。但从长远看，官商不利于提高产品的质量，无法改善服务态度，严重影响农业生产。农业生产受到严重影响，国家财政也会有重大损失。从总体上看，国库也会逐渐虚空。说到底，还是孔子那一句话："百姓不足，君孰与足？"夺百姓的财物，百姓不足，君也就会不足。民穷君富，只能是暂时的。因此藏富于民，是高明的见解。细审历代君臣，富民者国富，刮民者国贫。司马迁把"与民争利"看作是最下策，也是这个道理。

孔子讲"富而后教"对于现代发了财的企业家尤其重要。有些企业家文化素质太低，赚了很多钱，却不知道怎么花。有的抛钱比阔，有的烧钱斗气，有的住总统套间，有的花几十万元宴请一桌，有的花几十万元买一只宠物狗，还有的修庙、塑神、求签、拜佛。这是说企业家自己要重视教育，花一些钱作正当的投资。企业家一般都很忙，没有时间和精力投入家庭教育，以为给子女提供充足的资金，就算尽了做父母的责任。实际上，给钱不能代替教育。西汉老臣疏广说："贤而多财，则损其志；愚而多财，则益其过。"(《汉书·疏广传》)子孙如果是贤者，多给他们财产，就会损害他们的志向；如果子孙是愚蠢的，多给他们财产，就会增加他们的过失。无论如何，多给子孙财产，都是没有好处的。疏广给子孙留一些田产，只要子孙努力生产，足够供给衣食，能够过着与周围平民一样的生活。他又说："吾既亡(无)以教化子孙，不欲益其过而生怨。"(同上)我没有什么可以教育子孙的，只是不要再增加他们的过错而引起人们的怨恨。我们现在体味疏广的话的意思，不给子孙留过多的财产，也是对子孙的一种极好的教育。现在社会上有办贵族学校的，高收费，学校条件极其优越。发了财的企业家都把子女送到那里去。按教育家的想法，那是培养不出人才的。人都要在比较艰苦的条件下磨炼意志、增强毅力，才能成就一番事业。

孔子说"富而后教"，办贵族学校就是发了财的人重视教育投资教育的行为，有什么不可以呢？孔子的话的意思是解决了衣、食、住、行这些生活问题以后，就要进行思想品德教育。差距在于如何教育的问题。花盆难养万年松，猪圈不出千里马。在高出平民生活水平很多的优越环境中，很难培养出杰出人才，因为他们不了解贫民的生活及其思想情绪。

　　董仲舒的调均思想是很深刻的。中国历代王朝都进行调均。调均搞不好的，就要危亡。清朝政府腐败，失去调均能力，统治者在内外交困的情况下退位，整个社会在军阀割据、混战中苦熬。后来，代表富裕资产阶级的国民党在蒋介石领导下剪除了割据各地的军阀，实现了除共产党领导的红区之外的广大地区政权统一。接着，代表贫苦工农大众的共产党在毛泽东领导下推翻了以蒋介石为首的国民党政权，统一了除台湾列岛以外的大部分地区，建立了统一政权。国民党统治时期，贫富两极分化，许多贫苦农民和工人流离失所。共产党统治时期，用均贫富的观念理解社会主义，先是土地改革，把地主多余的土地分给无地的贫苦农民。又对工商业进行改造，逐渐地赎买资本家的财产，变成国有财产。以后又办人民公社，使全体人民的财富在最大程度上互相接近。有些资本家虽然还可以靠拿国家给的"定息"过日子，但已经没有发展的空间，而且，穷人掌权，批评剥削，使许多富人有负罪感，在社会上神气不起来，许多富人的子女以背叛家庭参加劳动为时髦，还常觉得比出身于劳苦大众家庭的同伴低一头。许多人以家庭贫苦、自己是"大老粗"为荣。可以说在这一时期，中国大陆贫富差距最大限度地缩小了。初期，由于贫苦大众及其同情者提高了积极性、创造性，社会风气极好，生产力发展很快，整个社会充满勃勃生机。二十多年后，社会上出现了"干多干少一个样，干好干坏一个样，干和不干一个样"之类的"大锅饭"现象，缺乏竞争意识，社会缺少动力，社会生产受到影响而减慢了发展速度，而且日益成为社会发展的障碍。由"调均"到"大锅饭"现象，又到社会发展的缓慢，这是一个自然而必然的过程。这也可以说是董仲舒的调均说在一定条件下表现出来的弊端。为了克服这种弊端，在毛泽东逝世以后的 20 世纪 80 年代，中国大陆进行了一系列的开放改革。"大锅饭"现象是改革的首要对象，提出了"允许一部分人先富起来"的口号。在实践中，确实有一部分人先富起来，成了百万富翁、亿万富姐。改革的结果，使贫富拉开了距离。提倡竞争，增加活力，使社会生产有了高速度的发展。在这种情况下，绝大多数人的生活水平都不同程度地提高了。按正常规律预测，我国公民的贫富差距还会继续扩大，公民的竞争意识还会加强，社会生产力还会有较大幅度的提高。但是，一种主要倾向会掩盖着另一种倾向。在贫富差距拉开以后，有一部分贫苦的人或某些无法抵御的天灾人祸给人留下的灾难，都需要政府和社会的救助。"希望工程"和种种救济措施，都是在贫富差距拉开的时候所采取的调均措施。当前是以竞争为主调均为辅的时代。

　　司马迁的"三富"论，也值得研究。可以肯定的是，"三富"论在汉代是非常正确的。现在，我们仍然需要重视"本富"，即生产致富。但是我们缺乏的是推销能力，因此应该适当强调"末富"，即贸易致富。销路通畅，可以促进生产，激活经济。至于"奸富"，古今中外都是应该反对的。有些腐败政府官员与社会上的黑帮相勾结，做倒卖军火和毒品生意，暴发横财。这是最大的"奸富"，却是不可以公开的。

总之，古人的论富思想对现代有重要的借鉴作用。

## 4. 贵富而不知道

贵，就是高贵，俗话说就是当官的，或者是当大官的。富，就是富裕，俗话说就是有钱人，或者说百万富翁。贵富，就是两者结合，通常说的是升官发财。荀子说："夫贵为天子，富有天下，是人情之所同欲也。"(《荀子·荣辱》)这就是说，凡人都追求富贵。富贵是好的，如果富贵而淫，那就不好了，因此，孟子强调"富贵不能淫"。富贵是好的，追求者很多，但真正富贵了，也会面临更多的问题，需要正确对待。如果处理不好，还可能遭灾惹祸，还不如贫贱。正如《吕氏春秋·本生》所说："贵富而不知道，适足以为患，不如贫贱。"当今中国富豪常有"贵富而不知道"的情况，试举例如下。

(1)贵富而不知养生之道。

养生是一门大学问。没有钱的时候，讲究不了，于是在艰难的求生存的搏斗中度过，却没有发生什么太多的意外。有了钱了，情况就大不相同了，就需要讲究了。结果越讲究越麻烦，这真是出乎人们的意料。《吕氏春秋·本生》总结过去的教训，列出以下几条：

"出则以车，入则以辇，务以自佚，命之曰招蹶之机；肥肉厚酒，务以自强，命之曰烂肠之食；靡曼皓齿，郑、卫之音，务以自乐，命之曰伐性之斧。三患者，贵富之所致也。故古之人有不肯贵富者矣，由重生故也，非夸以名也，为其实也。"贫贱者，劳累时需要休息，饥饿时需要营养，温饱之后，需要享受美。因为贫贱，未能得到满足。贵富者这些都能得到满足，再进一步，在没有劳累的情况下，还懒得走路，出入乘车，腿脚逐渐退化，于是产生"蹶"的毛病。在营养充足的情况下，还要再补充，营养过剩，不但增加了肠胃的负担，损坏肠胃，还会由于营养积聚过多导致心血管的各种疾病。声色的享受也应该有节制，过分自然也会导致疾病。贫贱者受到经济的制约，贵富者缺乏制约，容易引起祸患。如果知道养生之道，自觉限制自己的享受，当然可保安全。不知养生之道，尽量享受，必然带来害处。正如庄子所说的"以养伤身"。

现代科学讲究饮食的营养，也还有人吃出病来。20世纪50年代，西方科学研究成果认为，人的营养主要有三要素：脂肪、淀粉、蛋白质。这三者在人体内都会转化成能量即热量，同样量的脂肪所产生的热量最多。因此认为脂肪营养最高，于是脂肪身价就提高了。当时国家定价，猪肉肥膘厚的最贵，瘦肉最便宜。于是，有钱人就能够经常吃肥肉。穷人只好望着肥肉流口水。二十年后，有的国家心血管病患者大幅增加，死亡率升到第一位。科学家进行研究发现，这些病的原因在于动物脂肪摄入量过高，也就是吃肥肉太多。为了减少心血管疾病，当然应该少吃动物脂肪，主要是猪肉中的肥肉。

各种媒体也反复报道这样的信息，医生也告诫患者不要吃肥肉。与此同时，提倡吃蔬菜和海鲜。在这样铺天盖地的舆论攻势下，谁能不信科学？一说吃肥肉多容易得心血管病，许多人就不敢吃肥肉，甚至一见肥肉就恶心。有的是天生的不喜欢吃肥肉，有的则是听信宣传以后产生的厌恶肥肉的心理。特别是有钱人，讲究吃，也有钱讲究，于是不吃肥肉，连瘦肉也都不吃了。天天吃鱼虾海鲜和蔬菜水果。这算学会吃的科学了吗？不见得！请看一个富村的怪病。

江苏太仓的金星村年人均纯收入超过六千元，该村部分村民得了一种怪病，经常出现头晕症状，个别严重的会无缘无故地晕倒，有的甚至丧失劳动能力。医院也没有一个准确的结论。卫生部、科技部和国家统计局联合进行调查研究发现，结论是："江苏省人均贫血患病率是 26.5%，太仓的贫血患病率达到 61.9%。"我国人均贫血患病率只有 20%。经研究发现，太仓人头晕病主要是缺铁性贫血。这些富人为什么会缺铁呢？科学研究发现，缺铁的原因主要有四种：食物短缺，钩虫病，妇女月经影响，胃部疾病。后三种排除掉，只有"食物短缺"这一种。他们很富裕，食物不可能短缺。这究竟怎么回事呢？在深入调查以后，发现村民饮食有了很大变化。村民袁建英说："现在我们生活条件好了，鱼虾、蔬菜我们一直吃，就是肉不大喜欢。"喜欢吃鱼虾海鲜和蔬菜，很少吃肉，是这个村的普遍现象。鱼虾海鲜食品，铁的含量很低，偏食造成缺铁，缺铁引起贫血，贫血产生怪病。①

肥肉营养高，古人说"肉食者谋"，说明吃肥肉对大脑的思考有所帮助。孟子更说："七十者可以食肉矣"（《孟子·梁惠王上》），"七十非肉不饱"（《孟子·尽心上》），老年人更需要吃肉。没有肉吃，肚子不饱，营养不够。但是，肥肉吃太多也不行，容易引起心血管疾病。这是科学研究的成果，是对的。但是，科学研究只讲了吃太多容易患病，没有讲吃太少了会如何，也没有说吃多少为宜，说明科学在这里是不全面的。再加上片面宣传，推向极端，造成有的人偏食，最后导致"怪病"。实际上，肥肉多了不行，太少也不行。不能正确理解科学，自然不会正确利用科学，好的东西会被歪曲成有害的东西。这里缺的正是科学精神。根据世界银行研究认为，发展中国家因营养不良造成的劳动生产力损失为其国内生产总值的3％～5％。据此计算，因为营养不良，目前我国每年损失大约5400亿～9000亿元之间。② 有的营养不良，是食品不足造成的，有的则是偏食造成的。

有一位资产超过10亿美元的企业家，右膝有病，1997年花了4万美元到美国洛杉矶一家医院做了膝关节置换手术，不但没有见好，反而更加严重。回国后请张中南大夫做同样的手术，第二天就能走路，术后吃一些便宜的药，完全恢复了健康，一共花了2万元人民

---

① 《报刊文摘》2006年3月15日第4版。摘自中央电视台3月9日《每周质量报告》。

② 《报刊文摘》2006年3月27日第1版。

币。这位企业家体会到"企业价值观"，作为旁观者的我也体会到不要以为外国的什么都好，也不要以为钱贵的水平就高。

在《吕氏春秋》总结教训以后的两千多年中，换了几百个皇帝，年龄超过七十的只有十多个，其他人都没有活过七十岁。他们都是"贵为天子，富有天下"的最高富贵者，为什么不能长寿呢？主要原因就是庄子说的"以养伤身"。皇帝处于社会矛盾的旋涡中心，各种矛盾错综复杂，又异常激烈，为了协调关系，皇帝伤透脑筋。这种费神的事，给皇帝的精神压力非常大，严重影响皇帝的情绪。而情绪过激，就会损害健康，所谓"怒则伤肝，喜则伤心，思则伤脾，忧则伤肺，恐则伤肾。"皇帝在过度情绪中损害健康，导致短寿。除了短寿，他们的生活也不那么幸福。关在皇宫这个大监狱中，没有自由。他们的幸福似乎只在农民的想象中。

(2)贵富而不知事亲之道。

事亲，就是侍候亲人。这里推广为对待亲人，包括上辈的父母，下辈的子女以及祖父母和孙子。作为父母，疼爱子女是人之常情，无可厚非。古代就有"妻子具而孝衰于亲"(《荀子·性恶》)的说法，《红楼梦》中"好了歌"说到"世人都晓神仙好，只有子孙忘不了，痴心父母古来多，孝顺子孙谁见了?"俗话说"可怜天下父母心"。民间说法则是"娶了媳妇忘了娘"。父母疼子女，是无限情深的。而子女孝顺父母，古今中外都存在一些问题，不那么主动。中国儒家重视孝，强调孝，在反复教育下，中国人比较重视养亲、敬老，表现出孝心。孙中山认为这是中国传统文化中特别的优长。在二十世纪的一百年中，一再批判儒家的孝道以后，人们就从"孝"的教育中解脱出来了。多数人还保存着孝心，少数人就自由了。有的还能寄一些钱供养父母，只是不那么注意"敬"，有的就连"养"也不肯负担了。有人说："当前有些做子女的令人心寒：观看明星演出，一掷千金，无怨无悔，可为父母买东西，几十块还嫌贵。"①

对上不孝，相应的对下却不注意教育，只一味地溺爱、纵容。给子女提供骄奢淫逸的物质条件。这些富贵者以为给子女留下很多财富，他们就会无限幸福。战国时赵太后爱子，要留儿子在自己的身边，不让他出去经风雨见世面，认为经风雨见世面是受苦。(事见《战国策》)营荡爱儿子，让他不劳而获，不食其力，坐享别人的劳动成果。(事见《春秋繁露》)财富留给子孙后代，这是中国人的观念。但是，古代也有不同的看法。

一种观点认为，留下财富不如给予教育。提高素质比增加财富更重要。或者说，人品素质是比金钱更重要的财富。

汉代独尊儒术，经学盛行。精通一本经书，就可以出仕当官，享受荣华富贵。因此，当时有人认为，遗留给儿子千金，不如教会儿子一经。千金可能被偷，也可以花完，而一经在心，既不怕偷，也不会消失，会陪伴终身。宋真宗《励学篇》说："富家不用买良田……《五经》勤向窗前读。"因为书中什么都有，只要"两耳不闻窗外事，一心只读圣贤书"，就可以得到金钱美女、名誉地位，拥有享不尽的荣华富贵。因此又有一句名言叫"万般皆下品，唯有读书高"。

---

① 《人民日报》2006年3月29日第5版杜正武"来论摘登"。

这个说法被批判了几十年，我们可以从中剖析出合理的颗粒，进行创造性的转换。读书，就是学文化。万般指没有文化的人群，这里包括当了大官的、拥有巨大财富的、贵族的后代，等等。当然也包括没有文化的工人、农民。有的人认为这话是贬低了工人、农民。实际上，工人、农民在封建时代，还需要贬低吗？本来就是处于社会最下层。虽然也有人将民与"天"并列，农民的地位也仍然是社会最底层的。因此，过去很多农民都重视子女的教育问题，再穷，也力争为子女的教育创造条件。许多人也因此学到文化，升入上层，为社会做出重大贡献，同时也光宗耀祖，实现了中国人的传统价值观。学习文化，学习知识，在任何时代都是有进步意义的。

另一种观点认为，留下过多财富不利于子女教育成长。《汉书·疏广传》载：西汉宣帝时有一位大官叫疏广，告老回到家乡，每日让家人提供酒食，请宗族亲属、过去的老朋友和宾客，一起娱乐。多次问家里剩金还有多少，赶快拿出去卖了用来供应酒食。这样过了一年多，疏广的子孙私自跟宗族老人中与疏广关系最好的人说："子孙希望趁疏广在时稍微建立一点产业的基础。现在饮食快把财产消费完了。应该从老人的角度，劝说疏广买一些田地与住宅。"老人就在闲暇时给疏广提出这种想法。疏广说："我难道老糊涂了，不想子孙的事了？我想已经有了旧的田地与住宅，只要子孙勤劳，足够供给衣食，与普通百姓差不多。现在再给他们增加什么都是多余的，有了多余的就会使子孙养成懒惰的毛病。如果是贤才，财富多了，就会减损他的志向；如果是蠢材，财富多了，就会增加他的罪过。

而且，富人容易招群众的埋怨。我既然没有什么可以用来教育子孙的，也不想增加他们的罪过而又被很多人埋怨。另外，这些金钱是皇帝用来给我养老的，所以我与乡亲、宗族共同享受皇帝的恩赐，以度我的晚年，不可以吗?"这里必须说明的是，疏广不是反对发财，只是反对给子孙留下太多的财富。子孙不是靠自己的勤劳获得过多财富，对于他们的思想有腐蚀作用，会养成懒惰的生活习惯，产生不劳而获的观念，逐渐走向腐朽堕落，最后害了子孙后代。

这件事的意义在于，一般人富贵了就想的是封妻荫子，给子孙留下一笔可观的财富，自己享受了一辈子，也让子孙享受一辈子或者半辈子。但是，我们从历史上看，很多人虽然留了很多财富，子孙都不会享受一辈子的。名门之后，还想高人一等，结果是连普通人都不如，享受少而受苦多，有出息的更少。在东南亚的华侨，有很多人发了大财，但是，传到第二代，就破产了。这是一种比较普遍的社会现象。问题就在于有钱人家不是把财富花在培养子女的教育上，不能培养子女独立生活的能力，只是用所有的财富任其消费，以为这样就是爱心的充分体现。实际上，这是危害子女的普遍做法。"坐食山空"，即使有金山、银山也会花完的。古人早就知道父母对子女的溺爱所产生的不良后果。王符说："婴儿有常病"，"父母有常失"，"婴儿常病，伤饱也"，"父母常失，在不能已于媚子"，"哺乳太多，则必掣纵而生痫"，"是故媚子以贼其躯者，非一门也"(《潜夫论·忠贵》)。婴儿经常患一种病，就是过饱引起的疳积病。这种病是父母溺爱子女引起的，由于溺爱，哺乳太多，害其身体。像这种病不仅出现于一个家庭，也普遍出现于中国古今的许多家庭，说明这个问题是带有普遍性的。

（3）贵富而不知花钱之道。

比尔·盖茨是世界首富，受到很多中国人的崇拜。据调查，中国人崇拜神的，有92％崇拜财神爷，崇拜财神爷的人多数崇拜比尔·盖茨。两者有一致性，说明中国现代人追求的是发财。《中外管理》的社长兼主编杨沛霆在2006年第三期《中外管理》的"卷首语"说："比尔·盖茨个人资产大约460亿美元。他的妻子梅林达是盖茨积极从事慈善事业的主要倡议和督导者。去年10月28日，比尔·盖茨庆祝自己50岁生日时，再次重申要把全部财产回报社会。他成立的'比尔及梅林达盖茨基金会'拥有288亿美元，是世界上最大的慈善基金会。尽管他们富可敌国，但他们并不热衷购置名牌，仍然保持商界从业人的风格。2003年，比尔·盖茨对外捐献11．8亿美元，重点是卫生和教育。……当比尔·盖茨看到2003年非典期间中国慈善总会只收到770万元，可是中国百万富翁高达30万人，却只有一位捐献200万元时，比尔·盖茨哭了……"杨沛霆接着说："5年前，当《福布斯》排出中国富豪榜时，有钱人还战战兢兢。但5年后的今天，情况大有变化。据《商业周刊》报道：5年前，世界奢侈品总销量中，中国的份额不到1％；但最近高盛公司统计：该比例已高达12％，成为全球第三大奢侈品消费国。这显然与我们富人毫无顾忌地挥金如土大有关系。"

杨沛霆先生的话，很有分量。君子爱财，取之有道。比尔·盖茨通过正当的方式获得了巨大财富，这是令人敬佩的。更令人敬佩的是他热衷于慈善事业，捐献的财富超过全部财产的一半。相比之下，中国富豪们捐款占总财产的比例就太小了。中国的富豪们把钱花在奢侈品上，追求生活的豪华与排场，回报社会不那么积极。另据报道：歌王帕瓦罗蒂在美国纽约大都会歌剧院演出的出场费只有16000美元，而在中国每场的出场费高达20万美元，高出十多倍。①为什么帕瓦罗蒂的出场费有如此巨大的差别？主要原因是中国许多富豪还在"以骄奢淫逸为荣"。所谓"暴人刍豢，仁人糟糠"（《荀子·成相》），"珠玉买歌笑，糟糠养贤才"（《李白文集》卷一《古风》诗句）。这体现当今富豪的价值观与精神境界。

贵富者不会正当花钱的表现很多，许多钱花在满足自己的虚荣心上，并没有得到多少幸福感。因为钱多，养坏了身体；因为钱多，破坏了亲情；因为钱多，败坏了名声。钱多不是坏事，不懂得花，就会招灾惹祸。

社会变幻莫测，于是有"天有不测风云，人有旦夕祸福"的说法。穷富之间的变化，《红楼梦》第一回"好了歌"的注，讲得比较明确。它说："陋室空堂，当年笏满床；衰草枯杨，曾为歌舞场；蛛丝儿结满雕梁，绿纱今又糊在蓬窗上。说甚么脂正浓，粉正香，如何两鬓又成霜？昨日黄土陇头埋白骨，今宵红绡帐底卧鸳鸯。金满箱，银满箱，转眼乞丐人皆谤；正叹他人命不长，那知自己归来丧？训有方，保不定日后作强梁。择膏粱，谁承望流落在烟花巷！因嫌纱帽

---

① 《报刊文摘》2006年4月12日摘自《新闻晚报》4月5日的报道。

小，致使锁枷扛；昨怜破袄寒，今嫌紫蟒长。乱烘烘你方唱罢我登场，反认他乡是故乡。甚荒唐，到头来都是为他人作嫁衣裳。"清代的小说家总结历史经验，得出这种看法，是有充分根据的。中国数千年历史变迁，可以概括为"沧海桑田"。历史上也常有几十年，一两百年没有大动荡的日子，小动荡却是不断的，人间祸福总是经常发生的。在小动荡中，也仍然有一些人家破人亡，身败名裂，另一些人平步青云，升官发财。世上没有不散的宴席，也没有长富贵的家族。有的是"几家欢乐几家愁"。

　　读历史使人明智。历史事实知道得多了，知道社会总是在变化中，各种情况都可能发生，因此，得意不会忘形，逆境不改壮志。富贵不能淫，贫贱不能移。在这里，我们特别重视"富贵不能淫"，就是有了钱，不乱花，有钱要想没钱时。有钱要多做好事，多做善事，多积德，不要骄奢淫逸，不要财大气粗，胡作非为。钱应当造福人类，不应该危害社会。这里就有一个正确的荣辱观问题。我们应当逐渐形成不以有钱为荣，应以对社会的贡献为荣。钱多贡献社会，为社会多做好事，回报社会，才是光荣的。如果钱多，自己过花天酒地的生活，再留给子女骄奢淫逸的条件，那是富贵人家最可耻的事，应与"奸富"等同视之。"奸富"就是通过不正当的手法富起来的。司马迁在《史记·货殖列传》中说："本富为上，末富次之，奸富最下。"有奉献社会的观念，就是对社会有爱心，就是一位仁者，就不可能奸富。从这种意义上说，孟子讲的"为富不仁"和"为仁不富"是有道理的，意义是非常深刻的。全世界首富比尔·盖茨，没有人说他"奸富"，也没有人说他"为富不仁"，这才是富人的榜样！

一些官员花钱不当的现象，也相当严重。一个很穷的县，花几百万元搞一次大型晚会，而农村到处是臭气熏天的厕所却无钱改造。有的地方开一次学术会议，钱都用在搞花架子上、讲排场上，本来几十万元就够用，结果花了几百万元。形式上轰轰烈烈，实质上没有内容。学术会议不重视学术交流，只求轰动效应。这也是不知如何花钱的典型。有的官员为了给自己留下纪念碑工程，不切实际，上大项目，建飞机场，筑高速路，劳民伤财，大投入，少产出。不花自己的钱不心痛。现在我们要讲荣辱观，对于富贵者，应该以清正廉洁为荣，以贪污受贿为耻。董仲舒有一句名言："正其谊不谋其利，明其道不计其功。"

第十课　选拔人才方式

## 1. 推　荐

中国古代选拔人才主要有三种方式：论功、推荐与考试。论功封官有其合理性，经实践证明有能力的人，论功劳以官爵作为回报。考试是公平合理的。推荐在特殊情况下是必要的，是论功与考试的补充。在中国历史上，推荐是政治的需要，也是高官的任务，并且受连带责任制约。推荐者应该有政治眼光和辨才的能力，应该有公心，有诚信，为事业推荐人才，不谋私利。现在虽然不提倡推荐，却也仍然广泛使用着推荐，只是没有注意克服它的弊端，致使有些推荐成为少数干部拉帮结派的工具。对推荐进行研究，可为现代人提供借鉴。

(1)推荐人才与政治需要。

价值就是满足需要。价值高低在于满足需要的程度。久旱甘霖，雪中送炭，都是说适应急需，价值就高。对于政治家来说，人才就是要解决急需的政治问题。政治家需要两方面人才：一是与政治敌人作斗争，二是作巩固内部和加强联盟的工作。简单地说就是对外斗争与对内管理。推荐是中国历史上各种人才的重要来源之一。政治家在不同时期所需要的人才是不同的，推荐急需人才，就能立大功，推荐无需或非急需人才，就无功。这种推荐需要两方面的眼光：一是看准了政治形势的需要，二是看准了人才素质的特性。没有这种政治眼光，就很难推荐优秀的适应急需的人才。在逐鹿中原的战争年代，政治需要能干的人才，突出的是才能，包括智（谋略）和勇（武力与勇气）。在顺守江山的和平年代，政治需要德高望重的贤人，注重道德，重视在社会上的威望。

中国传统哲学的主流是政治哲学，而政治哲学不是靠实验和逻辑所能推导出来的。需要研究历史事实，才能从中总结概括出来。因此，我们讨论这些问题还是需要根据历史事实来进行论证。

刘邦为汉王时，魏无知推荐陈平。这时陈平刚从项羽那里投奔过来。陈平在项羽那里任都尉，刘邦也任他为都尉，后升亚将。当时，周勃、灌婴等人都到刘邦那里告状，说陈平外表有美貌，内心未必好。主要有两大问题：一是反复乱臣。"事魏不容，亡归楚；归楚不中，又亡归汉。"先在魏，后在楚，今在汉。说不定过不久又跑到别处去，不稳定，不忠诚。二是盗嫂受金，小偷加流氓，又收受贿赂。大节小节都不行。刘邦听到大家的意见，对陈平也产生怀疑，就将推荐者魏无知招来，批评了一顿。"你推荐的是什么人呀？"魏无知说："臣所言者，能也；陛下所问者，行也。今有尾生、孝己之行，而无益处于胜负之数，陛下何暇用之乎？楚汉相距，臣进奇谋之士，顾其计诚足以利国家不耳。且盗嫂受金又何足疑乎？"（《史记·陈丞相世家》）魏无知说，我推荐的是才能，你责备的是品行。

现在有守信的尾生和孝顺的孝己，对战争的胜负不起作用，你有什么机会用他们呢？楚汉相争，我推荐能出奇谋的人才，考虑他的计谋是否会对国家有好处。(如果对国家确实有好处)盗嫂受金又有什么关系呢？

　　魏无知的话非常明确，现在是战争年代，需要的是能够出谋划策的人才。推荐这种人才对国家、对战争的胜负有重大的、甚至是决定性的作用。如果推荐只有品行善良的人，在战争中不起作用，那么推荐出来有什么用呢。后来，刘邦召见陈平，陈平实话实说，对别人的指责作出辩解，最后说："诚臣计划有可采者，愿大王用之；使无可用者，金俱在，请封输官，得请骸骨。"(同上)就是说，我的计谋如果可以采纳，你就留我；如果我的计谋无所可用，那我就走人。刘邦不但没有惩罚陈平，还给予厚赐，提拔他为"护军中尉"。历史事实证明陈平是一个奇才，成为善始善终的贤相。也可见刘邦是一个能够容纳人才的高明君主。陈平的弃楚投汉，说明了汉胜楚败的必然性。韩信坐法当斩，就要行刑时，韩信突然抬头喊："上不欲就天下乎？何为斩壮士！"(《史记·淮阴侯列传》)争夺天下正是用人之际，壮士正是争夺天下的资本。当韩信逃亡时，身任丞相的萧何追了他一两天，才追回来。刘邦问萧何，其他将领逃亡的有几十人，为什么单追韩信？萧何说："诸将易得耳。至如韩信者，国士无双。王必欲长王汉中，无所事信；必欲争天下，非信无所与计事者。顾王策安所决耳。"(《史记·淮阴侯列传》)韩信与诸将相比，能力强得多，是"国士无双"的奇才。要打天下，就需要韩信这样的人才。如果只想守汉中，就可以不用这种奇才。

汉末曹操要与群雄争夺天下，急需大批人才。他三次下求贤令，多次提出"唯才是举"的口号。有德有才的人要，无德有才的人也要，甚至不仁不孝而有治国用兵之术的人都要。司马光说他"知人善察，难眩以伪，识拔奇才，不拘微贱，随能任使，皆获其用"（《资治通鉴》卷69）。在这里，司马光也肯定曹操知人善任，大胆任用无德有才的各类人才。曹操是胜利者，他扩大自己的势力，为曹丕建立魏国奠定了基础。曹操是成功者，"唯才是举"是他成功的最重要的原因之一。

除了争夺天下之外，有些封建统治者想进行重大社会改革，往往也需要一大批人才，这时也注意提拔选用有办法、有主意的人才。

在守成时代，需要社会稳定，就比较重视道德高尚的人。有这些人能在群众中树立政府的形象，强化政府的权威，使群众信赖政府、依靠政府、服从政府。政府也因此能够掌握社会局面，实行统治。人民可以安居乐业，社会得以长治久安，统治者也可以坐享太平。稳定社会对哪一方面都是有好处的。稳定社会，关键在于政府的形象。政府的形象就是由诸多各级官员的行为组成的。

刘邦得天下以后，宠爱戚夫人，想换太子。吕后非常紧张，请张良想办法。张良说这不能靠口舌来争。皇上想招四个人，那四个人因为皇上态度侮慢，躲在山中不肯出来。皇上很重视这四个人，太子如果能够以恭敬的态度去迎请这四位德高的老人（四皓：东园公、绮里季、夏黄公、甪里先生），以后可以随太子出入朝廷，让皇上看见，就会起作用的。有一天，四皓随着太子参加宴会，刘邦看到后，觉得太子有"彼四人辅之，羽翼已成，难动矣"(《史记·留侯世家》)，就打消了换太子的念头。为什么？四皓是有高尚道德的人，对于楚汉战争不起什么作用，对于稳定社会来说，却是非常重要的。这四皓的作用在稳定时期胜于千军万马。王充在《论衡·非韩篇》中也谈到此事，他说："高皇帝议欲废太子，吕后患之，即召张子房而取策，子房教以敬迎四皓而厚礼之，高祖见之，心消意沮，太子遂安。使韩子为吕后议，进不过强谏，退不过劲力。以此自安，取诛之道也，岂徒易哉？"王充认为这时候如果想用武力来保卫太子的地位，只能自取灭亡，岂止被换掉？这说明在稳定时期尊崇道德超过重视武力。后来，汉代实行荐举制度，选拔孝子和廉吏，也说明了这个问题。推荐人才，是各级官员，特别是任百官之首的丞相的政治任务。

(2)推荐人才是大官的政治任务。

我们看到，早在先秦时代，推荐人才就已经是各级官员的政治任务。这里有几个典型的例子可以说明这一问题。

例一：楚庄王上朝很晚才回后宫。樊姬下堂去迎接他，问道："为什么这么晚才回来？难道不饥饿不疲倦吗？"庄王说："今日听忠贤人说话，不知饥饿和疲倦。"樊姬问："您说的忠贤人，是别国的贵宾还是本国的人士？"庄王说："就是沈令尹。"樊姬掩口而笑。楚庄王说："你笑什么？"樊姬说："妾有机会侍候您，已经十一年了。但是我每年都派人到梁、郑等各国去寻找美人，献给大王。现在与妾同一等级的有十人，比我高级的有二人。难道我不想独自占有您的爱吗？我是不敢以私自的愿望掩蔽众多美人。现在，沈令尹当楚相好几年了，未尝见他进过贤人，怎么能算是忠贤之人呢？"楚庄王第二天上朝的时候，将樊姬的话告诉沈令尹，沈令尹赶紧推荐孙叔敖。孙叔敖治理楚国三年，而楚国称霸于天下。楚国的史臣在书册上写下："楚之霸，樊姬之力也。"(《韩诗外传》卷二第四章)

例二：魏文侯想安排一个丞相，找来李克，问他："寡人欲置相，非翟黄则魏成子。愿卜之于先生。"让翟黄当，还是让魏成子当，魏文侯拿不定主意，想征求李克的意见。李克站起来推辞说："我居京外，官位又低，不敢参谋这种事。"魏文侯说："先生临事勿让。"李克说："从五个方面来观察士人，就可以分辨了。平时看他与什么人亲，发财了看他交了什么朋友，升官了看他推荐什么样的人，不得志的时候看他不做什么事，贫穷的时候看他不收取什么。"魏文侯说："你回去吧，我的丞相已经定了。"李克出来，遇见翟黄。翟黄问是谁当丞相？李克回答："是魏成子。"翟黄很不高兴地说："我推荐了许多贤才，得到国君的任用，并且都立了大功，我哪儿不如魏成子呢？"李克说："你把我推荐给你的国君，难道是为了结党营私追求当大官吗？魏成子将自己的俸禄的十分之九用于招待天下士人。他推荐的卜子夏、田子方、段干木，都是国君的师友，而你推荐的人才都只是国君的臣，你怎么能与魏成子比呢？"翟黄最后还是承认了错误，承认了自己不如魏成子。(《韩诗外传》卷三第六章)

楚国的令尹与其他诸侯的丞相一样，是百官之首。樊姬认为贤相推荐贤人是重要的政治任务，不能推荐贤人，就算不上贤相。李克与魏文侯也认为所推荐贤人的水平越高，表明推荐者本身的水平高。推荐水平最高的贤人最适合当丞相。

子贡问孔子："谁为大贤?"孔子回答："齐有鲍叔，郑有子皮。"子贡说："齐国不是有管仲，郑国不是有子产吗?"孔子说："我听说推荐贤才的是大贤，排挤贤才的是不肖者。鲍叔推荐管仲，子皮推荐子产。没听说管仲和子产推荐过什么人。"(《刘子·荐贤》)

刘子说："为国入宝，不如能献贤。进贤受上赏，蔽贤蒙显戮。斯前识之良相，后代之明镜矣。"(同上)推荐贤人，比自己是贤人更为重要。贡献国宝，不如能够推荐贤人。能够推荐贤人，就是有远见卓识的良相，也是后代可以借鉴的明镜。以上讲的都是百官之首的丞相有责任推荐人才，能够推荐贤才的才是良相。

董仲舒在对汉武帝策问时建议："臣愚以为使列侯、郡守、二千石各择其吏民之贤者，岁贡各二人以给宿卫，且以观大臣之能，所贡贤者有赏，所贡不肖者有罚。夫诸侯、吏二千石皆尽心于求贤，天下之士可得而官吏也。遍得天下之贤人，则三王之盛易为，而尧舜之名可及也。"(《汉书·董仲舒传》)

推荐贤才原来是丞相的政治任务，董仲舒将它扩大为诸侯、郡守和俸禄在二千石以上的所有官员的政治任务，规定他们每年都要给朝廷推荐两名人才，而且利用赏罚来进行鼓励。按董仲舒的设想，这样实行以后，官员为了封赏，会尽心尽力去选拔人才，全天下的贤才都会得到政府的任用，那么，三代的盛世就会重新出现，皇帝也就会有尧、舜那样的圣名。从汉代的事实来看，董仲舒的这个建议并没有完全实施。许多人才并不都是这些官员推荐的，有的是因为父亲而出来当官的，当时叫"任子"；有的是明经对策被选上的；有的是捐助(捐款或献物)有功，被封为官的；也有是自荐的。有一部分官员是在高官推荐或察举中产生的。他们主要是孝子和廉吏，称为举孝廉。曹操就是举孝廉出身的。这一部分人数并不多。为什么？王船山有独到的见解："夫为政之患，闻古人之法而悦之，不察其精意，不揆其时会，欲姑试之而不合，则又为之法以制之。于是法乱弊滋而古道遂终绝于天下。"(《读〈通鉴论〉》卷三《武帝》)从事政治最大的毛病在于，听说古代有什么好的方法，就非常喜欢，不考察这种方法的精神实质，也不了解当时的社会状况，想实行又不成功，就采取行政手段强制加以推行。其结果法制复杂了，弊端更多了，而古代方法的精神实质也就彻底被破坏、被断送了。他认为周朝封建时代，乡大夫在乡里住了三年，才推荐人才，都只是任下大夫职，由于地域范围小，人数少，经常接触，比较了解，推荐比较可靠。而实行郡县制以后，从京师来任郡太守，三年就换到别的地方，一个郡管辖几个乃至几十个县，地方广大，人口众多，时间短促，郡太守所能知道的只是社会上有点名气的风流人物，那些特别突出而又不肯露面的人就不会被推荐。知道郡太守有推荐的权力，许多士人会千方百计地巴结、蒙蔽郡太守，郡太守又无法识别，推荐失误是常有的事，再加以赏罚，只能造成冤案。尧识人都那么难，中材的郡太守如何能做到推荐一定准确无误呢？大臣荐贤，还可能为大奸拉帮结派、结党营私创造条件。所以封建制的方法未可适用于郡县制。董仲舒说的"三王之盛易为，尧舜之名可及"，谈何容易啊！在实行几百年科举后，王船山看到了推荐存在的严重弊端，对推荐进行审视，做出分析，实际上是从理论上概括历史经验，是有理论深度的新见解。

(3)推荐的连带责任。

古代推荐人才，规定有连带责任。也就是说，推荐的是贤才，推荐者就可以立功受赏；推荐的不是贤才，推荐者就要受到贬黜，减少封地或者降级，严重的可能还要撤职查办或者取消封地。推荐者与被推荐者，为什么要有连带责任呢？原因主要有两个方面：一是推荐可能使有的野心家利用这种形式拉帮结派，结党营私，上下勾结，互相利用，于是将与自己有亲属关系的人都拉上来，安插在各个政权部门，形成垄断势力，控制政局，最终还是为了谋取私利。如果有了连带责任，一旦发现推荐不实，就及时给予处置，将推荐者绳之以法，那么，以后的推荐者总是要谨慎一些，不敢随便推荐自己的并无真才实学的亲属和党羽。二是推荐的人才贤与不贤，表明推荐者的政治水平。首先，推荐的人才是否现实政治所急需。这要求推荐者对政治形势应该有比较全面的了解，知道现实政治存在的最严重的问题是什么，需要什么样的人才能解决。其次，所推荐的人是否具备解决当前现实的政治问题的能力？被举荐的人才在这两方面能够切合，才能在实践中立功，而推荐者也才能因此而受赏。推荐的连带责任的规定，应该说是比较容易理解的。

　　公孙鞅即后来的商鞅。年轻时在魏国相公叔痤手下任中庶子官（掌管公族事务）。公叔痤知道公孙鞅确有本事，还没有推荐他。公叔痤病了，魏惠王亲自来看望时，征求治国的意见，问："如果你的病不能好起来，那么，国家怎么办？"公叔痤说："我这里的中庶子公孙鞅，虽然年轻，有奇才，希望国王将整个国家交给他去治理。"并且告诉魏惠王："如果不想用公孙鞅，必须杀了他，不要让他出境。"魏惠王走后，公叔痤叫来公孙鞅，对他说："今天国王问我谁可以为国相，我说你可以，他不赞成；我又告诉他，如果不用你，就要杀了你，他表示赞成。你赶紧逃吧，不然的话，将会被逮捕。"公孙鞅说："国王不能听你的话来任用我，又怎么会听你的话来杀我呢？"魏惠王告诉左右的人说："公叔痤病太厉害了，说糊涂话了，他想让我将全国的事都由公孙鞅治理。岂不荒唐！"推荐者需要高水平，采纳者更需要高水平。公叔痤虽然推荐贤能，魏惠王不能用，一切也都要落空。后来的事实说明，公孙鞅的水平很高，而魏惠王根本无法认识。公叔痤死后，公孙鞅听说秦孝公求贤，就到秦国，通过景监求见秦孝公。第一次见面，公孙鞅讲述帝道，秦孝公不感兴趣，听得快睡着了。秦孝公批评景监，景监责备公孙鞅。过了五天，第二次见面，公孙鞅阐明王道，秦孝公还是不满意，责备景监，景监再次埋怨公孙鞅。第三次见面，公孙鞅用霸道进谏，秦孝公很感兴趣，对景监说："你推荐的人不错，可以谈。"公孙鞅所讲的霸道，符合秦孝公急于强国称霸，显名天下的思想，这一拍即合，经过几天讨论，秦孝公决定让公孙鞅主持变法，改革政治。实施五年，秦国富强起来，"天子致胙于孝公，诸侯毕贺"（《史记·商君列传》）。周天子赐予秦孝公祭肉，表示奖励。各诸侯也都表示祝贺。秦孝公比魏惠王高明，能够任用公孙鞅，取得了一定成功。

在历史上，由于推荐而受赏与受罚，是屡见不鲜的。因为魏成子推荐的人才都是高水平的，魏文侯把他们都当作自己的师友，魏成子就被魏文侯选为国相。这就是连带关系的一种表现。

刘邦用陈平的奇谋，多次获得成功，消去诸多灾难。特别是游云梦，缚韩信，刘邦深感陈平的功劳之大，表示要封陈平为户牖侯。陈平辞曰："此非臣之功也。"这不是我的功劳。刘邦说："我用你的计谋，取得胜利，怎么不是你的功劳？"陈平说："没有魏无知的推荐，我怎么能到这里来？"刘邦说："你可以说是不忘本。"于是也赏了魏无知。这就是魏无知推荐陈平，因为陈平立功，魏无知也因此连带获赏。

推荐、选拔不成功，当然也要连带受罚。西汉富平侯张勃推荐陈汤，陈汤在等待派出做官的时候，父亲死了，他不奔丧，有人告他品行有问题，张勃因为推荐不实，"削户二百"，正好张勃死了，结果谥为"缪侯"，盖棺定论，给了个不好的名称。何武也因为推荐之事被降级，"左迁楚内史"。御使大夫张谭选举不实，被免职。东汉时代的司徒杨赐、太尉桓焉、太尉施延都因同样问题而被免职。

选举不实，受到牵连的很多。选举"实"又谈何容易！选举自己的亲属，可能会被别人误认为是"任人唯亲"，因此，古代晋国大夫祁奚"外举不弃仇，内举不失亲"成为美谈流传着。推荐自己当然就更加困难了。即使认为自己是最合适的人选，也不敢出这个风头。因此，中国历史上能够自荐的非常罕见。有名的是"毛遂自荐"。似乎再无别人。实际上，西汉还有一人，在中央集权制度下还敢于自荐，那就是赵充国。这是汉武帝时代的老将军。西边秦人入边，汉兵抵御，损失惨重。汉武帝觉得赵充国已经七十多岁，不能出征，就派御使大夫丙吉向赵充国征求谁可以带兵去抵御，赵充国说："没有比我更合适的了。"经过复杂的斗争，汉军获胜。赵充国胜利凯旋，好友劝他要将功劳归于全体将士，二将配合出击。总之，不能说自己有什么功劳，只能说"非愚臣所及"。他却不理这种好心的劝告，说"我老了，爵位也到头了，难道因为怕别人说自己伐功而欺骗明主吗？军事是国家的大事，应当为后代提供正确的法则。老臣如果还不给皇帝讲清军事的利害，突然死了，还有谁能再给皇帝讲呢？"（《汉书·赵充国传》）赵充国最后给汉武帝讲了真实的情况。此事在古代很希罕，以至于宋代大哲学家陆九渊说：在这类问题上，敢讲真话的，"唯汉赵充国一人而已"（《陆九渊集·与致政兄》）。

　　连带责任也存在一些问题。人是复杂的，有多方面的才能。如果推荐的人才不在适当的位置上，就不能充分发挥他的特长，也可能成为废物。如果放在适当的位置上就可以立功受赏。这里有用人不当的问题，不是推荐的错误。另外，社会是发展变化的，人也会随着产生变化，有的人当初被推荐时可能是适当的，可谁能保证一个人一辈子不变呢？唐代魏徵是名相，深得唐太宗的信任。魏徵死后，唐太宗要将衡山公主下嫁魏徵的儿子叔玉，还为魏徵立碑，对众臣说:"以铜为鉴,可正衣冠;以古为鉴,可知兴替;以人为鉴,可明得失。朕尝保此三鉴,内防已过。今魏徵逝,一鉴亡矣。"魏徵死后,唐太宗思念不已,引起众臣的嫉妒,说魏徵坏话的很多,重要的有说魏徵推荐的人出了问题。《新唐书》卷九十七《魏徵传》载:魏徵曾经推荐杜正伦和侯君集有宰相才,结果这两人一黜一诛,已经逝世的推荐者魏徵也受到牵连。小人说魏徵与杜正伦、侯君集结成死党,有私心。再加上别的问题,唐太宗取消了叔玉的婚事,又推倒自己为魏徵立的碑。这说明推荐的连带责任重大。王船山认为:圣王尧认识人都那么困难,怎么能要求郡太守推荐的一定是贤才呢?推荐失误就要负连带责任,这不是要造出许多冤案吗?像魏徵那样的忠臣,也会因为自己推荐的人出问题而受到牵连,更何况其他人。因此,推荐要负连带责任是有合理性的,它可以防止任人唯亲,拉帮结派,同时也有它的弊端,不能一概而论,要认真分析,谨慎处置,避免失误。

(4)推荐作为论功与考试的补充。

推荐在政治中是十分复杂的问题,从理论上探讨,推荐也是政治哲学中非常复杂的理论。如,推荐的标准如何掌握?推荐的程序如何设置?推荐之前的调查,之后的观察、监督如何进行?推荐在选拔人才的各种方式中占什么地位?有什么利弊?

中国传统政治哲学是从总结历史经验中得出的结论,不是从逻辑推导出来的结论。中国在周朝实行封建世袭制,没有选拔的问题,正像西方的贵族任官制。从春秋战国以后,才开始从庶民中选拔人才，主要还是从士这一阶层中选拔。士，既有文的，也有武的，还有各种技能的，因此，士是一种无固定职业的自由人群体。战国四君子养士数千，各有用处。既有文韬武略之才，也有鸡鸣狗盗之辈。纵观数千年历史，选拔人才的主要方法除了世袭余绪之外，还有论功授职、推荐上任、考试入仕等方式。简单地说，主要有三种形式：论功、推荐、考试。这三种选拔人才方法的利弊，我们可以在比较中进行分析。

第一，论功。

规定立功可以当官，这是一大改革，打破了原先的世袭制，使许多贫苦出身的士兵因为打仗勇敢，立了战功，可以升为贵族，进入官场。这是过去封建世袭时代所不可能的事情。这种做法大大鼓舞了士兵打仗的积极性。这种选拔人才的制度首先是从秦国实行商鞅变法开始的，它为以后秦始皇统一中国打下了基础。能否立功，在一定意义上也可以说是考验能力的办法。能力强的就容易立功，能力更强者就会立大功。这也是从实践中选拔实际能力比较强的人当官，有明显的合理性。

通过立功选拔人才，也有弊端。弊端之一是功与官的不一致性。打仗勇敢立了功，那是杀敌的本领。军事与政治、经济、文化都是不一样的，军事的对象是敌人，处理的方法是杀戮。政治的对象是人民，处理的方法是管理。经济的对象是财物，处理的方法是料理。文化的对象是精神文明，处理的方法则应该是继承、传播和创新。这些都不一样，怎么能互相取代呢？韩非有一说法值得重视。针对商鞅的法律："斩一首者爵一级，欲为官者为五十石之官；斩二首者爵二级，欲为官者为百石之官。"他说："官爵之迁与斩首之功相称也。今有法曰：斩首者令为医匠，则屋不成而病不已。夫匠者，手巧也；而医者，齐药也；而以斩首之功为之，则不当其能。今治官者，智能也；今斩首者，勇力之所加也。以勇力之所加、而治智能之官，是以斩首之功为医匠也。"因此说商鞅之法术"未尽善也"（《韩非子·定法》）。打仗时斩敌军一个首，可以升一级爵位，如果当官可以当薪水五十石的官。韩非认为这相当于让有斩首功劳的人去当医生和工匠，但他们并不能盖房子，也不会看病。因为盖房子必须有手艺，看病必须会开方用药。打仗立功靠勇力，当官靠智能。让只有勇力的人去当官，就像让他们当工匠与医生一样。"不当其能"，能力与职责不相当。特别是当官，不仅是个人的事，而且关系到千家万户，关系到一方百姓的生活，一方社会的安定。一个好官可以造福一方，一个不称职的官就会危害一方。岂能随便将它付于只有勇力的人去掌握？打仗立功，可以提军事方面的官，可以当将军、元帅。立功可以授爵，给予荣誉。任官则要求个人的素质与职位的特点相适应。

有一些奇才，虽然还没有立功，但他们有谋略，有高见，有重要人物负责推荐，就可以重用。韩信在汉王那里并没有立什么大功的时候，刘邦能拜他为将，历史证明这一决策是正确的。如果按军功来授官，怎么也轮不到韩信。历史上许多著名的贤人如管仲、魏征，都不是立功以后才当官的，而是谈出自己的见解，得到赏识就被任用的。能够有机会当面谈吐，都是有人推荐的。因此，论功任职与经推荐而任职是并行的，互补的。

第二，考试。

考试是公平的，有较多的合理性，因此在历史上虽然出现得晚，但是延续的时间长，至今还是全世界经常被采用的选拔人才的方法。全社会有考学，考会计师，考公务员，考律师等各类考试，录用人员所采取的考试更是多种多样，都是根据职业特点来进行的。从历史上看，许多有本事的人都考不上进士，甚至连举人也考不上。李白、杜甫就是这样的人。在《儒林外史》中，周进、范进这些人水平比较高，比考官的水平更高，因此在考试中经常受到挫折。生物学界巨人达尔文上中学时，只有生物学一门不及格。这大概是由于他的创新思想不被中学的生物学教师所认可。同样情况存在于世界各地各部门，出考题与判卷子的人的水平不一定都比考生强，也许在某些方面还不及考生，自然就会产生这种误判。因此，考试成绩高低可以表明学术水平的高低，但不是绝对的。

特殊人才是考不出来的。因此，推荐还是需要的。

韩非说："内举不避亲，外举不避仇。……观其所举，或在山林薮泽岩穴之间，或在囹圄缧绁缠索之中，或在割烹刍牧饭牛之事。然明主不羞其卑贱也，以其能，为可以明法，便国利民，从而举之，身安名尊。"(《韩非子·说疑》)。推荐只能根据才能和品德，不能根据身份地位，即使是奴隶、罪犯，只要有能力，这种能力有利于国家与人民，都在推荐之列。荀子说："贤能不待次而举，罢不能不待须而废。"(《荀子·王制》)贤能的不须论资排辈，可以破格提拔。不称职的应该立即罢免。董仲舒也说过："小材虽累日，不离于小官；贤才虽未久，不害为辅佐。"(《汉书·董仲舒传》)能力低的虽然任职时间很长，还是当小官；贤才虽然任职时间很短，可以提为大官。这就是要有人推荐，要破格提拔。

总之，论功任用，是实践检验的结果，有可信度；考试是公平合理的，可以大量采用。在论功与考试之外，在特殊的情况下，还需要一种推荐的方式作为二者的补充。现代社会虽然不公开提倡推荐，却在现实中不断地普遍地使用着，只是没有弄清它的弊端，不承认它的合理性，更没有强调连带责任的问题，致使推荐的结果没有人负责，以致滥用人才。

## 2. 科　举

中国传统哲学的特色是注重政治哲学，黄宗羲的政治哲学达到了较高水平，其代表作就是《明夷待访录》。《明夷待访录·题辞》上说天下治乱之事，惋惜王冕终不得"遇明主"，后对自己的境况则说："吾虽老矣，如箕子之见访，或庶几焉。"就是说他希望也像箕子那样，受到周武王的访问，那他就可以将治国方略展示出来。他将明清之际比作商周之变，自比箕子，"待"新当政者即清朝皇帝的询"访"。因此，他的《明夷待访录》就是想给新当政者提供一套治国方略，是他的政治哲学，是对政治方案的设计。其中很重要的一项，就是取士。因此，我们有必要先对此前的取士制度作一简单回顾。

(1)取士制度的探讨。

任何时代任何政府都要有取士即选拔人才的办法。所有管理人员总是要新陈代谢的，这是自然规律。要补充新的成员，就必须有补充的办法。中国古代曾经有过的方法很多，随着时间的变化，社会制度的变迁，选拔人才的办法不断改革。传说在三代以前实行的是禅让制，权位让给贤人。三代的制度主要是继承制。周代开始实行分封制，周天子把土地和人民一起分给亲属，建立诸侯国，各诸侯国有自己的军队、官吏、财政、经济，是半独立的国家。古代就叫封建制。各诸侯的子孙有继承权。天子也有罢废权，诸侯犯罪，就取消侯国。后来规定没有立新功的诸侯，五世而斩，那经过五代就自动撤销。战国时期，秦朝推行以战功授爵颁奖的方法，鼓励耕战。汉朝采取的选拔方法是多样的，其中有举贤良对策，有任子，有举孝廉，有大官推荐，还有捐钱捐粮来买官的。太学是培养人才的机构，进太学也是进入仕途的一个渠道。这些方法曾取得好的效果，汉朝人才济济。

好的制度，时间一长，弊病就渐渐显露出来了。好的制度，也因人而异，会有不同的结果。例如推荐孝子，有的人为了当官，假装孝子。大官推荐自己的亲属，或者互相推荐，成为营私舞弊的重要方式。买官的弊病就更严重了，只要有钱，什么坏事都敢做。能买官，就为一些人做坏事提供了有利条件，他们当了官会做更多的坏事，穷人受到盘剥与压迫就更严重了。为了避免个人意见偏颇，会采取几个人一起评论选拔对象的品位，于是出现了九品中正的新形式。开始也有好的效果，时间一长，弊病也出来了。当大官的儿子，评出的品位总是高的，父祖没有地位的年轻人，评出的品位也必然就低。结果是"上品无寒门，下品无势族。"总结历史上选拔人才的经验教训，在隋朝最有创新的时代，创造了科举制度。科举制度有几大优点：一是实行文官制度，选拔有文化的人当官。二是通过考试竞争，是公平、公开、公正的选拔方式。三是在阶级社会中，上下之间有一部分人员流动，对于社会和谐、秩序稳定是有好处的。四是统治有两种，以贵役贱和以智役愚。只有贵族才能当官，就是以贵役贱；科举制度，是选拔智者为官，以智治愚。两者比较，以智役愚的科举制度更优越一些。有史以来，没有不弊的制度。科举制度实行一千年以后，也产生了许多弊病。

(2)科举之弊。

上天不拘一格降人才，若选拔人才只有一条标准，就会形成千军万马过独木桥的局面。适应这种制度的人会被选上，而不适应的，但有其他才能的就被淘汰。黄宗羲在《明夷待访录·取士下》中说："其所以程士者，止有科举之一途，虽使古豪杰之士若屈原、司马迁、相如、董仲舒、扬雄之徒，舍是亦无由而进取之……则豪杰之老死丘壑者多矣。"程，是衡量。程士，就是衡量知识分子的标准。

如果只有一个标准，像屈原、董仲舒、司马迁、扬雄这些豪杰都未必能考上。为了避免独木桥现象，黄宗羲提出建议："吾故宽取士之法，有科举，有荐举，有太学，有任子，有郡邑佐，有辟召，有绝学，有上书。"扩大取士的途径。实际上，黄宗羲说的这些取士方法，都是汉代实行过的一些办法。拓宽选拔的路子就是，保留科举，加上有推荐，办太学培养人才，选拔高官子弟任职，从行政长官的助手中提拔廉吏，再由皇帝征辟召见，选拔学问高、在社会上有影响的人，选拔有特别杰出学问的人，也可以从上书人中选拔有创见的贤人。这样遗漏人才就会少一些。

科举选拔的人中有些人成就了"功名气节"。有人因此认为科举制度是完善的。黄宗羲不同意这种看法。他提出的几个观点思想颇为深刻。首先，有人认为明代二百多年，许多立功成名，具有气节的人，都是科举出身，说明科举制度是完善的，不必改革。黄宗羲认为，科举招致千万人，怎么会没有功名气节之士进入科举？这是功名气节之士参加科举，而不是科举能够招致功名气节之士。就像抽签那样，不论长短，一直抽取，实行一百年，总会有功名气节之士被抽出来。这能说抽签的办法是好方法吗？其次，黄宗羲认为，功名气节之士比汉唐时代少了很多，"庸妄之辈"充满天下，难道是当今天下不生人才了？还是选拔方法不合理。

任何一种选拔方法，也都会选拔出优秀人才，但有多少的差别。天下所产生的人才都一样，选拔方法合理，人才涌现地就多一些。实际上，人才的产生，不仅是选拔的问题，还有任用、培养、造就、管理、监督诸方面的问题。选拔办法再好，选出很多功名气节之士，没有良好的社会环境，没有正当的用人制度，没有合理的评价体系，没有严格的监督制度，那些功名气节之士，也经常会在基层庸庸碌碌地度过一生。汉唐盛世何尝没有这种情况？"冯唐易老，李广难封"，也都出现在汉代。汉代何尝不遗漏人才？汉文帝误贬贾谊，汉景帝错斩晁错，汉代在任用人才方面怎么能说没有失误呢？

只有科举一途，入仕机会少，会使一些有特别才能的人才漏掉。扩大选才门路，当然有好处。各种选拔方式可以有互补作用。从理论上说，是这个道理。但在实践中却未必如此。因为路子拓宽，很多人就通过诸如"走后门"的方式进入仕途，这样公平就会受到破坏。善于钻营的人，就大量涌进官场，"使庸妄之辈充塞天下"；而不善于钻营的正派人就可能"请缨无路"。孔子说："举直错诸枉，能使枉者直。"任用正派的人，不正派的人就会被疏远，一般人就会转变成正直的人。相反也一样，任用不正派的人当官，他会趁机提拔一批邪恶的人，正派的人就会受到排挤，甚至受到影响，违心屈从。就是说"举枉错诸直，能使直者枉"。实际上，任何时代选拔人才也不可能只有科举一途，任何一种选才方式，总还有其他方式相配合。主要用科举制度选拔当官人才，维护公平原则。有特别学问和技术的人，可以从事别的事业，如李时珍可以撰写《本草纲目》，何必都往官场上挤呢？有的人气质、脾气、素养不适合当官，可以从事科学研究，或者其他行业。科举只选拔行政人才，与现在高考是很不一样的，如今高考所要选拔的是各行各业所需要的优秀人才，高校要培养从事各种行业的专门人才。科举制度的选拔与现在的公务员考试倒有点相似。现在更多的官员不是通过考公务员上来的。如果主要通过公务员考试选拔官员，那么考试方法可能还要大大改革，逐渐完善，才能体现相对的公平。

(3)科举新设计。

黄宗羲在《明夷待访录·取士上》中总结唐宋时代的科举情况，在《取士下》中提出自己的设计方案。他所设计的科举方法是："科举之法：其考校仿朱子议：第一场：《易》、《诗》、《书》为一科，子、午年试之；《三礼》兼《大戴》为一科，卯年试之；《三传》为一科，酉年试之。试义各二道，诸经皆兼《四书》义一道。"前人所谓"科场"，就是分几场几科。这里黄宗羲设计的，第一场分三科：按地支排列，12年一周期。每三年考一科。子、午两年考《周易》、《诗经》、《尚书》。卯年考《周礼》、《仪礼》、《礼记》、《大戴礼记》。酉年考"春秋三传"：《公羊传》、《穀梁传》、《左传》。子是第一年，卯是第四年，午是第七年，酉是第十年。诸经考试都包括《四书》的内容。

"第二场：周、程、张、朱、陆六子为一科，孙、吴武经为一科，荀、董、扬、文中为一科，管、韩、老、庄为一科，分年各试一论。"第二场也是分四科，第一科考周敦颐、二程、张载、朱熹和陆九渊的内容。第二科是《孙子》和《吴子》的武经内容。第三科是荀子、董仲舒、扬雄和王通（文中子）。第四科是《管子》、《韩非子》、《老子》和《庄子》。这里的诸子包括了兵家、法家、道家，不全是儒家。儒家诸子首列宋代六子。

"第三场：《左》、《国》、《三史》为一科，《三国》、《晋书》、《南北史》为一科，新、旧《唐书》、《五代史》为一科，《宋史》、有明《实录》为一科，分年试史论各二道。答者亦必摭事实而辨是非。若事实不详，或牵连他事而于本事反略者，皆不中格。"第三场主要考史学内容，包括：第一科的《左传》、《国语》、《史记》、《汉书》与《后汉书》；第二科《三国志》、《晋书》、《南史》、《北史》等；第三科是《旧唐书》、《新唐书》、《五代史》；第四科是《宋史》，明朝《实录》。这是考史的内容。

中国史学最为发达，内容极其丰富多彩，所谓中国没有史诗的说法，真是可笑！中国《二十四史》详细记述了中国两千多年来逐年逐月地记下所发生的大事，内容广泛，天文、地理、政治、经济、文化、礼仪、教育、选举、职官，无所不包。这是世界独一无二的，却被某些人所遗忘！世界上任何史诗，能跟《二十四史》相比吗？此外还有按空间编的国别史和地方志，国别史如《国语》、《战国策》、《华阳国志》，各地有省、州、县的地方志，如《四川通志》、《云南通志》等，按时间编的有编年史如《春秋》、《竹书纪年》、《汉纪》、《资治通鉴》等，有记人物的《孔子编年》、《晏子春秋》、《列女传》、《高士传》、《传记》、《年谱》，有载事件的《宋史纪事本末》等，还有关于制度典籍的《通志》、《通典》、《通考》，正史之外有别史、外史、杂史。还有史论方面的著作如唐代刘知幾的《史通》，清代章学诚的《文史通义》等。

"第四场：时务策三道。"第四场是关于时务的对策。黄宗羲的"荐举之法"中说：每年由各郡推荐人才，参加对策，像汉代那样。宰相将国家疑难的问题提出来，让这些候选人解答，再请朝廷官员一再提问，看他是否能提出一套办法。如果答案较好，可以让他负责一些具体的事情，看他任职的效果，然后任命他当官。推荐人要负连带责任，推荐的人道德高尚，能力强，应该给予推荐人以奖励，所推荐的不称职，必须罢免，同时给予推荐人以处罚。"时务策"与当今的面试很相似。

黄宗羲除了科举之法，还有荐举之法、太学之法、任子之法、郡县佐之法、辟召之法。另外有些特殊的学问，他称为"绝学"。有特殊学问的人，由地方推荐给朝廷，加以考察，果真有创见，可以留下，作为"待诏"，即备用。不行的话，就退回去。另外提倡上书，主要有二：一是向朝廷提出建议；二是将自己的论著贡献朝廷。朝廷就可以根据他们的建议与论著的价值，予以相应处理。当然也可以从这些人中选拔特殊人才。太学是从汉代开始的，是培养人才的地方，也是选拔人才的一个重要渠道。

黄宗羲还对太学培养人才，另作了设计。由各地方培养的弟子员，评出"才能德艺"者，选送太学深造。从太学毕业时，根据对他们平时的考察，进行综合评定，分为三个等级。上等者，与科举考试选出的一样对待，由宰相在侍中安排职位。中等者，就不需要再经过地方的乡试，可以直接进入礼部的考试。下等者就退回乡里。太学就是中国最早的大学，培养人才也有一定的合理性。学而优则仕，也有淘汰机制。

考试还分地方考试（如乡试）和礼部考试（即中央考试）。先由地方考试选拔，然后由礼部尚书负责贡举全过程，最后由宰相鉴别、选拔、分配，挑选最优秀的人，安排在皇帝身边，经过反复考核合格的，才派出任郡县的行政长官。再从郡县行政长官中挑选优秀者到中央各部任主事。没有通过礼部尚书主持的贡举这一关的，回到地方,重新经过乡试的选拔,然后才能到礼部参加考试。这个设计似乎很完善,但是,官员那么多,如今县处级以上的干部就有几十万人,一个类似"礼部尚书"的组织部长怎么管得过来?一个相当于"宰相"的总理怎么审查得了?

黄宗羲所设计的考试制度有明显的时代局限性,他主要提倡汉唐时代的选拔办法,有明显的理想性质。他认为宰相与礼部尚书都是大公无私的,真心提拔人才的,又都是"明镜高悬"、"明察秋毫"的。如果宰相与礼部尚书走后门,与其他官员互相照顾,官官相护,如果他们受到高额贿赂,或者因为自己的亲朋好友来应考,将会如何处理?还有,如果应考人的性格、观点、治学路子不与他们相似,或者颇有创新思维,与他们的传统的保守观念不一致,怎么保证不会遗漏人才?当他们营私舞弊时,能不能受到应有的监督?他们的选拔权力是否受到制约?黄宗羲提出的选拔人才的方式,基本上是想从汉唐时代吸取成功的经验,而他还没有意识到科举制度还存在哪些弊端。他那时虽然已经知道西方的科技与制度及其优越之处,值得中国人学习,但还没有提到科举制度相对于西方的选拔人才办法显得落后。因此,我们可能设想,在黄宗羲的心目中,西方还没有更好的选拔人才的制度可供中国人学习。也就是说,黄宗羲认为科举是好的,只是路子太窄,需要拓宽,应当增加科举项目,以便招聘更多人才为朝廷服务。

(4)科举制度如何评价。

科举制度实行了一千多年,到清末(公元1905年)废除。此后的一百年中,科举制度受到不断地批判,一有机会,它就会被作为封建制度的一项内容给予批判。批判主要也是集中在"八股文"上，将之作为典型的僵化的代表。20世纪开放以后，启功先生发表了一篇长文《说"八股"》，后又作为单行本出版发行，再后来就与张中行等人合作于1993年在中华书局出版。八股文也不是一无是处，只是太死板，太规范了。而现在我们也还有许多人正在追求规范！规范是需要的，没有规范不行；可规范必须有个度，太规范必然僵化。一些文章肯定科举制度有公平性，可以保持社会阶层的上下流动性。还有一个优点，那就是文官制度，比其他国家的贵族任官制、武士任官制，都要进步一些。文官既讲法制，也讲伦理道德，所谓合理合法，合情合理。有的人认为科举制度的主要缺点是考试内容狭窄，只有"四书五经"，而且程式化。批评科举制度的人多是不了解古代科举考试。科举是分科考试的。选拔当官，从政，考儒学的内容，难说是狭窄的。科举制度也有改革的过程。所谓科举制度妨碍科技发展是不能成立的，因为在15世纪以前，中国的科技远远超过西方，是同时代的欧洲所望尘莫及的。有的人给科举制度定了"三宗罪"：一是遗漏了不少人才，二是考试内容毫无实际意义，三是耗费读书人太多的时间与精力。这三条，没有一条可以成立！任何时代任何选拔制度，都会遗漏人才，一万年以后也是这样。任何社会也不可能将每个人的能力全部充分发挥出来。这怎会成为科举的弊端？遗漏多少，无法统计。在约一千年中，科举制度是世界上最先进的选拔人才的制度。提出考试内容毫无实际意义，是因为批评者未必看到过考题与答卷，他对科举也基本不了解，只是凭印象，随意批评。一个考官出题可能"毫无实际意义"，在一千年中，几百次考试都"毫无实际意义"，这可能吗？缺席审判，随便骂已经死去的古人，要不要讲道理呢？我以为，不是"考试内容毫无实际意义"，而是这种批评"毫无根据"。至于耗费时间与精力，15世纪以前的西方知识分子的时间与精力都用在何处？为什么科技不如中国进步？他们是否耗费得更多？如果是的话，那么能有不耗费的吗？科举考试引导人们学习文化，提高素质，怎么能说是耗费时间和精力呢？

我不主张恢复科举制度，更不同意现在用考"四书五经"的办法来选拔人才。但是，要想对科举制度进行评论，还是要看一些资料，有一些了解，放在世界历史这样宏观的角度下进行分析，否则，以"现代视野"看科举，而不是放在具体历史背景下进行考察，怎么能做出合理的评论、适当的评价呢？当今的公务员考试，毛病也许比科举还多，因此才有人提出恢复科举。科举与高考相比，要承认现实，科举不宜恢复，高考不能取消，因为它相对公平。不过高考的不断改革是必要的。据说因为有人提倡恢复科举制度，才有人发表文章反对科举制度。提倡恢复科举制度，与当前公务员考试的弊病有关。能够正视批评，能够公开点明批评的对象，能够以探讨真理的态度来开展批评，是一个国家、一个民族有自信心的表现，或者说这也说明一个国家、一个民族有学术尊严。现在的批评都是不公开点名，不知内情的人以为无的放矢。

黄宗羲在政治方略的设计中，取士是重要的具体内容。他总结历史上选拔人才的方法，改革当时的科举制度。我们总结历史上取士方法的经验教训，包括黄宗羲的设想，改革和完善当前的公务员考试，都是古为今用。盲目否定古代的，企图全面恢复古代的，这两种极端的不同偏向，恐怕都是不能实现的。反对走极端，是符合辩证法的，古代称之为"中庸"。

综合以上内容，我归纳对科举制度的看法，以及高考和公务员考试的意见，有如下几点：

第一，古代科举并非只考"四书五经"。例如清代学者卢文弨(余姚人，乾隆进士，著有《抱经堂文集》)出考进士的题目是"以仁安人，以义正我"。这一句话出自董仲舒的《春秋繁露·仁义法》。卢文弨《四库馆奏进书后》按语称："皇上新考试词，臣取仲舒语'以仁安人，以义正我'命题。"董仲舒《春秋繁露》既非五经，也非四书。考武举，不考"四书五经"，而是默写《孙子兵法》的一段话。有考论的，即命题作文，有考时务策，就是问答题，要求回答对现实问题的看法和处理意见，还有考诗赋的，当然也有考经义的，就是对经书上的话进行详细注解，发挥议论。有的考"三史"。可见，考试并不狭隘。有理论有实际，并非都没有实际意义。

第二，科举考试主要特点是公平。为了公平，曾有多次改革，对考卷采取糊名法，有的从字形可以分辨答题者，后又改誊录法，由另一些人将试卷重新抄写一遍。还采取层层复试等办法，避免不公平、不真实的现象发生。总结历史上的改革措施，可以作为改革现代公务员考试办法的参考。

第三，现代公务员考试不能照搬古代的办法与考试内容。主要根据当代公务员所需要的文化素质和行政能力，以及其他所需要的技能进行考察。为了弘扬中华传统文化，提高公务员的文化素质，考试内容可以有一些关于中国文化(包括传统思想、中国历史、传统文学艺术等)的内容。当然不能只考中国文化这一门。

第四，科举制度与高考制度不同。前者只招行政人员，后者选拔各种人才，包括理工科人才。所以考试面广一些。从现在看，当今公务员考试比古代科举考试更狭隘。现代公务员需要文化素质、科学精神、审美情趣和人情世故，还需要理论素养和实践技能如开车、电脑、外语以及办公自动化的知识和操作能力。而现在的公务员考试并不全面。

第五，科举制度的合理性。这可以从两个事实得到证明。一是这种制度在改朝换代中延续了一千多年；二是"文化大革命"期间曾经实行过推荐入大学的方法，弊病很大，反证了科举考试的合理性。

第六，科学制度的合理性得到西方人的肯定。元明时代的西方人对中国的科举制度给予了充分肯定。西方的考试制度是从中国学去的。后来中国落后了，一切中国文化制度都受到批判，被全盘否定。在国际大背景下，中国取消了科举制度，并出现了许多批评文章，批评科举制度后期的弊病，如八股文的僵化形式。五四时期批判科举，应该说是有积极意义的，因为是当时革命的需要。现在冷静分析科举制度，不应该简单否定当时的批评。总之，科举制度不能全盘否定，五四时期批判科举制度也不能全面否定。

# 第十一课　中国古代的霸权主义与恐怖主义

## 1. "荆轲刺秦王"新论

(1)刺客荆轲。

"荆轲刺秦王"是发生在战国时期的事情,司马迁《史记·刺客列传》有详细记载。战国时期,按韩非子的说法,是"争于气力"的时代。

秦国本来是一个小国弱国,地处西边,没有实力与中原地区各诸侯国抗衡,不参加诸侯会盟,被视为落后的夷狄。"秦僻在雍州,不与中国诸侯之会盟,夷翟遇之。"秦孝公在周室衰微,诸侯力政的时候,有了危机感,想发愤图强,救亡图存,于是"布惠,赈孤寡,招战士,明赏罚"。并下令国中,说:"宾客群臣有能出奇计强秦者,吾且尊官,与之分土。"过了两年,卫鞅劝秦孝公"变法修刑,内务耕稼,外劝战死之赏罚"(《史记·秦本纪》)。秦孝公采纳了卫鞅的霸道治国方略,实行三年,明显见效。这个卫鞅就是历史上著名的法家人物商鞅。秦孝公开始实行商鞅变法,经过惠文君、武王、昭襄王、孝文王、庄襄王,再到秦王政即秦始皇,秦国实力逐渐壮大起来,就采取近攻远交的办法,各个击破。秦军攻韩,"得韩王安,尽纳其地，以其地为郡，命曰颍川"（《史记·秦始皇本纪》）。秦军又攻赵，围邯郸城，结果也是得赵王迁，尽取赵地。秦军兵屯中山，"引兵欲攻燕"（同上）。在秦兵已经吞并邻国，矛头直指燕国的时候，燕太子丹十分恐惧，就到处招募刺客，想通过刺杀秦王来解除本国的危机。于是，派荆轲出使秦国。荆轲为了取信于秦王，带了两件礼物：樊於期首与燕督亢地图。樊於期是秦将，得罪秦王逃到了燕国，燕太子丹收留了他。秦王恨樊於期，同时也恨燕太子丹。秦王以重金（金千斤）高爵（邑万家）悬赏，欲购樊於期头。所以，把樊将军的头献给秦王，秦王一定很高兴，这样就可以接见来献者。另外，秦王有贪利之心，最高目标是"尽天下之地，臣海内之王"（《史记·刺客列传》），要占领天下的土地，要高居于天下诸侯王之上，就是要统一天下，当上天子。当然，正如荀子所说："夫贵为天子，富有天下，是人情之所同欲也。"（《荀子·荣辱》）荀子又说："凡人之性者，尧、舜之与桀、跖，其性一也；君子之与小人，其性一也。"（《荀子·性恶》）总之，"今人之性，生而有好利焉。"（同上）秦王只有贪利之性，不受礼义制约。秦王在节节胜利的时候，已经利令智昏，居然有人来献地图，一定很高兴。只有以满足秦王贪欲之性的方式，来取得秦王的信任，这样才可以接近秦王，才能在适当的时候实施突然袭击，进行恐怖活动。荆轲带着十三岁就杀过人的勇士秦舞阳，藏着沾染毒药的锋利匕首出发。荆轲上路时，燕太子和宾客都穿着白衣来送行，朋友高渐离击筑（打击乐器），荆轲唱道："风萧萧兮易水寒，壮士一去兮不复还！"可见荆轲出发时已经做好了牺牲的准备。

荆轲先收买秦王宠臣蒙嘉，蒙嘉向秦王传话说：燕王害怕秦王的威力，愿意投降，为了表示诚意，斩了樊於期的头，拿着燕督亢地图，一起来献。这是假投降、真刺杀的行为。果然，秦王中计，大喜，隆重接待荆轲。在看燕督亢地图时，"图穷而匕首见"。荆轲想抓住秦王，逼他签字，结果没有成功。荆轲被杀。荆轲的牺牲，换来的是"秦王不怡者良久"，秦王很长时间都不高兴，精神受到很大刺激。后来的事实是，秦王大怒，派王翦、李信带兵攻打燕国。五年后，秦国消灭了燕国，俘虏了燕王喜。再往后的事实是，秦统一了中国，建立了统一的中央集权的国家。又在很短的时间内，强大的秦朝被陈胜、吴广等揭竿而起的农民起义军所推翻。

(2)历史评价。

对于以上事实该如何评价？我想主要可以分为两个问题：一是对秦始皇的评价，二是对荆轲刺秦王的评价。

对秦始皇的评价，总体上说是暴君行暴政。第一，是秦在进攻他国诸侯。秦在商鞅变法后，国力日益强大。秦王政当权时，不断向外扩张，成为山东各诸侯最危险的敌人。各诸侯又恨又怕，也曾想联合对付，合纵不敌连横，逐渐为其蚕食。按墨子的《非攻》思想，"苟亏人愈多，其不仁兹甚矣，罪益厚。当此天下之君子皆知而非之，谓之不义。……杀百人，百重不义，必有百死罪矣。当此天下之君子皆知而非之，谓之不义"(《墨子·非攻上》)。进攻别的国家，抢夺财物，杀人如麻，是最大的不义。以这个标准来看，秦始皇进攻其他诸侯国，就是行最大的不义。

第二，秦王在处理与诸侯的关系中，采取许多不正当不人道的行为，不讲道义，只凭实力，还经常使用欺诈的办法，商鞅开其头，张仪集大成。另如白起杀已降，坑赵卒数十万。秦王奉行的是"以便从事"，怎么有利就怎么做。正如李斯所说："秦四世有胜，兵强海内，威行诸侯，非以仁义为之也，以便从事而已。"(《荀子·议兵》引)不讲仁义，不问方式，只要胜利成功就行。

第三，秦王朝短祚也是被指责的理由。秦始皇称皇帝以后十年就死了，二世和子婴在动乱中苟延残喘不到五年。秦朝这么强大又在这么短的时间中灭亡，给后人的深刻教训是什么呢？贾谊在《过秦论》中说："然秦以区区之地，千乘之权，招八州而朝同列，百有余年矣。然后以六合为家，崤函为宫，一夫作难而七庙隳，身死人手，为天下笑者，何也？仁义不施而攻守之势异也。"这是根据短祚，来批评秦不施仁义。

第四，历代史家对秦始皇给予肯定的主要是统一中国、统一度量衡和统一文字。明代李贽称他为千古一帝。对于统一以后没有施行仁政，秦始皇是受批评的。

第五，在批评秦始皇的同时，历史上还表扬了一些反对秦王的人物如蔺相如、屈原和荆轲等。往往以秦王作为反面人物来衬托这些爱国的、大无畏的英雄人物。

对荆轲的评价，是勇敢的侠客。第一，荆轲刺秦王，虽然是个人行动，却是集体的创作，由太子丹主谋，田光参与策划，樊於期献身，还有秦舞阳配合，高渐离后续，准备了沾毒药的匕首。大家都在为正义事业而献身。荆轲是主角。

第二，帮助弱者，对抗强者。荆轲敢于牺牲自己，勇敢、豪放、冷静，为后代敢死队树立了榜样。

第三，秦王威行诸侯，暴烈无比。荆轲是反霸勇士，抗暴烈士，是敢于深入虎穴的英雄。

第四，儒家孔子讲"杀身成仁"，孟子讲"舍生取义"，荆轲成为"不成功则成仁"的典型。他虽然没有成功，却豪气贯长虹，英名垂千古。

第五，《史记·刺客列传》是武侠小说的滥觞。荆轲也成为后代侠客的典范。所谓"士为知己者死"，所谓"路见不平，拔刀相助"，所谓"为朋友可以两肋插刀"，都是侠客仗义的行为。

(3)重新思考。

荆轲刺秦王，事后两千多年，我们再来重新加以评论，还是有必要的。

第一，统一天下。天下大势"合久必分，分久必合"。周天子统治不下去时，天下就分了。春秋战国分了几百年，出现了合的趋势。战国时的七国，各诸侯都想统一天下，秦国的实力最强，最后实现了统一大业。这应该说是历史的必然。统一是必然的，分久必合。由谁来统一，则有偶然性。偶然中有必然，由强者来统一，是必然的。春秋五霸和战国七雄虽然也都想过并努力实施过统一计划，由于种种原因，都未能成功。秦国实行变法以后，经过几代人的努力，逐渐成为强者，就承担起统一的历史使命。秦始皇完成统一大业，应该说是伟大的历史功绩。他为中华统一的多民族国家奠定了基本格局。

第二，逆取。目标是符合历史发展方向的，是正确的，手段就是为目标服务的。孟子说"春秋无义战"，韩非说战国是"争于气力"的时代。在这样的时代，德政道义不管用，没有实力办不成事，弱国无外交。兵不厌诈，秦王根据当时的形势，"以便从事"，取得节节胜利，最后实现统一天下的目标。应该说从这个角度来看，秦王的手段也是无可厚非的。秦王实行霸权主义，就是为了称霸世界，统一天下。用武力统一天下，就不可能不杀人（包括无辜的人）。孟子说："行一不义，杀一不辜，而得天下，皆不为也。"（《孟子·公孙丑上》）朱熹认为这是说圣人心正。但是，孔子以后没有圣人，或者说没得天下的圣人。因此，在历史上还是有杀一些不辜者而得天下的。曹操杀了吕伯奢；唐太宗杀了亲兄弟；宋太祖杯酒释兵权，避免了一场血腥悲剧；而明太祖则经过几次惩治"谋逆罪"杀了一批开国元勋，如胡惟庸、兰玉等。被杀的人犯的罪都牵连一些所谓"党逆"，特别是兰玉，牵连鹤庆侯张翼、普定侯陈桓等一批大官，根据锦衣卫指挥蒋（王献）所告，"坐党论死者可二万人"。这二万人中，不可能没有一个是无辜的。就是大臣李善长仅仅提个少杀人的意见，也被赐死。实际上他也是无辜的。倒是先死的刘基和徐达等人没有因为犯罪被诛，对于他们，先死成为幸事。孟子讲的是理想，与现实出入甚大。因为有这个理想，使后代不杀人和少杀人有了理论依据。在中国历史上，在争权夺利的殊死搏斗中，总是要杀一大批该死的和不该死的人。得天下，就是改朝换代，就是以武力夺取政权，没有不杀人的。这叫"逆取"。在争于气力的乱世，不进行逆取，则有失败的教训。宋襄公跟敌人讲道德，结果失败。韩非认为在争于气力的时代，仁义道德是无力的。他举例说："徐偃王处汉东，地方五百里，行仁义，割地而朝者三十有六国，荆文王恐其害己也，举兵伐徐，遂灭之。"徐国只有五百里的地方，是一个小国，实行仁义以后，居然有三十六国愿意割地给它，荆国即楚国的国王感觉可能对本国不利，就派兵去攻伐徐国，结果就把徐国消灭了。过去虽然有三十六国愿意割地奉献，这时却没有国家援助徐国抵抗入侵者，眼睁睁地看着强国把行德政的小国消灭了。可能也是心有余而力不足，许多小国的实力也抵抗不了楚国的进攻。齐国与鲁国相邻，齐国要攻打鲁国。鲁国派子贡去齐国进行外交活动。子贡是孔子学生中最善于外交的人。但是，齐国的人说，你虽然说得很有道理，我们要的是土地，跟你说的没有关系。结果，齐国派兵打到鲁国，在离国门只有十里的地方划为国界。可谓"兵临城下"。接着，韩非子作了这样的议论："故偃王仁义而徐亡，子贡辩智而鲁削。以是言之，夫仁义辩智，非所以持国也。去偃王之仁，息子贡之智，循徐、鲁之力使敌万乘，则齐、荆之欲不得行于二国矣。"(《韩非子·五蠹》)徐偃王实行仁义，结果徐国灭亡了。子贡虽然有很高的智慧又善于辩论，鲁国土地还是被侵占。从此可见，仁义道德、智慧辩论，不能维持国家的主权与土地。如果抛弃徐偃王的仁义，放弃子贡的智慧，加强徐国和鲁国的实力，使它们能够对抗万乘的强国，那么，

齐国和楚国的贪婪欲望就不能在这两国中实现了。这里就说明道德
与智慧在"争于气力"的战国时代，难以成为维护国家主权的力量。
维护国家主权需要的是经济与军事的实力。

　　第三，顺守。按陆贾的说法，商汤、周武王都是"逆取而以顺守
之"。居马上得天下，不能也在马上治天下。陆贾对刘邦说："秦任
刑法不变，卒灭赵氏。向使秦已并天下，行仁义，法先圣，陛下安
得而有之！"（《史记·陆贾传》）唐太宗君臣议论兴亡问题时，也谈到
这一点。"太宗从容谓侍臣曰：'周武平纣之乱，以有天下，秦皇因
周之衰，遂吞六国，其得天下不殊，祚运长短若此之相悬也？'尚书
右仆射萧瑀进曰：'纣为无道，天下苦之，故八百诸侯，不期而会。
周室微，六国无罪，秦氏专任智力，蚕食诸侯。平定虽同，人情则
异。'太宗曰：'不然。周既克殷，务弘仁义；秦既得志，专行诈力。
非但取之有异，抑亦守之不同。祚之修短，意在兹乎！'"（《贞观政
要·辩兴亡》）唐太宗非常明确地指出，秦祚短的主要原因是得天下
以后没有采取"顺守"的方针，不是"务弘仁义"，而是"专行诈力"。
诈力可以用于对付政治敌人，不宜用于对付人民。用对付敌人的办
法对付人民，与人民为敌，或早或迟，都要灭亡的。贾谊在《过秦
论》中也表达了这个意思：在攻即统一天下的过程中，不施仁义，可
以取得胜利；在守即统治天下时，不施仁义，必定很快灭亡。"攻
守"形势是大不一样的。从历史上看，在战乱时代，强者胜。在统一
的时代，如果不行仁义，那么再强也要亡国。这是无数历史事实所
证明了的。

第四，秦王靠实力搞霸权主义，其他诸侯国的反抗是正常的。在乱世，实力强的诸侯搞霸权，企图征服其他诸侯。其他诸侯不甘心，就起来反抗。反抗有两种不同的方式：一是发展本国实力，与霸权主义对抗；二是利用少数人的暗杀恐怖活动来打击霸权主义。燕国曾经有过这两种不同的方式。齐兵大破燕国。燕昭王于破燕之后即位，卑身厚币以招贤者。对身边的贤者郭隗，"改筑宫而师事之"，即重新建筑宫殿让郭隗住，并把他当作老师对待。天下贤人得到这个消息，都奔赴燕国。经过二十八年的努力，燕国殷富。于是，以乐毅为上将军，与秦、楚、三晋合谋以伐齐。结果打败齐国，占领了大部分领土，齐国只退守两三个县。这是燕昭王重贤，恤众，发展实力，富国强兵，打败比自己强的齐国，报了仇。这种对付齐国的方针是正确有效的，是成功的经验。当秦将樊於期逃到燕国，太子丹接纳了他。这时太傅鞫武认为不应该为了一个人而得罪秦国，"以秦王之暴而积怒于燕，足为寒心"。他建议吸取历史经验，开展外交活动，联合其他政治势力，共同对付秦国。但是，合纵已经瓦解，不可复振。太子丹认为太傅的办法太慢了，旷日弥久，不能救当前之急。于是，采取另一种方针，即利用少数人的暗杀恐怖活动来打击霸权主义。太子丹通过田光找到荆轲，想通过暗杀行动来解决目前的危机。实际上，暗杀个别人物，只能产生一时的轰动效应，无法扭转政治局势。当时秦王即使被刺身亡，秦国六世所形成的强势并不会减弱，也会因为燕国的行刺，而进攻燕国，实行复仇，难免导致燕国的速亡。事实证明，第二种方针是失败的，教训是深刻的。

韩非的理论是对秦国政治的总结，同时又成为秦国的指导思想。正如李斯所说：秦国逐渐强大起来，不是由于实行仁义，而是从实际出发，按最有利的方案去做就是了。怎么有利就怎么做，不考虑什么道义、公正等问题。秦始皇根据这一理论，利用张仪巧舌如簧，言而无信，欺骗楚王。远交近攻，师出无名。能够胜利就行，所谓兵不厌诈。希特勒也有类似的说法，只要胜利了，没有人会向胜利者讨什么说法。

韩非与李斯的老师荀况在批评李斯的时候说：

> 非女所知也。女所谓便者，不便之便也。吾所谓仁义者，大便之便也。彼仁义者，所以修政者也；政修则民亲其上，乐其君，而轻为之死。故曰：凡在于军，将率末事也。秦四世有胜，諰諰然常恐天下之一合而轧己也，此所谓末世之兵，未有本统也。故汤之放桀也，非其逐之鸣条之时也；武王之诛纣也，非以甲子之朝而后胜之也，皆前行素修也，此所谓仁义之兵也。今女不求之于本而索之于末，此世之所以乱也。（《荀子·议兵》）

这段文字的大意是：以便从事，这种便是暂时的便，坚持仁义，才是长远的便。仁义是为了搞好政治，政治搞好了，人民就亲近上级，就喜欢国君，就愿意为他们牺牲。所以说，对于军队来说，打仗是次要的。秦国虽然四世都取得一些胜利，常常害怕各国诸侯联合起来与自己作对。这就是末世的军队，没有统率军队的灵魂。所以说，汤流放桀，不是在鸣条那里才放逐的；周武王诛杀殷纣王，也不是在甲子那一天才战胜的，都是以前平常施行仁义的结果。这就是所谓仁义之师。现在你不求本(仁义)而追求末(眼前胜利)，天下就这样乱了。

荀子在这里提到两个问题：一是统治者把政治搞好了，人民就愿意为他们牺牲。秦国实行霸道，不断使用武力进攻弱小国家。燕国被迫无奈，就派荆轲去刺杀秦王。这是弱势群体对强势群体的抵抗，也算是古代的恐怖活动。这种行为明显的是由霸权主义逼出来的。为什么荆轲不怕死，愿意牺牲自己？不是燕国政治有多么好，只是对秦国的霸权主义的反抗。二是不讲道义，只凭武力征服，会导致天下大乱。即使一时胜利了，也会很快亡国。秦国以自己的军事实力统一天下，结果还是导致天下大乱，而且秦国虽然强大，很快淹没于人民起义的浪潮之中。荀子的预见是相当正确的，因为他确实掌握了这种政治变化的基本规律。

## 2. 人要有正气

在中国哲学史上，气是一个非常重要的、广泛使用的概念。它的内涵不尽相同，主要有两种用法：一种是探讨宇宙本原的求真哲学把它作为物质性的概念来使用，相当于西方的原子概念；另一种是在探讨人际关系、社会治理的求善哲学中，用来描述精神状态、思想境界的精神性的概念。所谓"浩然之气"、"正气"、"神气"等都是这一类概念。

孟子说的"浩然之气"，北宋二程认为就是"天地之正气"。南宋文天祥写下雄文《正气歌》，开头就说"天地有正气"。什么是"正气"？因为它是精神性的概念，所以，提出"浩然之气"的孟子也认为是很难说清楚的。但是，还是要说的。

孟子讲"浩然之气"，"集义所生"，"配义与道"，"至大至刚"。用现代语言来讲，"浩然之气"即"正气"，其本质内容是"义"与"道"，其表现形态是"至大"又"至刚"。义者，宜也，是合理、恰当的意思。简单地说，义，就是指利国利民的原则。道指客观规律。道与义结合，就是古人所说的"天理良心"、"合情合理"。用现代话说，就是利国利民和实事求是。所谓"至大"，就是最大，"塞于天地之间"，"无所不在"。人的精神怎么会无所不在呢？这是说，人在任何场合，在任何情况下，都要坚持合情合理，不做不合情理的事，不说不合情理的话。这个所谓"任何情况"，孟子分为两种：得志与不得志。他说："得志，与民由之；不得志，独行其道。"贫贱与富贵，他说："富贵不能淫，贫贱不能移。"（《孟子·滕文公下》）"至刚"，就是最坚硬，任何压力都不能使它弯曲、屈服。孟子讲："威武不能屈"（同上）。威武，是指一种强大的压力。

一个人能够做到"富贵不能淫，贫贱不能移，威武不能屈"，能够坚持为国利民和实事求是，就算是有了正气。

(1)富贵不能淫。

自然界有客观规律，社会生活也有规矩和法则，在古代，中国人称这些规律、规矩和法则为"道"。并且认为应该学道，知道、循道，就是要按客观规律和法则办事。官大家富的人讲究生活、追求享受，往往超出一定的度，背离规律和法则，不但无益，而且有害。例如，出入都坐车，车就成了损害两腿的机械；肥肉美酒、美味佳肴，满足了口舌的欲望，却是腐蚀肠胃的药；美色淫声，可以满足耳目的视听享受，却是损害健康的东西。因此，古人说："贵富而不知道，适足以为患，不如贫贱。"(《吕氏春秋·本生》)富贵人家不能遵循道，钱财成了损害健康的东西，还不如贫贱，因为贫贱者没有财力，无法追求过分的享受。贪图享受，背离规律与法则，就是"淫"。正确的态度应该是"富贵不能淫"。

淫，也表现在观念上。有一些人富贵以后，脾气渐长，就产生骄傲情绪，目空一切，不能平等待人，也不与穷朋友来往了，只跟与自己地位相当的人交往。贫贱时的妻子也不中看了，需要换一个年轻漂亮的伴侣。古代叫作"贵易交，富易妻"。有的人不是这样，虽然升了官发了财，还是能平等待人，谦虚谨慎。他们也有一种说法："贫贱之知不可忘，糟糠之妻不下堂。"(《后汉书·宋弘传》)结交新朋友，不忘老朋友。

在国际关系中也存在这个问题。有的国家一直处于比较贫穷落后的地位，其至在不久以前还是外国的殖民地，近一二百年才富起来，就想称霸世界，自认为什么都比别人好，地理风水是最好的，社会制度也是最优越的，似乎什么都比别人强，还要把自己的价值观强加于别人，动不动就要用武力干涉别国的内政，侵犯别国的主权，为牟取本国的私利，提出一些针对别国的理论，搞实用主义。这也是"淫"的表现。过去欧洲稍微富一点，就在世界各地开辟殖民地，哥伦布航海以后，欧洲人就在美洲开辟了许多殖民地。他们通过剥削、掠夺和奴役殖民地人民而富起来。在四五百年前，中国比欧洲各国都要强大，至少在造船业与航海业方面远远超过当时的欧洲。郑和下西洋的船队是当时世界上最大的航海船队。浩浩荡荡，沿途经过30多个国家，到达非洲东岸。凭当时的实力，中国人可以把沿途各国都占为殖民地。但是，中国人没有这么做，因为他们认为那是不义的。这是"富贵不能淫"的表现。中国人民有爱好和平的传统，这是充满正气的国家。中国现代政府提出"和平共处五项原则"，提出不首先使用核武器，永远不称霸，这种浩然正气，公正态度，为世人瞩目。

（2）贫贱不能移。

移，就是转移、改变的意思。本来不敢做的事，羞于做的事，因为贫贱而去做。例如，小偷小摸，卖淫图财，这些都是贫贱而移的表现。有的人从小受到诚信的教育，受到科学知识的教育，为了脱贫，却宣传迷信，骗取他人钱财，这也是贫贱而移。有正气的人不是甘于贫贱，而是通过正当的办法，靠自己的艰苦奋斗去脱贫致富。许多著名的企业家都有一部充满正气的创业史。

花无百日红，人无千日好，世上没有不散的宴席，也没有长盛的国家。从世界历史上可以看到任何强国也有衰败的时候。古希腊、古罗马，再早有古埃及、古巴比伦，都已经成为过去。中国汉唐盛世的时候，英国还是一个不起眼的小国，11世纪，诺曼底人才开始入侵，到17世纪以后，经过资产阶级革命和产业革命以后英国才逐渐强盛起来，到19世纪末成为世界上最强的国家，侵占了比本土大150倍的殖民地，成了号称"日不落"的国家。当今称霸世界的美国和人口众多的印度也都曾经是它的殖民地，它还曾经用武力发动鸦片战争，从中国夺去香港的主权。一百年后的今天，英国把香港主权奉还给中国，在欧洲已经不像法国、德国那样有独立性，成了曾是自己殖民地的美国的附庸，充当帮凶的角色。世界变化真大。物极必反，盛衰兴亡，这就是历史的辩证法。

过去，中国人也有许多值得自豪的东西，例如灿烂文化和悠久历史，地大物博和人口众多。近一二百年，中国经济和科学都落后于欧洲，如何看待这种现实？我们不能闭眼不看现实，总以过去的强盛，否认如今的现实，还把已经过时的天朝大国挂在口上，对东洋西洋都贬为夷狄，予以蔑视。经过几番血与火的较量以后，中国落后挨打，有些人的观念产生了很大变化，产生了崇洋媚外的思想，以为什么都是外国的好，自卑思想十分严重，由于今天的落后，觉得事事不如人，在探讨落后的原因时，把中国所有的传统都看作是落后的原因。甚至说黄土高原只能产生黄色文化，而黄色文化代表着落后、保守、封闭。万里长城只是封闭的象征。但是，据我研究，中国从秦汉以后，在造船业和航海业方面都处于世界领先地位。秦有徐福航海的记载。汉时能造大楼船，到了明代，郑和航海，更是轰动世界的航海壮举，其水平远远超过同时代的欧洲。如果说有蓝色文化，那么从秦汉到明代的一千多年中，中国一直是蓝色文化的首领，怎么会是落后的代表呢？这种不切实际的论调，这种民族虚无主义和历史虚无主义，都是崇洋媚外的心理与欧洲中心主义者的偏见相结合的结果。这也是"贫贱而移"的表现。中国的现实是一穷二白，像一张白纸可以画最新最美的图画。这话说起来似乎很容易，但它充满"贫贱不能移"的浩然正气！它表达了一种强烈的民族自信心。

（3）威武不能屈。

富贵不能淫，贫贱不能移，都需要"威武不能屈"的坚强意志。"威武不能屈"，似乎大家都比较容易理解。在明知有杀头危险的时候，敢不敢挺身而出，仗义执言，说一句合情合理的公道话？路见不平，能不能拔刀相助？在强大的压力下，能不能坚持自己的为国利民的宗旨？敢不敢讲真话？这是需要勇气的，这种勇气来源于心中的正气。充满正气的文天祥有一句名言："人生自古谁无死，留取丹心照汗青。"他还写了《正气歌》，开头就说："天地有正气"，后面列举了中国历史上有正气的一大批典型人物。第一个就是"在齐太史简"。《左传》襄公二十五年载：崔杼谋杀齐国君。齐太史写下："崔杼弑其君。"崔杼杀了太史，让太史的弟弟继任此职，新太史坚持写下这一史实。崔杼又杀了他。再让老三继任太史职。在两个哥哥被杀的情况下，看他还敢不敢坚持写这一史实。在这生死关头，老三仍然这么写。为了留下一部信史，中国古代史学家前赴后继，不怕牺牲。这就是"齐太史简"的浩然正气！中国古今有一大批"威武不能屈"的英雄人物，他们在任何艰难困苦面前，任何威胁面前，毫不气馁，绝不屈服，从不低头。荆轲刺秦王，浩气撼山岳。就是称霸世界的美国，也不过是"纸老虎"。这是何等的英雄气概！中国有深厚的传统底蕴，虽然历经磨难，仍然是：

　　天地有正气，直贯斗牛间。

第十二课 中国传统科学

五四运动时期讨论了两个主题：科学和民主。经过近一个世纪的政治斗争和政治运动，中国人民选择了自己的民主形式，并不断改进、完善。这就是我国现在实行的人民代表制的民主制度。这种制度，不是从欧洲进口的，也不是从美国引进的，而是从中国自己的传统中发展起来的。这是中国特色的民主制度。科学的问题也很复杂，许多科学理论和科学技术都是从西方引进的。至于中国自己传统中有没有科学，许多人以为这不成问题。但是，我最近看到一些研究文章，发现这在一些人那里还很成问题，确实需要加以研究。究竟中国有没有科学呢？

## 1. 科学是什么

　　科学是很复杂的问题。中外科学家给科学下过的定义很多，也都不一样，曾经进行过各种争论，至今没有定论，似乎也不可能有最后的结论。有的说科学必须是被科学实践证明了的理论。有的又说科学应该是能够被证伪的。这些讨论都是有益的，都说明科学理论和科学观念在发展。

我以为，对于什么是科学这样的问题，只有从科学发展史上加以考察，才可能进一步做出有一定根据的探讨。忽视历史，则容易被当代的情况所限定，或称时代局限性。所谓科学定义，如果对于当代说得通，放在古代就说不通，在欧洲说得通，在其他地方就说不通，那么，这个定义就有当代的时代局限性和地域的局限性。关于这些情况，一些比较著名的科学史专家则有值得重视的论述。

首先，科学开始是与技术、哲学、神学融合在一起的，没有独立的所谓科学。到了近代，科学才从融合体中独立出来，这与西方的分析方法有关。不仅科学从融合体中分析出来，科学本身也分析成数学、化学、生物学、天文学、地理学等独立的学科。从大的分，有自然科学和社会科学，今后还将综合成一门统一的"科学"。这将是历史的必然。

科学和哲学，自然科学和社会科学，是有分有合的，曾经合在一起，后来分开，今后还要合起来。马克思在《1844年经济学哲学手稿》中预言自然科学和社会科学"将是一门科学"。人类思想的发展也将是合久必分、分久必合的。

其次，科学是不断发展的。科学是研究客观事物的现象和变化的规律。西方人把客观事物的本质及其变化规律叫作"实在自身"。丹皮尔认为："科学方法主要是分析性的，要尽可能地用数学的方式并按照物理学的概念，来对现象做出解释。但是，现在我们晓得，物理科学的根本概念都是我们的心灵所形成的一些抽象概念，目的在于给表面上一团混乱的现象带来秩序和简单性。因此，通过科学走向实在，就只能得到实在的几个不同方面，就只能得到用简单化了的线条绘成的图画，而不能得到实在自身。"①

物质是客观实在的，科学研究就是为了认识这个实在。科学的发展、进步，就是对实在的认识的深入，也是人类的认识向实在的接近。人类认识只能不断接近实在，永远不能达到实在。因此，科学必然是不断发展的，永无止境的。

最后，所有的科学都只能是假说。科学是人类认识过程中的知识体系。丹皮尔认为，现在的科学方法是用"数学的方式"和"物理学的概念"，来解释自然现象。而"物理科学的根本概念都是我们的心灵所形成的一些抽象概念"，都不是实在本身，都没有达到实在本身。这些在人的心灵上形成的抽象概念所构成的知识体系，只能是假说，只在某些方面大体反映了实在的某些性质，不能完全反映实在的全面情况。

不仅物理学的概念都是抽象的概念，都是人类的假说，而且其他所有的科学领域里的一切成果也全都是人类的假说。有的人认为数学是最可靠的、最客观的，但是，恩格斯说："全部所谓纯数学都是研究抽象的，它的一切数量严格说来都是想象的数量，一切抽象

_____

① 〔英〕W. C. 丹皮尔：《科学史及其与哲学和宗教的关系》原序，李珩译，张今校，北京，商务印书馆，1975。

在推到极端时都变成荒谬或走向自己的反面。"①

　　东方和西方都一样，观察天文，产生了占星术，同时产生了天文学。科学和迷信并存，二者融合在一起。对于世界的本质，西方产生了德谟克利特的原子论，中国产生了汉代的元气论和张载的气论。关于宇宙模式，西方有托勒密的地心说体系，中国古人对于同样的自然现象也有过许多猜想。他们在天象观察中发现恒星的相对位置没有变化，就把天象设想为一整块固体上镶嵌着发光的珍珠。占星术与天文学也是并存的，并交织在一起。中国两千多年前的汉代，天文学家讨论过天的形状问题，有的认为天像一个伞形的盖子，把大地设想为伞盖下的方形棋盘，或者是一个覆盖着的盆子。这是"盖天说"。有的认为天像一个鸡蛋壳，地像蛋壳中间的蛋黄。这就是以汉代张衡为代表的"浑天说"。有的认为天就是无边的气，没有什么盖子和蛋壳。浑天说与托勒密的地心说，极为相似。这个体系也像地心说那样，一直流传到日心说诞生。

　　但是，现在许多人对现有的科学成果过于相信，主要有两个偏向：一是对于被现代科学所否定了的过去的科学成果加以全盘否定，判为错误，或称为迷信与伪科学；二是认为现在的科学成果完全反映了客观实在，已经不是什么假说了。两个观点，综合成一个话，就是：今是而昨非。是，似乎永远是，不会再被推翻。西方有一个典型的说法：是就是是，非就是非，除此之外，都是鬼话。

　　恩格斯说："初看起来，这种思维方式对我们来说似乎是极为可

---

① 《马克思恩格斯选集》第 4 卷，369 页，北京，人民出版社，1995。

信的，因为它是合乎所谓常识的。然而，常识在日常应用的范围内虽然是极可尊敬的东西，但它一跨入广阔的研究领域，就会碰到极为惊人的变故。形而上学的思维方式……每一次迟早都要达到一个界限，一超过这个界限，它就变成片面的、狭隘的、抽象的，并且陷入无法解决的矛盾，因为它看到一个一个的事物，忘记它们互相间的联系……它只见树木，不见森林。"①恩格斯在《反杜林论》中谈到"永恒真理"的时候对形而上学的思维方式进行深入批判，他认为，变数出现以后，"数学上的一切东西的绝对适用性、不可争辩的确证性的童贞状态一去不复返了"。天文学、力学、物理学、化学有了长足的发展，"最后的终极的真理在这里随着时间的推移变得非常罕见了"。② 他认为："真理和谬误，正如一切在两极对立中运动的逻辑范畴一样，只是在非常有限的领域内才具有绝对的意义……对立的两极都向自己的对立面转化，真理变成谬误，谬误变成真理。"③"这种辩证哲学推翻了一切关于最终的绝对真理和与之相应的绝对的人类状态的观念。在它面前，不存在任何最终的、绝对的东西、神圣的东西；它指出所有一切事物的暂时性。"④真理和谬误，"只有相对的意义，今天被认为是合乎真理的认识都有它隐蔽着的、以后会显露出来的错误的方面，同样，今天已经被认为是错误的认识也有它合

① 《马克思恩格斯选集》第 3 卷，360 页，北京，人民出版社，1995。
② 同上书，428 页。
③ 同上书，431 页。
④ 《马克思恩格斯选集》第 4 卷，244 页，北京，人民出版社，1995。

288

乎真理的方面，因而它从前才能被认为是合乎真理的。"①

如果我们承认以上这些说法对于我们研究科学问题有指导意义的话，如果我们不仅在口头上承认，并且要在具体的科学研究中贯彻辩证法的话，那么，我们就可以讨论一些具体的科学理论和科学观念的问题了。

## 2. 中国有没有科学

这个问题，虽然从五四运动以来已经讨论了近一个世纪，虽然中外科学史专著都介绍了中国古代的许多科学成果和科学思想，至今还有一些人用不同的方式、不同的语言，表达一个共同的意思：中国没有科学。

中国古代有许多科技成就。例如，两千年前的秦代建筑了绵延万里的长城，隋代挖了从北京通州到浙江杭州两千多里的大运河，秦代有徐福带千名童男童女驾船东渡到日本，汉代就能造出十几丈高的大楼船。唐代富强名闻天下，长安简直成了东半球许多人向往的天堂。汉唐盛世就不必多说了，就是宋代以后，偶有西方人到了

①　《马克思恩格斯选集》第 4 卷，244 页，北京，人民出版社，1995。

中国，也都盛赞中国的繁荣昌盛，制度文明。到了明清时代，中国仍然是雄踞东方的大帝国。正如李约瑟博士所说："中国的这些发明和发现往往远远超过同时代的欧洲，特别是在 15 世纪之前更是如此（关于这一点可以毫不费力地加以证明）。"[①]

按这种说法，中国在 15 世纪以前，实际的科学水平超过同时代的欧洲。但是，欧洲在 16 世纪以后就诞生出近代科学，而中国文明却没有能够在亚洲产生出与此相似的近代科学，其阻碍因素又是什么？这就是所谓"李约瑟难题"。

海内外学者在解释"李约瑟难题"时，提出了各种观点，有的认为是由于中国古代有重农抑商的经济政策，中央集权的封建专制制度、科举制度使知识分子热心于读书做官，注意力不在科学研究上，官办的科技管理体制不利于科研的发展，造成闭关自守。中国古代有什么，就有人说那是中国科技落后的原因或因素。有的说因为中国实行大一统，是一个大国，船大不便掉头；有的说由于中国是在大陆上，以农业为主，是黄色文化，决定了落后保守的特性；有的说儒学影响了科技进步，因为儒家重视"道"轻视"技"，甚至把中国使用方块形的汉字也作为中国科技落后的一个重要因素。西方人认为，中国科举制度是一大创造，中国的林毅夫教授认为科举考试的科目是阻碍中国科学进步的重要阻力。[②] 庞朴认为，整个文化背景是

---

① 李约瑟：《中国科学技术史》第 1 卷序言，北京，科学出版社，1975。

② 林毅夫：《制度、技术与中国农业发展》，上海，上海三联书店、上海人民出版社，1994。

东西科技发展的不同的根本原因。他说：东西文化的差别，"使得中国人在古代那种较为经验的、直观的、混一的科学技术中得以做出巨大贡献，而发展不出纯逻辑、数学以及建基于其上的分门别类的近代自然科学，致使自然科学在其近代面貌中独具西方思维的神采。"①吴彤则认为，"李约瑟难题"的实质是自组织问题，"即中国古代社会未能向学术研究提供一个激发科学自组织演化的环境和条件，不仅基本阀值没有达到，而且对学术研究的控制基本是以国家行政命令和官办方式控制的，这种控制当然是被组织的方式。"②我认为这些问题还可以继续探讨，没有共识，也会给人们许多启迪。但是，有的人在解这个难题时，明确表示中国没有科学，那就要再讨论一下了。他们说：中国过去只是技术发达，不是科学进步。换句话说，中国古代只有技术，没有科学。"一般说来，科学应该是由概念、定律、定理、公式和原理等要素组成的具有逻辑自洽的知识体系。"而中国从来没有这样的"知识体系"，有人认为，李约瑟误把经验总结和对现象的描述当作科学。"中国历史上的《墨经》、《徐霞客游记》等著作只是对自然现象进行了较为细致的描述；《九章算术》、《齐民要术》、《农政全书》、《伤寒杂病论》、《天工开物》等著作也只是对解决有关计算问题，如何长好农作物，如何医治疾病和如何进行各种手工业等问题所做的较为系统的经验总结；而《梦溪笔谈》则兼有以上两者，它们都不能算作自然科学著作。事实上，在这些著作中不仅

---

① 庞朴：《秋菊春兰各自妍》，载《自然杂志》第13卷第15期。
② 吴彤：《生长的旋律》，180～181页，济南，山东教育出版社，1996。

没有任何科学的概念、定理、定律和公式，也没有提出任何定型的学说，更没有形成系统的科学理论。很显然，用科学的标准来衡量，它们既不能与欧几里得的《几何原本》，托勒密的《天文学大全》，亚里士多德的《物理学》同日而语，甚至也不能与阿基米德的静力学理论相提并论。"因此，这位作者断言："在 16 世纪前中国只是在技术和在对社会实践经验的总结上走在了世界的前头，而在自然科学方面从来就没有走在过世界的前头，甚至根本就没有出现过西方意义上的独立的系统的自然科学理论。"[①]

世界各国各民族在生活和生产实践中都有所发现或发明。西方人在近代有了很大发展，开始整理古代研究成果，编成各种科学学科的学说体系，形成了有概念、定理、定律和公式之类的科学理论。应该肯定，这是欧洲人对世界科学的贡献。这一套科学理论比较系统、严密和完善，取代了世界其他相形见绌的学说。这样造成了一个假象：文化有民族性，科学没有民族性。例如有希腊文化、埃及文化、巴比伦文化、中国文化、印度文化，却没有法国物理、英国化学、美国生物、德国数学。事实上并非如此简单。宗教属于文化，基督教的信徒也不都是欧洲人或美国人，佛教的信徒有印度人、中国人、日本人，也有亚洲以外的人。医学属于自然科学，有西医，有中医，还有非中非西的"藏医"。除此之外，世界各国再也没有别

---

① 钱兆华：《对"李约瑟难题"的一种新解释》，载《自然辩证法研究》1998 年 3 月第 14 卷第 3 期。《光明日报》1998 年 3 月 20 日刊登访谈文章《如何面对"李约瑟难题"》也有类似观点。

的医学了？也不一定。世界各民族的人都会生病，患病以后，都需
要治疗。在长期治疗实践中会产生经验，少数肯思考的人就把经验
总结出来，提出假说，形成医学。五百年前各民族都有自己的因地
制宜的特殊医学。西医流行以后，其他各种医学就被掩盖了。几十
年以前，中国也曾经有人提出中医是不科学的，是迷信，应该取缔，
好在当时的许多领导人知道中医确能治病，才没有取缔。

　　中国人吃饭用筷子，西方人吃饭用刀叉。即使中国人以后吃饭
也用刀叉，也不能说中国过去只有筷子，没有西方意义上的"餐具"！
能不能说筷子就是中国特色的餐具呢？由此类推，可以对许多问题
作出类似的解答。

　　在天文学上，西方有托勒密的地心说，中国有张衡的浑天说，
发生在东西方 2 世纪的两个学说有很多相似之处，都是以人类生活
的大地为静止的中心。他们又用不同的方式解释所观察到的现象，
说明天体是如何绕地旋转的。如何对待地心说？有的人认为，由于
地心说被哥白尼的日心说所否定，因此认为它是"错误的理论"[1]。甚
至有人认为它是"伪科学"[2]。如果我们承认这种观点，那么，我们应
该同时肯定日心说也是"错误的理论"，也是"伪科学"，因为它也被
现代天文学所否定。太阳只是太阳系的中心，不是宇宙的中心。而
现代天文学对于宇宙的看法，到若干年以后，或 100 年，或 1000 年
以后，是否也会被更新的学说所否定呢？这有两种情况：如果会，

---

[1]　沈小峰主编：《自然科学概论》绪论，郑州，河南科学技术出版社，1986。
[2]　薛风平：《浅论伪科学》，载《自然辩证法研究》1998 年 3 月第 14 卷第 3 期。

那么，现代天文学也将变成"错误的理论"、"伪科学"。这么一来，只要科学在发展，就不可能有"正确的理论"、"真科学"；如果不会，那么，科学就不会有大的发展，科学的发展就只有在原有的基础上增加新的成果，不可能推翻或改进原有的基础理论或理论基础。也就是说，已经有的科学根本理论不可能再发展了。我们认为，前者将是事实，科学是会在发展中不断更新的，而任何更新，都应该给过去的科学成果以一定的历史地位，而不能全盘否定。后者则是形而上学的观点。持这种形而上学思维方式的人是无法理解"自然辩证法"的。我们承认日心说是科学，也应该同时承认在西方天文学界占统治地位达1000多年的地心说也是科学。同样道理，与地心说相似的浑天说也应该是科学的。只要浑天说是科学的，就无法否定中国有传统的科学，中国曾经有自己特色的科学。

中国医学有系统的经络学说，有四诊八纲和脏象学，以及阴阳消长、五行生克等法则，形成系统的知识体系，至少在两千多年前就已经奠定了这一基础理论。李时珍的《本草纲目》对近两千种药物进行分类，分为六十二类，配成一万多种方剂。对每一种药都有释名、集解、正误、气味、主治、发明、附方等项内容，条分缕析，内容详备。这算不算是有概念、定理的知识体系呢？难道只有西方植物学里把植物分为单子叶和双子叶才是科学？东汉哲学家王充曾说："入山见木，长短无所不知，入野见草，大小无所不识。然而，不能伐木以做室屋，采草以和方药，此知草木而不能用也。"（《论衡·超奇篇》）只知道草的名称和形状还不够，更重要的是要知道这些草可配什么方，治什么病。可惜的是，两千年后的某些西方人还不知草药能治病，断言"草根怎么能治病?!"对于草根的治病功能毫无所知的所谓"植物学"，算不算完整的"知识体系"呢？

有一种奇怪的现象是：西方的科学史专家充分肯定中国历史上的科学成就，而中国的科学史研究者却极力否定中国的科技成就。例如，上文引述的一段话，对《梦溪笔谈》作了"不能算自然科学著作"的判断，而欧洲人李约瑟博士却认为《梦溪笔谈》是极为重要的科学著作，该书作者沈括因此"可算是中国整部科学史中最卓越的人物了"[①]。又如，汉代论天三家中的"宣夜说"认为宇宙是无限的空间，气托着天体在其中自由浮动。李约瑟博士认为："这种宇宙观的开明进步，同希腊的任何说法相比，的确都毫不逊色，亚里士多德和托勒密僵硬的同心水晶球概念，曾束缚欧洲天文学思想一千多年。中国这种在无限的空间中飘浮着稀疏的天体的看法，要比欧洲的水晶球概念先进得多。"[②]

宣夜说的"先进"是技术吗？不是。因为它根本就没有任何技术，这种宇宙观只有理论，只能是科学。欧洲专家认为它比托勒密地心说"先进得多"，而中国人却说中国历史上从未有过科学，没有可以与托勒密《天文学大全》同日而语的科学著作。双方似乎都表现出高尚的"谦虚"，抑或还有别的什么原因？

---

① 李约瑟：《中国科学技术史》第 1 卷第 1 分册，289 页，北京，科学出版社，1975。

② 同上书，115 页。

## 3. 中学数理化课本上为什么没有中国人的名字

这一问题说得简单点，就是因为这是欧洲人编的，或者是其变相翻版。说得复杂一点，原因就多了。但是，归纳起来，还是欧洲人的局限性。

首先，我们应该肯定的是欧洲在近代以来，科学有了长足发展，特别是近三个世纪以来，欧洲人的发明创造很多。正因为这样，欧洲人也就产生了局限性。局限性主要包括两个方面：知识局限性与观念局限性。

欧洲人的知识局限性。他们只能根据自己的知识来编写中学教材，自然把欧洲的科学发明编成如今的课本体系，对于欧洲以外的地方，历史上有什么发现，不太了解，就没有采用。例如，关于风的分级，现在世界上流行的是"蒲福风级"。蒲福是英国人，生于1774年，于1805年拟定风级，按西方的思维模式，分为十二级（一打十二）。中国清代编撰大型类书《古今图书集成》，其中收有署名"李淳风"的《观像玩占》一书，对风级按中国传统的十进位，分为十级。相比较，两者极为相似。谁都不能说蒲福风级才是高明的"科学",而李淳风的风级只是描述风的"技术"。李淳风是唐初的天文学家,比蒲福早了一千多年。就是现存的《古今图书集成》也是花几十年时间才编成的,于 1726 年正式印行。它也比蒲福早诞生近半个世纪。欧洲人编中学课本的人可能没有看过《古今图书集成》,大概也看不懂,情有可原。另外,中国的四大发明,欧洲人都知道,中国却没有发明指南针和火药的人名。中国很多发明都没有署名。庄周曾任漆园吏,两千年前的战国时代就已经开始使用自然漆,这是谁发明的,不知道。总之,中国有的发明没有署名,这不能埋怨欧洲人。有的发明是有记载的,而欧洲人没有看到,这才是他们的知识局限性。

欧洲人的观念也有局限性。近三四百年来,欧洲发展很快。一些欧洲人因此就以为"任何一种重要的发明或发现都绝对不可能在欧洲以外的任何地方诞生"。这是李约瑟先生对欧洲中心主义者的批评。在这种观念的束缚下,就不可能客观公正地评论各国的科学发明,就不能正视历史事实。"在一部 1950 年出版的关于工艺史的著作中,作者则没有把一些明明是属于中国人的成就归功于中国人,例如,关于中国人最先认识到磁极性、发明火药以及最早制造铸铁等,在这部著作中都只字不提。"[1]这显然是一种偏见。

关于航海的问题,中国有突出的贡献,除了发明罗盘(指南针)之外,中国在造船业方面也一直居于领先地位。有可靠记载的如秦代徐福东渡日本,汉代造楼船,特别是明初郑和下西洋,更是震惊

---

① 李约瑟:《中国科学技术史》第 1 卷序言,北京,科学出版社,1975。

世界的创举。

郑和航海与哥伦布航海相比，郑和早了 87 年；从规模看，郑和有 200 艘大船，哥伦布只有 3 艘小船；在人数上，郑和所率是哥伦布的 300 倍；航海次数是 7：3。郑和航海增加了中国与世界的互相了解，与亚、非 30 多个国家进行了文化交流和经济贸易。欧洲人写的科学史、航海史，都充分地肯定了哥伦布航海，却几乎没有提到郑和航海。郑和航海表明当时中国在造船业和航海业方面在世界上处于领先地位，有绝对优势。过半个世纪以后，欧洲人也还没有赶上这种水平。如果能够正视这一事实，那么，有一些人在那里宣传蓝色文化如何开放进步，而把中国归入封闭落后的黄色文化的种种神话，就会不攻自破了。奇怪的是，哥伦布航海是科学；而中国郑和所率庞大航海船队却只有技术，而没有科学！从世界历史这样宏观的视角来审视科学问题，应该能够做出正确的、公允的评价，怎么能只看近三四百年的情况，以偏概全，简单否定了欧洲以外的，特别是中国的人民对世界科学发展的贡献。17 世纪欧洲传教士到中国来，对中国多有赞美之词。几百年来，欧洲发展了，对中国的过去全都否定了，这是多么不公平呀！

关于科学问题，在 20 世纪 20 年代有过科学之争。至今，这类讨论还将继续。可以肯定的是，科学已经成为人类生活不可或缺的东西。但是，唯科学主义却可能受到惩罚，因为人类生活除了科学，还需要其他的非科学的东西。中国传统的科学思想与西方的科学思想有互补的关系。中国重整体综合，西方重局部分析；中国有较多的辩证思维，西方有较多的定量研究；中国重实用价值，西方重理论体系；中国重继承维护，西方重革新发展；中国医学以活体功能为基础；西医以尸体解剖为基础；中国医学以草药为主，西医以化学药品为主。中西方的科学思想各有长处，互相结合，更有利于科学的发展，也将是世界科学发展的新趋势。模糊数学、测不准原理、系统论、全息论，这些最新的科学进展都包含中国传统科学思想的某些成分，这就已经预示着今后世界科学发展的趋势。

## 4．中国古代天文学

(1)浑天说。

浑天说是在中国古代天文学界占统治地位达一千多年的天文学说。它的天地构成模式是：天地像一个鸡蛋，天像鸡蛋壳，地像鸡蛋黄。天有南北两极，北极出地三十六度，南极入地三十六度。日月随天出入地下而形成昼夜更替。它的最主要特点是：能够制造出浑天仪，通过实验来证实自己的学说与天象相符合。它的主要功绩是：能够指导制订比较精确的历法，能够正确解释日食、月食现象，并预告日月之食的时间和食分。天如鸡蛋壳这是一层天，与现代球面天文学是一样的，与西方的九层天相比，有明显的优越性。它说地像蛋黄，这是中国第一次提出地球说，这也是很有意义的。

(2)盖天说。

盖天说是中国古代最早的天文学说体系，它的主要观点是认为天是固体，形状像盖子，在上空每天旋转一周，地在下不动。并有七衡六间图，用以说明昼夜变化、寒暑更替等问题。主要观测手段是立八尺竿垂直于地面来测量日影的长短变化。这一学说保存下来的经典是《周髀算经》一书。《周髀算经》提出，北极下地，六个月见日，六个月不见日，夏有不化之冰，也提出赤道下地，一年两次收获，冬天长着夏天的植物，这跟现代科学都是相一致的。这些观点的提出在两千多年以前。这里要注意的是，西方的天文学，北极与赤道都在地球上，中国古代天文学，北极与赤道都在天上。

虽然天地不同，却是一一相应的。中国古代的北极下地，就是西方的地球上的北极。赤道下地也就是西方的地球上的赤道。

(3)宣夜说。

三国时的学者蔡邕说："宣夜之学，绝无师法。"《晋书·天文志上》记载着宣夜说的基本观点。全文如下：

> 宣夜之书亡，唯汉秘书郎郗萌记先师相传云："天了无质，仰而瞻之，高远无极，眼瞀精绝，故苍苍然也。譬之旁望远道之黄山而皆青，俯察千仞之深谷而窈黑。夫青非真色，而黑非有体也。日月众星，自然浮生虚空之中，其行其止，皆须气焉。是以七曜或逝或住，或顺或逆，伏见无常，进退不同，由乎无所根系，故各异也。故辰极常居其所，而北斗不与众星西没也。摄提、填星皆东行，日行一度，月行十三度，迟疾任情，其无所系著，可知矣。若缀附天体，不得尔也。"

这是保存宣夜说观点的唯一资料。《隋书·天文志》只引到"北斗不与众星西没也",文字也略有出入。"摄提"以后没录。"摄提"是星名,属二十八宿中的亢宿,是恒星。"填星"是土星,"摄提"与"填星"是不一样的,"填星"有东行,"摄提"不存在东行的问题。《隋志》也许因此不录后面几句话。《太平御览》卷二录这一段话时,"摄提、填星"四个字变成"七曜"两个字,从文意上说可能是正确的,因为据《史记·天官书》记载,岁星即木星其别名也叫"摄提"。但不知是编录者更正的,还是另有所本。《太平御览》录这段话时,上冠"抱朴子曰"。今本《抱朴子》内外篇均无此文。《晋志》、《隋志》引此文都没有指明出于"抱朴子"。这些细节问题有待于继续考证,不过,这些问题无关大局。从以上资料,我们可以了解到宣夜说的基本观点有两个方面:一是"天了无质",二是日月星"无所根系"。

"天了无质",就是说天是无体无质、无色无极的,是充满气的无限空间。它认为,人们所看到的苍天,不是带有苍色的天体,而是人的眼睛远望带气的空间所产生的错觉。人们的日常生活中也有这种错觉,例如眺望远处的黄土山,似乎是青色的,俯瞰深谷,似乎是黑色的。这里是从人的实际经验中来推论苍天是无色无体的,所谓"苍天"只是人们的错觉。这种说法否定了盖天说和浑天说关于天有体的观点。从现在来看,这种观点无疑是更正确的。

日月星"无所根系"。既然天没有体,只有空间,日月星就只好悬于空中。它们为什么不会掉下来呢?那是因为有气承托着,并在气的推动下作各自不同的运行。日一天走一度,月一天走十三度,五星有时走,有时停,有时顺行,有时逆行,有的消失,有的出现,许多星东升西落，北极星却不动位置，北斗星虽然也运行，但不跟别的星一起隐没于西方。日月星不是附着在一个天体上，它们才有这么多差异，如果都镶嵌在一块固体上，怎么会有这些不同呢？这是从天体运行的"异"的方面来说明的。

关于天是气的观点，以后的哲学家经常提到。例如，晋代张湛注的《列子·天瑞篇》有"天，积气耳"的说法，张湛注文有"自地以上，皆天也"之语。杨泉在《物理论》中说："夫天，元气也，皓然而已，无他物焉。"并且明确提出："天无体"，像"烟在上"。他用宣夜说的观点批评浑天说和盖天说。他说："浑天说天，言天如车轮，而日月旦从上过，夜从下过，故得出卯入酉；或以斗极难之。故作盖天，言天左转，日月不（应为'右'）行，皆缘边为道。就浑天之说，则斗极不正；若用盖天，则日月出入不定。"杨泉认为浑天说不能说明北极为什么在偏北的方向上，盖天说不能解释日月出入的地方变化，都是有缺陷的，只有主张天是气的宣夜说才是完美无缺的。

英国著名的科技史专家李约瑟博士认为宣夜说与西方任何宇宙论相比，都毫不逊色。

第十三课　中国的四大创新

中国几千年来能够维持这样大一统的大国局面，说明她有很强的生命力与适应性。如果她没有很强的生命力，就会早夭，不会长寿达数千年；如果她没有很强的适应能力，那么，她就会在时代变迁中，在改朝换代中瓦解、灭亡，也不可能维持这种大一统的局面。

中华民族精神并不是一开始就是这么完美、丰富的。但她是开放的，文明的，有广阔胸怀的。因此，在后来的几千年中，不断发展、不断丰富，才积累起现有的中华文化。这些成果可以说都是历代思想家改革创新的结果。在几千年中能够维持大国局面的这一基本事实，就可以肯定中国有改革创新的传统，否则就得不到合理的解释。无视这一基本事实的人，企图找出个别事例来断言中国是封闭的、保守的、落后的。我认为这些都是站不住脚的。为了深入详细地了解中国创新的传统，我们应该研究历史，以确凿的事实来证明我们的观点。

按陆贾《新语》的说法，中国历史的发展是历代圣人创造的，是由先圣、中圣、后圣共同努力的结果。先圣是指伏羲、神农、黄帝等；中圣是指夏、商、周三代统治者；后圣是指孔子。所谓圣人，就是有重大创新者，为人类的生活、生产以及社会发展、文明、进步做出重大贡献者。古代所谓"圣人作，贤者述"，作，就是创造、创作、创新的意思。这个说法的大意是历代的发明创造者推动历史的发展与进步。这就是所谓"圣人史观"。孔子把人分为四类：一是生而知之者，即能够发明创造的圣人；二是学而知之者，这是传述圣人的大意，能够正确运用圣人的创造的那些贤人；三是困而学之者，那是被迫学习的有理想有作为的普通人；四是困而不学者，这是无德无才又无所作为的庸人，或者是损人利己、假公济私、贪污受贿、违法乱纪的坏人。孔子认为，能够发明创造的圣人是最高级的上等人。过去我们批判"圣人史观"，现在看来，我们不能否定有重大发明创造的圣人对人类发展进步的卓越贡献。不但过去是这样，今后也将是这样。

## 1. 物质文明的创新

中国人生活、生产以及社会其他物质文明都是先圣发明创造的。伏羲作八卦，神农尝百草，这是最早的创造。从黄帝时代，到夏、商、周，是中国历史上物质文明的创新高峰，当时有很多创造，涉及中国古代人民生活的方方面面，包括衣、食、住、行，也包括其他最原始的科学萌芽。根据《世本》记载：仓颉作书，史皇作图，容成造历，大挠作甲子，隶首作数，羲和占日，常仪占月，臾区占星气，伶伦造律吕，芒作网，蚩尤作兵，夙沙氏煮海为盐，随作笙、竽，胡曹作衣，於则作扉履，挥始作弓，牟夷作矢，共鼓货狄作舟，雍父作舂，乌曹作博，胲作服牛，祝融作市，尧修黄帝乐名咸池，舜造箫、作乐，伯夷作刑，后益作占岁之法，化益作井，垂作规矩准绳，垂作耒耜、铫耨、钟，母句作磬，夷作鼓，巫彭作医，巫咸作筮，鲧作城郭，禹作宫室，奚仲作车，仪狄造酒，杜康造酒，逢蒙作射，少康作秫酒、箕帚，杼作甲、矛，昆吾作陶，相土作乘马，韩哀作御，纣作玉床，武王作翣，等等。

《世本》所载，可能都是一些传说，不尽可靠。但是，中国古代确实有这些东西，而且都是中国人自己发明的，尽管名字未必准确。过去有一种观念，认为这些都是劳动人民创造的，不是哪一个圣人创造的。实际上，任何一种创造都只能是少数人的创造发明，不可能一大批人同时发现一个什么原理，同时创造出一个什么东西。那时候把群众抽象化，同时又把智者神话化。群众无所不能，任何个人都不是群众，那是奇怪的论调，可能是为了突出某一个人，以便神化自己。我们不能否定历史上群众的作用，社会就是由群众组成的。但是，推动历史发展的应该主要是那些有所创造的智者。在《周易·系辞下》中，提到许多发明创造与《周易》都有关系，认为都是在《周易》思想的启发下，才有的创造发明。但它没有讲具体的发明人，只提到黄帝与尧等人。在陆贾《新语》中，对于历史的发展，认为圣人起了决定性的作用。中国历史的发展就是先圣、中圣、后圣共同努力的结果。"先圣乃仰观天文，俯察地理，图画乾坤，以定人道。

民始开悟，知有父子之亲，君臣之义，夫妇之道，长幼之序。于是百官立，王道乃生，民人食肉饮血，衣皮毛。至于神农，以为行虫走兽，难以养民，乃求可食之物，尝百草之实，察酸苦之味，教民食五谷。天下人民，野居穴处，未有室屋，则与禽兽同域，于是黄帝乃伐木构材，筑作宫室，上栋下宇，以避风雨。民知室居食谷，而未知功力，于是后稷乃列封疆，画畔界，以分土地之所宜，辟土殖谷，以用养民。种桑麻，致丝枲，以蔽形体。当斯之时，四渎未通，洪水为害，禹乃决江疏河，通之四渎，致之于海，大小相引，高下相受，百川顺流，各归其所，然后人民得去高险，处平土，川谷交错，风化未通，九州绝隔，未有舟车之用，以济深致远，于是奚仲乃桡曲为轮，因直为辕，驾马服牛，浮舟杖楫，以代人力。铄金镂木，分苞烧殖，以备器械。"（《新语·道基》）先圣指伏羲、神农、黄帝、后稷等远古时代的圣人，陆贾的说法与《世本》的记载可以相互印证。

中国古人还是有很多创造发明的。中医中药就是非常重要的发明。大约在秦代成书的《神农本草经》是第一部中药的著作，其中记载了365种中药及其性能与药用。到明代李时珍编《本草纲目》时，中药增加到1892种，大约平均每年增加一种，速度很慢。但是，中药的特点是积累，至今有2000多种，经过配方，可以治很多病；西药每年增加许多种，同时淘汰许多种，更新快。中药由于配方，药性互相制约，副作用比较小，且用的多是草根，是绿色药品，比西医的化学药品有特色，也有一些优越性。

我们还可以从衣、食、住、行等几个方面来考察中国古人的创造发明。关于衣的问题，原始人先是裸体，后以兽皮披身以御寒，穿树叶以遮盖，那是衣服的开始。后来人们能用丝麻和棉布来裁剪衣服，就前进了一大步。王充在《论衡·宣汉篇》中说："古之裸人，今被朝服；古之露首，今冠章甫；古之跣跗，今履高舄。"就是说古代人没有穿衣戴帽，没有穿鞋，到了汉代，人们都穿衣服与鞋帽，说明汉代比过去有了巨大进步。后来又将衣服染上颜色，画上花纹，一是为了美观，二是为了表示人的社会地位与身份的差别。服装的变化是巨大的，开始服装比较简单，后来越来越复杂。有所谓"长袖善舞"的说法，就有袖长丈余的服饰。后来又从复杂转为简便。清代的服饰还比较特殊，男人穿长衫马褂，当官的衣服上则有许多象征性的图画，标志着官阶品级。女人更需要打扮得漂亮一些，于是就有更加复杂的化妆内容。但是，高底靴则是满民族的特点。清朝皇帝宣布退位以后，孙中山开始创制中山服，流行至今。现在中国人的服装已经融入世界潮流，年年都有新的款式出现，有进口的，有出口的，除了少数民族，汉族可以说已经没有本民族的特殊服饰了。

关于食的问题。原始时代，人只能吃野果，打死野兽，不知用火，只能生吃肉，饮其血。《礼记·礼运》载："未有火化，食草木之实，鸟兽之肉，饮其血，茹其毛。"这就是"茹毛饮血"成语的雏形。有了火以后，在饮食方面有了突飞猛进的发展，特别是水生动物如鱼类与蚌蛤类都变成可以食用的美味，从此在"山珍"之后增加了"海味"。饮食是人生的一件大事，所谓"国以民为本，民以食为天"，说明饮食的重要性。中国人的饮食文化就这样发展起来了。一方面，人民需要饮食；另一方面，养尊处优的人讲究饮食，两方面结合，不断推动饮食文化的发展。对于各种可以食用的生物，包括动物与植物以及真菌，都加以认真研究。中国人对于食品的研究，比较注重形、色、香、味。还有与名人有关系的菜，由于名人效应，也得以传播，古代有东坡肉、东坡肘子，现代则有毛家红烧肉，以及特殊的叫花子鸡、马氏烧鸡等。中国菜的讲究，形成了许多菜系，如川菜、粤菜、鲁菜、淮扬菜、闽菜等许多菜系，各有特色。闽菜中有一道"佛跳墙"，将山珍海味放在罐中煨烂，气味特别好，说是和尚闻到这个香味也会跳墙过来吃，说明其诱惑力之大。还有许多山珍海味的特殊烹调技术，可以说数不胜数。也许这也是中国在饮食文化方面的天下奇观。世界比赛烹调技术，不了解中国这些饮食文化的特色，只在营养上讲究，实在失之偏颇！现代由于环保的需要，中国有些菜的原料是濒危动物，或者珍稀动物。这些菜就不能再有了。

## 2. 文明制度的创新

古代圣人创造了物质文明以后，人民知道享受，想躲避劳苦，皋陶因此制定了赏罚的制度。按陆贾的说法，有了物质文明以后，"于是民知轻重，好利恶难，避劳就逸；于是皋陶乃立狱制罪，悬赏设罚，异是非，明好恶，检奸邪，消伏乱，民知畏法而无礼义，于是中圣乃设辟雍庠序之教，以正上下之仪。明父子之礼，君臣之义，使强不凌弱，众不暴寡，弃贪鄙之心，兴清洁之行。礼义不行，纲纪不立。"（《新语·道基》）其中圣指夏、商、周三代的圣人。夏、商两代都有一些社会制度方面的创新，更为突出的是周代。周公制礼作乐，建立了西周的社会新制度，也就是创造了文明的制度。孔子认为这个制度是在借鉴夏、商两代制度的基础上，经过研究、选择和修改，才建立起来的。孔子认为这个制度"郁郁乎文哉，吾从周！"（《论语·八佾》）他最欣赏的就是西周的文明制度。

按孔子的说法，社会制度是不断改革创新的，因此也是不断进步的。从大的方面讲，西周初年的分封制，就是一大进步，因此周朝能延续八百年。春秋战国是动乱的时代，西周的制度受到冲击，礼崩乐坏，经过长期纷争，秦始皇统一了中国。由于社会的进步，科技的发展，以致秦始皇有可能进行社会制度的重大改革。秦始皇取消分封制，建立了郡县制。到底分封制进步，还是郡县制进步？经过几百年的讨论，由唐代柳宗元作了结论。他在《封建论》中雄辩地论证了郡县制的进步性和优越性。由此可见，秦制比周制进步。秦朝以杀敌的多少来定军功，以军功的大小来封不同等级的官位。这比周代的世袭制进步，则是非常明显的。秦能够吞并六国，一统天下，不能说与此制度没有关系。但是，正如韩非所说，让打仗立功的人当官，就像让木匠当医生一样，有不恰当之处。打仗靠的是勇敢，而当官必须有行政能力。打仗只要能杀敌就行，当官要能够处理政务，能够调解民事纠纷，能够公正地处理上下级的各种关系。当官面对的不是敌人。如果将人民当作敌人对待，这个政府就不会长久。有鉴于此，汉代的统治者采取了用荐举的办法来选拔人才，选拔那些孝子与廉吏来当官，他们对自己的父母孝顺，对人民也会有仁爱之心，就可以为人民做点好事，受到人民的爱戴和拥护。廉洁自然也是好品质，当官能够廉洁，就不会贪污受贿，就会公正无私。正如岳飞所说，"文官不爱财"和"武官不怕死"一样重要。汉代要选拔孝廉来当官，就没有秦代那种"木匠治病"的弊端。因此汉朝能稳定几百年，不像秦朝那样只维持了短短的几十年。荐举办法实行以后，对社会的影响很大，孝与廉成为大家都特别注意的个人品德。时间一长，没有这种品德的人也想假冒，于是出现一些假孝子、假廉吏。另外，推荐的时间长了，又没有制约机制和监督机制，就一定会出现腐败，利用推荐，假公济私，互相推荐亲朋好友，甚至推荐自己的子女。因为推荐没有什么客观标准，或者说标准并不是硬性规定，还是主观性比较强。"说你行，你就行，不行也行；说你不行，你就不行，行也不行。"大官的儿子被推荐当了大官，小官的儿子被推荐当了小官，百姓只能永远当百姓。到了魏晋时代，把这种做法制度化了，于是有了九品中正的制度。这种制度造成了当时的社会混乱。到了隋唐时代，创造了新的制度、即被西方人称为"中国第五大发明"的科举制度。这个制度一直延续到清代末年。虽然时有科场舞弊事件发生，但它毕竟是比较公平的竞争，有更多的合理性。从历史事实可以看到很多平民也能通过科举进入仕途。

除了选拔人才方面，在任用人才方面也逐渐增加了监督机制，实行回避制度、任期制度，等等。在培养人才方面有所创新，大概从夏、商、周三代开始就有政府办的学校，"设为庠序学校以教之……夏曰校，殷曰序，周曰庠"（《孟子·滕文公上》）。在社会结构的不同层次也有不同的教育机构，"古之教者，家有塾，党有庠，术有序，国有学"（《礼记·学记》）。从孔子开始有了私立的教育机构，以后诸子百家，各自讲学，各立门户。到了汉代，在中央集权制下，政府又要抓教育，中央成立太学，各级政府也办了不同等级的学校，以培养更多的政府需要的人才。以后，历代都是公、私同时办学。特别是到了宋明时代，私学相当流行，一位名师就吸引一批学者，形成自己的学术队伍和理论体系。这就是当时特殊的书院制度。著名的书院、名师及其学生形成自己的学派。以朱熹为代表的学派，称为考亭学派，后又称闽学，此外还有洛学、关学、蜀学、新学、浙东学派等。

除了教育，在行政、经商、管理诸方面都有制度的创新，使社会正常运转，发挥应有的功能。这么个大国，能够维持安定的局面，没有健全的社会制度，是不可想象的。

## 3. 理论的创新

　　过去，有些人说孔子和孟子都是保守的，没有创新。甚至认为全部儒家都是保守的。实际上，孔子是主张改革创新的，他有两方面思想被人所误解：一是他常歌颂古代，批评现实，后人以为他是复古倒退的人物。二是他自称"述而不作"，好像只是转述前人的意见，自己并没有什么创新。陆贾说："后世衰废，于是后圣乃定五经，明六艺，承天统地，穷事察微，原情立本，以绪人伦，宗诸天地，纂修篇章，垂诸来世。被诸鸟兽，以匡衰乱，天人合策，原道悉备。"（《新语·道基》）后圣指孔子。陆贾认为孔子"定五经，明六艺"，使治理天下的理论臻于完备，这是巨大的理论创新。

　　孔子善于颂古非今。对于夏、商、周三代，孔子认为周代比夏代、商代都好，这就不是倒退的理论。另外，他对于周代了解比较多，对于夏、商两代的制度了解不多，夏、商、周三代以前的事，了解得更少。因此他对尧、舜、禹，就更加生疏。但是，他却常常歌颂他们。这不是很奇怪吗？他颂古，是为了非今。他颂古的时候，心中却是在批评现实，批评当时的统治者、社会管理者。这种批评以歌颂的形式表现出来，对于他自己当然是比较安全的。这种批评就是社会改革的前提。如果没有对现实的不满情绪，那么改革就没有思想基础。因此，我们认为，孔子颂古就是为了非今，非今的背后就是改革创新。由此可见，孔子有改革的思想。康有为著书《孔子改制考》，以大量的、确凿的证据证明孔子是主张改革的。以后的儒家也多是这样，以颂古的形式批评社会弊端，反对现实的统治者。秦始皇下令："以古非今者，族！"(《史记·秦始皇本纪》)于是上演了焚书坑儒的闹剧。

关于述而不作。孔子认为自己主要继承了前人的思想，并没有提出什么新的理论。我们如果详细研究一下，可以发现，他的许多思想都与前人有关系，都是继承了前人的思想。孔子"学无常师"，把前人的思想都融会在一起，形成新的思想体系。这个体系就是儒学。孔子不是具体观点的提出者，而是综合创新的思想大家。经过对前人的思想一一分析批判，然后选择组合，重新创建新的体系。这是古今大思想家的共同道路。孔子很谦虚，生活很平淡，没有突出之处，没有奇特的地方。讲的道理也很简单明了，通俗易懂。似乎没有什么伟大之处。但是，伟大正体现在这平凡之中。有人说孔子以述代作，是有道理的。我以为，综合就是他的创新。他综合的儒学，正是他的创新，因此，他才被后儒尊为圣人，我们才会称他为儒学的创始人。

春秋时代有两位大改革家：管仲与子产。管仲是齐国相，他在齐国实行一系列改革，使齐国很快强盛起来，使齐桓公成为春秋时代的第一位霸主。他们九次召集诸侯开会，解决当时诸侯间的矛盾，维持了相对稳定的局面。孔子对管仲做出肯定的评价："桓公九合诸侯，不以兵车，管仲之力也！如其仁！如其仁！"(《论语·宪问》)孔子认为仁是很高的道德，不轻易给予任何人。因此，他的学生子贡

有不同看法，认为管仲原来支持公子纠，反对公子小白。双方争夺
王位时，公子纠失败，小白杀了子纠，管仲不能自杀殉难，又去当
小白即齐桓公的相，辅助他治国平天下。孔子说："管仲相桓公，霸
诸侯，一匡天下，民到于今受其赐。微管仲，吾其被发左衽矣。岂
若匹夫匹妇之为谅也，自经于沟渎而莫之知也？"（《论语·宪问》）孔
子认为管仲对后代人民有很大的贡献，他这样的人物就不应该在遇
到灾难时就自杀，就不能像普通百姓那样自杀在野外没有人知道。
孔子对于管仲的肯定，就是对改革的肯定，也是对改革家的肯定。
现存的《管子》一书有一部分保存着管子的思想，有一部分是这个学
派的论文，反映或发挥了管子的思想。从中可以看到管子学派关于
治国安邦平天下的基本内容，包括政治、经济、外交、文化等方面
的思想。这些思想对儒家，对后代政治家，都有一定的影响。

　　据《左传》记载，子产任郑国相，实行重大改革，国人诽谤他，
说他父亲被人杀于道路上，他自己想对人民进行报复，才做出这些
损害人民和国家的规定。有人向子产报告，子产说："何害！苟利社
稷，死生以之。且吾闻为善者不改其度，故能有济也。民不可逞，
度不可改。《诗》曰：'礼义不愆，何恤于人言？'吾不迁矣。"（昭公四
年）子产对自己的政策有信心，实行改革很坚定，不怕别人议论，将
生死置之度外。应该指出的是，林则徐的对联有一句"苟利国家生死
以"，就是从子产的"苟利社稷，死生以之"而来的。他们的献身精神
是相通的。子产坚持改革几年以后，郑国的社会秩序好转，人民生
活水平提高，人民开始歌颂子产的功德，怕子产死后政策改变，希
望有一个能继承子产政策的人来接班。子产在弥留之际，对他的接
班人子大叔说："我死，子必为政。唯有德者，能以宽服民，其次莫

如猛。夫火烈，民望而畏之，故鲜死焉；水懦弱，民狎而玩之，则多死焉。故宽难。"(昭公二十年)对于子产的政治理论，孔子作了整理发挥，提出完整的政治理论："善哉！政宽则民慢，慢则纠之以猛。猛则民残，残则施之以宽。宽以济猛，猛以济宽，政是以和。"(昭公二十年)孔子听到子产死亡的消息，痛哭道："古之遗爱也。"(昭公二十年)孔子给予了子产这样的改革家很高的评价。他认为子产"有君子之道四焉：其行己也恭，其事上也敬，其养民也惠，其使民也义。"(《论语·公冶长》)对于改革家及其改革都有很高评价的人，怎么会是保守的人呢？康有为撰写《孔子改制考》，认为孔子是主张改革的，资料丰富，理由充分，论证严密，很有说服力。孔子在教育方面有很多新思想、新体会，在教育实践中也有很多成功的业绩，培养出一大批人才。孔子在政治思想和教育学方面都有很多创新，因此他是政治上的圣人，也是教育上的圣人。孔子以后的儒家如孟子、董仲舒、朱熹、王阳明等也都在理论上有重大创新。

在历史上，有重大发明创造者，都可以称为圣人。在医学方面有重要创造的张仲景，被称为"医圣"。此外还有药圣、书圣、画圣、诗圣、词圣。孔子是大圣人，是个文圣。还应该有一个武圣，有人提出关羽可以当武圣。我以为孙武更为合适。孙武著兵书《孙子兵法》，已经被学术界公认为第一部武经或兵经，是军事理论的重大创造。经与圣人是对应的。关羽没有著作存世，他的功绩也一般，只是由于《三国演义》小说的艺术形象，提高了关羽的历史地位和社会影响，因此全国各地都有关帝庙。开始说，关羽不入东吴的地方，后来，东吴的一些地方也建了关帝庙。群众受到通俗艺术的影响比较大，而《孙子兵法》与孙武，知道的人就少一些。《孙子兵法》在国外还有很大的影响，在日本被一些企业家当作商战的指导思想，或者创业的精神支柱。在美国被一些政治家当作研究国际关系、全球战略的参考书。当代学术界还有一些学者把《孙子兵法》作为政治学、管理学、哲学的古代专著来研究。《孙子兵法》中的竞争原则和道理，在当代或后代，在 21 世纪经济竞争时代，都将有指导意义和较大影响。它的影响在扩大，在延续。而关羽所体现的伦理也渐渐失去崇高的价值，关帝庙也在逐渐减少。孙武著《孙子兵法》是一大创新，至今还是军界兵家的经典著作。据此，我以为孙武是武圣的较佳的候选人。

## 4. 科技的创新

中国古代有许多科技成就。例如，中国的造船业与航海业都是比较先进的。秦代有徐福带千名童男童女驾船东渡到日本，汉代就能造出十几丈高的大楼船。唐代富强名闻天下，长安成了东半球许多人向往的天堂。汉唐盛世就不必多说了，就是宋代以后，偶有西方人到了中国，也都盛赞中国的繁荣昌盛，制度文明。到了明清时代，中国仍然是雄踞东方的大帝国。从明朝前期的郑和下西洋，直至明朝中期，中国的航海业、造船业都是世界一流的、无与伦比的。如果说有蓝色文化，那么，中国在几千年中都是蓝色文化的最先进的代表。英国科学史专家的权威专著,梅森的《自然科学史》和李约瑟的《中国科学技术史》都列出中国的四大发明之外的许多发明与创新。李约瑟博士还说:"中国的这些发明和发现往往远远超过同时代的欧洲,特别是在十五世纪之前更是如此(关于这一点可以毫不费力地加以证明)。"①

按这种说法,中国在 15 世纪以前,实际的科学水平超过同时代的欧洲。这些资料充分说明中国确实有创新的传统,在科技方面也不例外,而且得到了世界著名的科学史专家的承认。但是,欧洲在 16 世纪以后就诞生出近代科学,而中国文明在近二三百年中却没有能够在亚洲产生出与此相似的近代科学,其原因又是什么?这就是所谓"李约瑟难题"。这是海内外学者都在讨论的重大问题,至今没有公认的结论。

中国的四大发明(指南针、火药、造纸、印刷术)受到西方人的重视,是由于这些发明对西方的发展起了重要的作用。对他们作用不大的,他们自然不会提到。但也有例外,英国人李约瑟及一些认真的科学史专家都认为中国古人有很多发明创造,并在自己的专著中一一列出。有些欧洲人以为世界上任何重要的发明都不可能发生在欧洲以外的地方。对于有这种偏见的人,对于这种无知与狭隘观念,我们怎么能以他们的讲不讲、认可不认可来确定自己是否创新呢?

解决了观念问题,中国有科学就不成问题。中国有科学,自然都是中国人创新的成果。那么,中国有创新的传统也就没有问题了。

---

① 李约瑟:《中国科学技术史》第 1 卷序言,北京,科学出版社,1975。

第十四课　20世纪中国哲学研究的历程

中国在 20 世纪这一百年中，变化太大了。这种变化最明显的标志是中国政权的转换：从封建皇帝转到民主革命的孙中山，再经过几伙军阀混战和轮流坐庄。蒋介石结束了军阀混战，又败于共产党。毛泽东领导的共产党建立了真正独立的社会主义新中国。西方列强不能再在中国横行霸道。清朝政府将香港的主权被迫交出去，最后中国又把香港的主权收回来。这一出一入不仅是中国与英国的关系问题，它也是中西关系变化的象征。这个世纪是中国与西方在政治、经济、科技、文化诸方面进行碰撞、比较、交流的世纪，也是在军事上血与火的较量的世纪。它推动了中西各方面的交流与发展，特别是促进了中国传统文化的改革和发展，也大大改变了中国人的传统观念。哲学是时代精神的精华。中国哲学也要反映这个时代的特色。因此，对中国哲学的研究也有了天翻地覆的变化。在这一百年中，主要可以分为四个阶段：第一阶段是头二十年，基本上保持中国传统的国学研究模式，讲中国哲学都要从三皇五帝讲起，上下五千年，一学期讲了两千年的内容才讲到西周。第二阶段，胡适《中国哲学史大纲》(卷上) 于 1919 年出版，标志着用西方模式研究中国哲学的开始。第三阶段，侯外庐主编的《中国思想通史》出版，标志着用马克思主义哲学指导研究中国传统思想的开始。第四阶段，开放改革以后，中国哲学的研究也得以开放改革，成长了一大批杰出人才，出版了一大批研究专著，特点是百花齐放，硕果累累。四个阶段有三次大转换。

## 1. 借鉴西方模式， 研究中国哲学

中国古代只有"家"学，没有"科"学。只有先秦诸子百家，儒、释、道三家，理学家、心学家与汉学家、宋学家以及考据学家，没有哲学、经济、政治、文学、艺术、法学、生物、物理、化学、数学等分科之学。中国古代有经学、玄学、道学、理学、心学、考据学等。中国古代典籍也有分类，最典型的是《四库全书》，清代人把所有典籍分为经、史、子、集四大类藏入四库，故称"四库"。"经"是研究、整理、注释儒家经典类的书籍。"史"以"二十四史"为主，旁及各种各类史书。"子"指研究诸子百家的著作，包括儒、兵、法、医、天文、地理、术数、艺术、杂家以及道家道教、佛教，还有小说、类书等，内容庞杂。"集"指个人专集，也有从某个方面收集多家著作，汇编成总集。中国传统只把天文学和医学单独列出，其他如化学、物理、生物、政治、伦理、哲学、经济都没有形成专门的独立的学问。因此，中国古代几乎没有专业化的哲学专著。

根据西方的分类，哲学是一门智慧学。胡适要在中国古籍中翻检出关于哲学的内容，编成《中国哲学史》。他计划写一套《中国哲学史》，分上中下三册，第一册写先秦时代的哲学。在第一册的导论中，先给哲学下一个定义，说哲学是研究人生切要的问题，并从根本上予以解决，这门学问就是哲学。胡适先从先秦的典籍中找出一些关于人生切要问题的论述，加以分析整理，编成中国哲学史。由于资料丰富、复杂，他只好把自己的著作称为"大纲"。后来没有时间写后两册，因此，只有他的《中国哲学史大纲》(卷上)流传于世。胡适在《导论》中以哲学的理论思维高度，给哲学下了自己的定义，并对哲学分类、对哲学史的分类、研究目的、中国哲学史的分期(从老子到韩非子为古代哲学，汉到北宋为中世哲学，受佛学深刻影响的宋明哲学为近世哲学。清以来是古学昌明时代，后人称为现代哲学)等都作了论述。在哲学史的史料上，他认为要"用正确的手段、科学的方法、精密的心思，从所有的史料里面，求出各位哲学家的一生行事、思想渊源沿革和学说的真面目"。这叫"述学"。这是用西方的科学研究的精神和方法来研究中国的哲学。述学是基础，没有这个正确的述学，其他就都谈不上了。述学需要考证辨伪，对于原料、副料也要审定。审定史料的方法，胡适提出了史料、文字、文体、思想、旁证诸法。审定之后，还要做整理的工作，包括校勘、训诂、贯通。胡适对于具体问题的论述，有些不妥之处，后人也有所批评，但他的这一套理论从目的到方法所建立起来的中国哲学史的科学体系却是完全新的思想体系，即用西方的科学思想、哲学模式特别是实验主义的方法来创建中国哲学史的新体系，打破了旧的经学体系的传统模式。

20 世纪 30 年代，冯友兰写出两卷本《中国哲学史》，他把从先秦到清代的哲学思想进行系统的研究，把先秦哲学称为"子学时代"，其中包括孔子、孟子的儒家与老子、庄子的道家，墨家、名家、法家、荀学、《易传》，以及秦汉之际的儒家、汉代的《淮南鸿烈》。汉代以后的哲学称为"经学时代"。经学是从董仲舒与今文经学讲起。以后是谶纬、古文经学、玄学、佛学、道学、朱熹、心学以及清代学术。最后写到廖平。这本书引文很多，经常引了一大段古籍原文，然后加上几句自己的点评。似乎重点在于让资料说话。在开创时代，许多人对于中国哲学还不了解，甚至还不承认中国也有哲学的情况下，多引原文，显然是必要的。后人不了解当时的这些情况，以为大量引文是多余的。冯先生在《中国哲学史》中对先秦名辩学派作了概括，他说："辩者之中，当分二派：一派为'合同异'；一派为'离坚白'。前者以惠施为首领；后者以公孙龙为首领。"这种概括既准确精练，又通俗易懂，为学术界所公认，被广泛引用。这就是一个创新，只有这样的一些创新，不断积累，才会有大体系的创新。没有这些小创新的成果作为基础，那么，大体系的创新就不可能产生。冯先生对于中国哲学史的研究，贡献是巨大的。其主要著作有"贞元六书"与"三史"(《中国哲学史》、《中国哲学简史》、《中国哲学史新编》)，他接着朱熹讲，创建了"新理学"的哲学体系。

张岱年在 20 世纪 30 年代也受到西方哲学(包括马克思主义哲

学)的影响，在大量阅读中国古籍的基础上，开始研究如何撰写中国哲学。他认为中国哲学有其固有的哲学体系，有其固有的概念范畴。他要"用中国哲学的固有概念范畴来叙述中国哲学的发展过程"。先是给所要写的内容进行整理，对所要使用的概念进行界定。于是在《中国哲学大纲》的绪论中，他先写道：哲学与中国哲学，中国哲学之区分，中国哲学之特色，中国哲学之发展。这就在理论上进行了一番探讨，提出一系列新的见解。又根据这些见解来撰写这部巨著。第一部分是宇宙论，第二部分是人生论，第三部分是致知论。在宇宙论中有本根论(即本原论)和大化论(辩证法)。人生论主要包括天人关系(人与环境的关系)、人性论和理想论。还概述了中国历史上讨论的诸多人生问题。致知论就相当于西方哲学的认识论。最后对于中国哲学中之活的与死的问题做出论述，这里包含批判继承的问题。张岱年以《中国哲学大纲》为书名，是他心中的中国哲学的模样，不是按西方模式(哲学家系列)来写的那种哲学史。故不称"史"。有别于胡适的《中国哲学史大纲》。由于讲这些概念时，也介绍了它的发展演变过程。日本人翻译此书时改书名为《中国哲学问题史》，实为不确。中华书局于 1990 年 3 月出版的方立天著的《中国古代哲学问题发展史》才是真正的"问题"发展史。在半个世纪中，张岱年的《中国哲学大纲》这本书多次重印再版。张先生在 1937 年 2 月 3 日写的《自序》，1957 年 2 月 28 日写的《新序》，以及 1980 年 9 月 14 日写的《再版序言》反映了时代的变迁和张先生思想发展的真实过程。张岱年先生维持《中国哲学大纲》的原貌，留下历史的真实，通过不同时期再版写序来反映自己思想的变化和认识的提高。冯友兰先生与此不同，他在每一个新时期都重新写一本《中国哲学史》，来表达自己认识的变化。20世纪30年代的《中国哲学史》，60年代的《中国哲学史新编》和八九十年代的《中国哲学史新编》(修订本)，都有不同的写法，在《自序》中也有比较明确的说明，表达了自己在不同时期的新认识。

## 2. 马克思主义为指导，研究中国哲学

在五四运动时期，马克思主义是西方传入中国的百家思潮中的一家，这还是随着俄国十月革命的一声炮响而送来的。由于俄国革命的站稳脚跟，马克思主义日益受到中国青年的重视。孙中山提出"联俄"，蒋介石把自己的儿子蒋经国送到苏联莫斯科孙逸仙大学留学。这些基本事实说明当时的国民党对马克思主义和社会主义并不反对。以马克思主义为指导思想以建设社会主义为宗旨的中国共产党自然更不会反对马克思主义。

从五四运动到中华人民共和国成立，马克思主义在中国的影响逐渐扩大。1947年，侯外庐、杜守素、纪玄冰合著的《中国思想通

史》第一卷出版了。过了十个月，于 1948 年出版了第二卷上下两篇，上篇是秦汉思想，下篇写魏晋南北朝思想。于 1949 年，这两卷三册作为"新中国大学丛书"由三联书店重印再版。

侯外庐在第一卷的序中说："这部中国思想通史的写著，志在辨章学术，考竟源流。"通，指"贯通古今"，"在于阐明社会进化与思想变革的相应推移，人类新生与意识潜移的密切联系"。并说"依据于联系观点为认识基始的规律"。这里反映了社会进化与思想变革的相应性，联系观点的认识规律，都是后来所肯定的马克思主义的基本观点。要从丰富典籍中发掘新思想，改变研究方法是非常必要的。侯著还认为中国思想史有与世界思想史相同的一般共性，也有中国本身特有的个性。在第二卷的著者序中，说"其中有关对于思想发生与社会演变的相应的探讨，对于正统学派的估价，对于异端学者的研究，以及对于各派学术的逻辑服从于其世界观的发掘"。还特别提到："因为历史唯物论的一般规律的应用，是学术中国化的伟大工程"。作者认为应用历史唯物论的一般规律，研究中国思想发展过程，是一项伟大的工程，而他们正在撰写的这一部《中国思想通史》，正是这项伟大的工程。虽说是思想史，主要的还是哲学史。因此，可以"将它当作系列编著如政治思想史或哲学史的绪论去看待"(侯外庐 1947 年序)。这一部书全套五卷，到 1980 年才全部出齐，由人民出版社全部重印。第一卷写殷代到战国，第二卷写两汉，第三卷写魏晋南北朝，第四卷上册写隋唐至北宋，下册写南宋到明末，第五卷写清初以后至 1840 年前后。这是一部最早运用马克思主义来研究中国思想发展的权威的思想通史的著作。全书以哲学思想为核心，兼及政治、经济、文化、科学诸方面的思想，着重于说明社会政治对思想发展的决定作用，说明前后思想的因革联系，特别重视对异端思想家的研究，同时给予较高评价。对于封建的正宗思想也给予了实事求是的评价。突出了唯物主义与唯心主义的两大阵营的对垒斗争，否定了封建正统观念和资产阶级观点。对于唯物主义哲学家如墨子、荀子、王充、范缜等都给予了很高的评价，而对于中国历史上影响较大的正统哲学家则定为唯心主义，多加批判。以社会发展史来说明思想发展史，使思想史的研究有了深化，对于思想为什么会向这个方向发展，而不向另一方向发展，思想前后的变化理路，也得到一定程度的说明。当时这一观点的进步性、合理性都是很明显的，是社会上公认的最科学、最高明的理论。侯外庐主编的《中国思想通史》在 20 世纪的后半个世纪中，都是研究思想史和哲学史不得不读的权威著作。

在 20 世纪的后 50 年中，中国哲学的研究大概经历了两个阶段：改革开放前与改革开放后。这两个阶段，共同点是以马克思主义理论为指导进行研究，不同点是，前一阶段对于马克思主义的理解比较简单，后一阶段的理解比较深刻、复杂、灵活、多样。

前一阶段还可以分两小段："文革"前，对于马克思主义的理解比较简单、初步，多少有点幼稚。许多人从旧时代过来，具有旧的国学研究传统，这时都开始学习马克思主义，思想水平有所提高，思辨能力也受到一定的锻炼。这对于学术发展应该说还有一定的好处。但是，由于初学，水平低，运用马克思主义理论的水平往往不高，甚至产生牵强附会的现象。在"文革"中，对于马克思主义理论的理解从简单到片面，从幼稚到僵化，把马克思主义理论的合理性破坏殆尽，窒息了辩证法的活泼性，使新的和旧的所有学术传统都受到严重破坏，以政治取代学术，以批判代替讨论。这一时期，专著很少，教材也多是类似的、互抄的、大同小异的。

侯外庐、冯友兰、张岱年、任继愈诸先生极力学习马克思主义，尽量以马克思主义为指导，研究中国哲学史，提高了研究水平，取得丰硕成果。他们的研究成果对于中国哲学史的学科建设是有重大贡献的。马克思主义作为指导思想，作为一种科学的研究方法，其合理性是不言而喻的。但是，有些人将马克思主义格式化，缺乏实事求是的分析，研究学术自然得不出正确的结论。不过，在当时的条件下，想要实事求是地研究一些学术问题，也是很困难的。现在，海外有的学者没有亲身经历这种时代，没有体验那种特殊境遇，隔岸观火，指手画脚，妄加评论，也是不够公允的。如果他们也处在这种时代，未必会比别人高明多少。当然，他们很赞赏马寅初、梁漱溟、陈寅恪，在那种条件下还能保持比较清醒的头脑，坚持自己认为正确的意见，保持自己的人格。但这毕竟是极少数人。绝大多数正派的学者也都在认真思考社会现实问题，思考指导中国共产党取得胜利的马克思主义有哪些合理性、优越性。这都是极其正常的现象。必须说明一句，指导中国共产党的马克思主义，是马克思主义与中国传统思想相结合的中国化了的马克思主义。这种新的哲学是马克思主义哲学与中国传统哲学相结合的新的马克思主义哲学。这种马克思主义哲学可以说是中国化的马克思主义哲学，也可以说是现代化的中国传统哲学。所谓"毛泽东思想"，所谓"邓小平理论"，都是在 20 世纪这个时代在革命的实践中产生的新哲学。这种新哲学在实践中影响最大，代表了这个世纪的哲学特色。

总之，最初用西方科学方法研究中国哲学史的胡适值得肯定，最早运用马克思主义理论，指导对中国哲学史的研究的那一批学者也是功不可没的。他们都是开创者。他们的研究尽管有不尽如人意的地方，甚至有很严重的失误，后人可以批评指正，而他们的初创之功是无法否定的，他们的努力也是有成效的。

## 3. 开放改革时代的中国哲学史研究

20 世纪的最后 20 年，中国大陆进入开放改革的时期，学术研究也进入了百花齐放的繁荣阶段。在否定了两个"凡是"以后，确立了

329

社会实践的最高权威，重申了实事求是的基本原则。这样，过去的结论，所谓定论，都要重新加以研究。例如，庄子哲学，过去许多教科书中都认为他的宇宙观是唯心主义的，他的方法论则是相对主义的，人生观是悲观厌世的。总之，庄子哲学一无是处。但是，中国历代思想家都很欣赏庄子哲学。这是为什么？庄子哲学有自己的特色，有自己的思想体系。经过用西方的哲学模式来剪裁以后，就面目全非，既失去了自己本有的光彩，支离破碎，又不能构成新的体系，只剩下一些被认为是错误的只言片语。这是用西方哲学模式来剪裁中国哲学，所产生的偏颇的典型。经过徐复观的研究，认为庄子的道"本质上是最高的艺术精神"。庄子哲学是求美的艺术哲学。用西方求真的科学哲学加以衡量，当然得不出恰当的结论。中国从孔子开始的儒家学说是中国传统哲学的主干，是以求善为主的政治哲学，也被用外来的科学哲学模式加以评判，都被打入唯心主义哲学家行列，受到批判和否定。例如老子、孔子、孟子、庄子、董仲舒、朱熹、王阳明等全被划入唯心主义阵营。而且当时还有这么一种观念：唯心主义是落后的、反动的、错误的。所谓"合理内核"也都只是包含一点辩证法因素。这样一来，中国哲学可以肯定的东西就很少了。开放以后，彻底改变了这种不正常的状况。对于中国历史上主流派哲学家给予了适当的肯定，公正的评价，科学的分析，作了应有的批判继承。应该说，这是辩证的实事求是的研究。

在"文化大革命"中，形而上学猖獗，否定一切，成为一时思潮。

中国古代的东西全是封建主义的货色，外国的全是资产阶级的腐朽的东西，苏联的"马克思主义"全是修正主义的。这样，可以继承的东西就很少了。开放以后，外国的、中国古代的，包括剥削阶级的哲学，都可以研究，也都可以继承。起初，大家在思想刚刚解禁以后，偶然见到从未见过的东西，先是害怕、惊奇，接着，就感到新鲜，特别好奇，觉得这些东西比自己原来的东西好，一时趋之若鹜。但是，过一段时间，这些新东西到处都是，随时可见，也就不新鲜了。然后才能进行冷静的分析研究，平心静气地评论，谨慎地选择。这是人们接触新事物常有的心态。在这一阶段，学术实行开放，自由研究，情况比较好。这个时期也可以分两个阶段：第一阶段，在20 世纪 80 年代，人们由于过去的教训，心有余悸，还不敢大胆地随便写。也还有人瞪着眼睛想抓思想界的自由派。因此，学者总是在严谨研究的基础上提出自己的新见解，虽然有反对传统结论的看法也能理直气壮地提出。这一时期出版了许多优秀的专著，出了一批好书。第二阶段，90 年代，由于邓小平否定了计划经济是社会主义经济的传统说法，大大解放了思想界。学术环境对于学术研究来说是极为重要的。环境宽松了，研究也就相应地比较自由了。有些人热衷于古籍考据，也有人提倡恢复孔孟之道。海外的新儒家们也很活跃，他们提倡儒学在新的时代要进行创造性的转换，然后再加以弘扬。他们认为儒学的基本精神是超时空的，适用于古代中国，也可以用于现代中国以及其他国家。对于现代西方国家的现代病，儒学可能会成为一种首选的良方，或者成为良方中的一味主药。祭孔活动停止了几十年以后又重新展示出来，多次召开大规模的国际性学术研讨会，创造了儒学复兴的气氛。

在弘扬中国传统文化的时候，人们没有忘记与儒学鼎立的佛教、道教。佛、道的研究也有了长足的发展。同时，对于世界各国的哲学思想，对于国内各少数民族的哲学思想，对于哲学的各学科，都有了广泛而深入的研究，还取得一系列成果。利用外国的哲学方法，借鉴外国哲学观点，拓宽研究中国哲学的领域和思路，取得了令人瞩目的成果。

这一时期可谓百花齐放，硕果累累。在20世纪的最后20年中，中国哲学通论方面的重要著作有任继愈主编的《中国哲学发展史》，冯契著的《中国哲学逻辑发展史》，方立天著的《中国古代哲学问题发展史》；断代史方面有徐复观的《两汉思想史》，金春峰的《汉代思想史》，周桂钿的《秦汉思想史》，许抗生的《魏晋玄学史》，邱汉生的《宋明理学史》和陈来的《宋明理学》，徐远和的《理学与元代社会》，辛冠洁等人主编的《明清实学史》；专题方面的成果有朱伯昆著的《易学哲学史》，张立文的《和合学概论》，李申的《中国儒教史》，吴光的《黄老之学通论》，王葆玹的《今古文经学新论》，刘文英著的《梦的迷信与梦的探索》和《漫长的历史源头》，牟钟鉴等主编的《道教通论》，卢国龙著的《中国重玄学》，蒙培元的《理学的演变》和《心灵超越与境界》，杨国荣的《王学通论》，徐复观的《中国艺术精神》，赵馥洁的

《中国传统哲学价值论》，白奚的《稷下学研究》和20世纪末年轻学者丁四新的新著《郭店楚墓竹简思想研究》等。和合学与儒教都是个人潜心研究多年的成果，一百多万字的巨著，提出了关系重大的新问题，引起学术界热烈争论，在国内外都产生了很大的影响。梦的问题似乎没有引起什么争议，西方学者颇感吃惊，中国人讲梦使他们感到意外。似乎中国人不会做梦，或者不可能研究梦。方克立主编的《中国哲学与辩证唯物主义》，在许多专家的合作下，对于中国哲学与马克思主义的联系，以及中国哲学中的辩证唯物主义的思想进行新的探讨，也是一种大胆的尝试。研究哲学家的就更多了，研究一个哲学家的就有好几本。如研究孔子的就有匡亚明的《孔子评传》、钟肇鹏的《孔子研究》、蔡尚思的《孔子思想体系》等，研究孟子的有张奇伟的《亚圣精蕴》，研究庄子的有张恒寿的《庄子新论》、刘笑敢的《庄子哲学及其演变》、崔大华的《庄学研究》，研究董仲舒的有周桂钿的《董学探微》和李宗桂的《董仲舒与中国文化》，研究扬雄的有郑万耕的《扬雄及其太玄》，研究王充的有周桂钿的《虚实之辨》，研究何晏王弼的有余敦康的《何晏王弼玄学新探》，研究郭象的有汤一介的《郭象与魏晋玄学》，研究朱熹的有张立文的《朱熹思想研究》，陈来的《朱熹哲学研究》，研究王阳明哲学的有沈善洪和王凤贤合著的《王阳明哲学研究》、陈来的《有无之境》、刘宗贤的《陆王心学研究》，还有郭齐勇的《熊十力思想研究》、李祥俊的《王安石学术思想研究》等。还有一大批丛书出版，最大的，也是质量比较高的要算是南京大学中国思想家研究中心出版的《中国思想家评传丛书》。辽宁教育出版社出版的《国学丛书》也是高质量的，很受学术界重视。首都师范大学出版社出版的《中国当代社会科学名家自选学术精华丛书》，大受学术界欢迎。当然还有一些量比较大的丛书，但质量却未必高。在资料整理方面也有许多成绩，《王船山全书》、《王阳明全集》、《孔子文化大全》等都是重要的成果。还有一些学者将古代思想用通俗的语言进行介绍，或者把古籍译成现代白话文，在普及中国哲学方面也有所贡献。在这一时期，关于中国哲学家的国际学术研讨会议也开过多次，次数最多和规模最大的要算是孔子思想学术研讨会。1979 年成立了中国哲学史学会，后来又成立了中国孔子基金会和中华孔子学会。关于老子、庄子、董仲舒、柳宗元、朱熹、王阳明等都多次召开国际研讨会。1994 年成立了国际儒学联合会，由全世界的十七个国家和地区的学者参加理事会。大大推动了全世界对中国哲学的研究。由成中英发起的国际中国哲学会在世界各国已经开了十一届，大大推动了中国哲学的世界性研究，也扩大了中国哲学在国际上的影响。

总之，中国哲学史的研究在 20 世纪经历了三次大的变革。最后 20 年的改革开放是学术研究的最好时期，百花齐放，硕果累累，是 20 世纪中国哲学史研究成果最丰收的季节。在这里，还有许多优秀成果没有都列上，只能说是挂一漏万。

## 4. 努力建构新的中国哲学体系

中国原来有学术，哲学没有独立出来。西方哲学传入中国以后，一些学者就根据西方哲学的模式，把中国哲学从笼统的学术中分离出来，写出新式的哲学体系。在这西学东渐、东西交融的时代，一些中国学术开始建构新的中国哲学体系。胡适引进西方的主要是杜威的实用主义，用它来建构自己的哲学体系。他在五四运动前后，运用实验主义的方法，对中国古籍进行了科学的整理，取得了丰硕成果，在学术界产生了巨大的影响，特别是在青年中产生了广泛而深刻的影响。熊十力从欧阳竟无学习佛教唯识学，写了《新唯识论》。有些学者向中国学界介绍德国的思辨哲学，有的学者引进罗素的分析哲学。李大钊、陈独秀、蔡和森、瞿秋白等一批人都热衷于引进马克思主义，引进辩证唯物主义，重新审视中国传统的思想体系，提倡阶级斗争，无产阶级革命。在这一思潮的影响下，产生了中国共产党。对中国历史进程产生了巨大的影响，决定了中国的命运和发展方向。在20世纪，没有任何哲学对中国的影响能超过马克思主义哲学。马克思主义在一切领域，特别是政治实践领域，产生了无与伦比的实际影响。20 世纪后 50 年的中国，中国化的马克思主义哲学成为中国当代哲学的主流。

所谓当代中国哲学，主要包括两个方面。

一方面，在中国大陆，以毛泽东思想和邓小平理论为代表的新时代的中国哲学。毛泽东思想指导中国革命走向胜利，使中国在世界民族之林中站了起来。邓小平理论引导中国人民走上改革开放的道路，使中国富了起来。从 60 年代以后，不断地有研究毛泽东思想的著作出版，90 年代出版了一大批关于邓小平各方面思想的著作，以及有关于经济、政治、外交、教育、哲学、文学诸方面的专著。归纳起来，毛泽东思想和邓小平理论的最核心的内容，最重要的理论就是实事求是。毛泽东思想和邓小平理论都是马克思主义与中国传统思想相结合的结果，都是从实际出发的，并在实践中取得成功。而一些研究马克思主义的学者，只能做一些解释的工作，不能在实践中正确应用并取得成效。特别是在开放改革之初，有些理论工作者还保守过去的所谓的"马克思主义"，以教条主义的观念阻碍改革。所谓两个"凡是"，所谓"姓社姓资"的讨论，都是以教条主义反对改革的典型论调。他们的研究曾经有过贡献，但是，其缺点在于脱离实际，不能实事求是，从理论到理论，从概念到概念。不是研究实际中提出解决实际问题的答案，而是在书本中寻找解决实际问题的答案。从方法论上说，是违背了马克思主义的基本原则。许多哲学家都在 20 世纪前半个世纪建立起自己的哲学体系，后半个世纪，只有冯友兰还写了一套《中国哲学史新编》(修订本)，其他人就没有力作问世。而八九十年代，有一批新秀崭露头角，有的将在21世纪成为大家。

另一方面，在中国台湾，有一批学者继承传统的儒学，吸取西方哲学，创立新儒家，力争将儒学推向世界，占领世界文化的一席之地。1958年，张君劢、唐君毅、牟宗三、徐复观四位学者联名发表《为中国文化敬告世界人士宣言》，世称新儒家宣言。他们举起中国文化本位的旗帜，以复兴儒学为己任，对世界产生了较大的影响。90年代，新儒学从海外进入刚开放不久的中国大陆，曾经风靡一时，将张东荪、钱穆、梁漱溟、熊十力、方东美、冯友兰等，以及年青一代的余英时、蔡仁厚、刘述先、杜维明、成中英等都列入新儒家。大陆在20世纪最后的20年中研究新儒家曾经成为一时热门课题，出版了一系列资料和研究专著。最成规模的要数方克立、李锦全主编的《现代新儒学研究丛书》，专人研究系列就有研究梁漱溟、张君劢、熊十力、马浮、冯友兰、贺麟、钱穆、唐君毅、牟宗三、方东美、徐复观11位哲学家的11本专著。

当代中国哲学还在继续研究，许多任务还没有完成，必须在21世纪继续研究。最重要的任务是建立当代中国的新哲学体系。这个新哲学体系应该以马克思主义为指导，以中国传统哲学为基础，吸收全世界各种哲学的合理因素，吸收自然科学与社会科学的最新成果，建立新的中国哲学体系。这种哲学体系能够指导中国的实践，指导人民的文明行为和科学思维，并将对世界产生一定的影响。中国人不能无视马克思主义哲学的影响，也不能把中国传统的哲学当作垃圾抛弃，更不能排斥各种外来思想，关起门来建构自己的所谓体系。新的中国哲学的体系只能是综合创新的产物。半个多世纪前，张岱年先生已经听到"需要新哲学的呼声"（《中国哲学大纲·绪论》），他为此奋斗了一生。如今中国正在崛起，新的哲学体系必将诞生，而且为期不远了。

第十五课 中国梦与天下观

在这里，我将社会划分为三种：公天下、家天下与党天下。公有制的公天下有两种：一是原始社会，一是共产主义社会。家天下也有两种：一是以奴隶为主要财富的奴隶社会，一是以土地为主要财富的封建社会。党天下也有两种：一是由资产阶级政党创立的资本主义社会，一是由无产阶级政党创立的社会主义社会。中国历史上没有典型的奴隶社会和资本主义社会，而封建社会则是漫长的。

## 1. 中国梦

你的梦，我的梦，不能算中国梦。现代中国人的梦，也不等于中国梦。只有古今中国人共同的梦，才算真正的中国梦。在两千多年前的儒家提出两种社会理想：一是"大道之行也，天下为公"，那是公天下，即大同理想；二是"大道既隐，天下为家"，这是家天下，即小康社会。这就成为中华民族伟大而悠久的梦想。这才是古今中国人的梦，真正的中国梦。"大道之行也，天下为公"的大同社会是儒家的最高理想。而现实的社会，"大道既隐，天下为家"，是家天下。虽然是家天下，只要天下太平，没有战争与动乱，就算是好的，可以称之为"小康"。从夏、商、周三代到清朝，都是家天下。四千多年以来，没有大同社会。因此，"小康"就成为古今中国人追求的现实理想，即所谓中国梦。大同社会从来没实现过，有没有意义呢？有的，那就是引导社会向那个方向发展，引导社会不断进步。举个例子，大同社会有一条：鳏寡孤独废疾者皆得所养。中国共产党在20个世纪50年代就对没有依靠又失去劳动能力的人实行"五保"：保食、保衣、保住、保医、保葬。这种五保户政策，就是按大同理想来做的。

　　天下模式是千差万别的，按所有制来分，只有两种：公有制与私有制。公有制，我们称之为公天下。私有制比较复杂，以家族为主体的，我们称之为家天下。以党派为主体的，我们称之为党天下。由于财富的内容不同，以奴隶为主要财富的是奴隶社会，主导社会的是奴隶主。以土地为主要财富的是封建社会，主导社会的是封建地主。总之，可以大体归结为三种：公天下、家天下和党天下。

## 2. 公天下

　　中国梦与天下观是密切相关的。中国梦着眼于人类整体，有全局观念，不局限于个人的或小团体的兴衰成败。"天下为公"的大同社会，是一种公有制，与所谓原始社会有许多一致之处。主要有各尽所能，各取所需，没有私有财产，没有压迫和剥削，没有动乱与战争。这就是中国古代的原始社会。儒家认为，尧、舜之前，就是公有制的社会。在那种社会下，没有私有财产，当政者的子女也没有继承权。尧、舜的儿子都不成才，当时实行的制度是选贤继任。尧选舜继任，舜选禹继任。

　　舜、禹都有孝心，都表现在对前辈和祖先的尊敬上。从禹以后，历代帝王的儿子，并非尽属贤人，都垄断了继承权。这说明从禹开始进入"家天下"。与家天下对应的主要道德就是孝。孝在家天下的体制下，就开始转到子孙的继承权上。因此，孟子曾说"不孝有三，无后为大"。祖先的基业不能传承下去，是更大的不孝。

## 3. 家天下

马克思主义是普遍原理，过去许多人把马克思讲的结论作为出发点来套中国的实际。但是，马克思主义的根本精神是从实际出发，而不是从理论出发。马克思主义有"五种社会形态"的说法，即原始社会、奴隶社会、封建社会、资本主义社会、社会主义社会。用这个结论，硬套在中国历史上出现许多问题。最典型的就是，对于中国历史如何分期，即奴隶社会跟封建社会的分期问题。大家都引用马克思的说法来进行划分。约有七种说法，最早的是范文澜提出来的西周封建说；"文化大革命"中最流行的观点是郭沫若提出来的春秋为奴隶社会，战国为封建社会的说法；还有秦统一天下进入封建社会的说法；最晚的是魏晋封建说，秦汉时代都属于奴隶社会，这是北京师范大学历史学家何兹全先生的观点。李泽厚也同意这种观点。他们都根据马克思的说法争论几十年，得不出共识。我以为这是从理论出发而不是从实际出发的必然结果。马克思讲的五种社会形态是根据欧洲的社会历史概括出来的。是否符合中国实际，是需要研究的。在中国古代没有典型的奴隶制度，也没有形成资本主义制度。中国古代社会只有三种形态，尧、舜以前，是天下为公的公天下，禹以后到清朝，都是家天下。孙中山闹革命以后，才进入党天下。这些问题先提出来，还需要详细论证。

中国历史在尧、舜以前为公天下，没有私有财产。这与马克思主义的原始社会公有制相一致。

根据《史记·夏本纪》载：禹"命诸侯百姓兴人徒以傅土"，将所有的人都附在土地上。然后将土地划分为九州，让益教民众种稻，"调有余相给，以均诸侯"。"禹乃行相地宜所有以贡，及山川之便利。"划分土地，为了种稻。种稻收成，有多少的差别，再进行调节。根据地所生产物进行纳贡，还要考虑地形的便利。根据田地的厚薄，分为上中下以及上上、上中、上下，确定赋的上中下以及上上、上中、上下。说明当时已经按照土地纳赋，自然就以土地为主要财富。这是中国较早进入农耕时代的特点。炎黄时代，炎帝又称神农，说明中国农耕比较早。当时又有"协和万邦"的说法，说明在各部落间比较重视和，虽有战争，不是主流。而战争产生的俘虏是奴隶的主要来源。在"协和万邦"传统下，战争少，俘虏也少，没有产生以奴隶为主要财富的奴隶主和以买卖奴隶为主要的市场，没有形成典型的奴隶制社会。另外，由于重视农业生产，因此中国较快进入了以土地为主要财富的封建社会。

禹以后至清朝的四千多年为家天下，禹、汤、文、武、成王、周公执政时期是封建社会的初期，被儒家认为是小康时代。汉唐盛世也可以归于小康社会。孙中山是中国从家天下转入党天下的标志性人物。

从夏朝到清朝的四千多年中，中国的政治体制基本上是家天下不变。虽然有时有禅让现象，不过是强臣采取和平过渡的形式夺权，如王莽、曹氏、司马氏夺权之类。在家天下的体制下，改朝换代则是不可避免的。改朝换代有不同的形式，禅让是个别现象，多数因武力而改变。一是地方当政者势强夺权，二是百姓造反，三是外族入侵。无论如何改朝换代，家天下体制都维持不变。

家天下体制虽经数千年的改朝换代也没有改掉，说明它在当时有一定的合理性。从历史上看，家天下有的能维持数百年的稳定局面，有的只维持几十年。

周天子衰微，地方政权割据纷争，形成春秋战国的混乱政局。汉景帝时地方政权强盛，尾大不掉，出现吴楚七国之乱。唐代藩镇拥兵自重，发生安史之变。宋吸取教训，不敢授武官大权，导致国力衰弱，最后亡于外族入侵。秦末的陈胜、吴广大泽乡起义，唐末黄巢造反，都是农民起义。明朝则在农民起义与外族入侵的双重攻击下垮台。总之，武力推翻是主流，而这种情况往往产生于德政、武备的不完善。因此，崇文、宣武成为当政者极端重视的两件事。

家天下，夺权时要靠许多人才。光靠一个家族是夺不到天下的。正如建立汉朝政权的刘邦所说："夫运筹策帷帐之中，决胜于千里之外，吾不如子房；镇国家，抚百姓，给馈饷，不绝粮道，吾不如萧何；连百万之军，战必胜，攻必取，吾不如韩信。此三人，皆人杰也，吾能用之，此吾所以取天下也。项羽有一范增而不能用，此其所以为我擒也。"（《史记·高祖本纪》）为了家天下长治久安，需要清除动乱因素来巩固家天下。秦始皇为了巩固家天下，以便传到千万世，就北筑长城，内修栈道，收集金属，铸成十二金人，以削弱民间的力量。最后因德治不完备，民间揭竿而起，推翻强大政权。刘邦担心刘氏后代不能用这些人杰而失败，对这些人杰不放心，采取怀疑、迫害等各种办法，消除隐患。萧何、张良、陈平都能用各种表现，让刘邦放心，以便保全自己。萧何故意做一些挨百姓骂的事情，刘邦放心了。挨骂的人就不可能发动群众造反。张良表示要从赤松子游，功成身退，注重养身，对政治没有兴趣。刘邦自然没有意见。陈平任丞相，位高权重，整天吃喝玩乐，不理政事，有人告诉吕后，吕后暗喜，知道陈平没有政治野心。韩信是军事巨人，政治侏儒，蒯通为他策划，他不能接受，老记着自己的功劳，真不能让刘邦放心，最后被杀。刘邦不允许异姓封王，稳定了西汉社会。家天下总不能长久，吕后用诸吕，王太后支持王莽，都曾经危及刘氏家天下。真是防不胜防！

天下是天下人的天下，家天下有什么合理性呢？家天下与孝道相关联。第一代打天下，总想能维持下去，长治久安成为行政的目标。确定继承者，可以减少竞争。继承者为了保住祖先基业，都要尽心竭力，没有短期观念和短期行为。早立太子，并请最高明的教师来特殊培养。使太子知道继承皇位是孝顺的表现，是自己的神圣使命。而统一安定成为社会普遍观念。不在不得已的情况下，人民就不会造反。这就使社会比较容易统一安定。而老百姓因此能过较多的安居乐业的日子。因此，老百姓在迫不得已推翻旧政权以后，仍然要实行家天下。在旧中国，家天下的优越性是显而易见的。中国的家天下制度不断改革、完善，延续的时间达数千年。说明中国古代有比较多的政治管理经验与高明的政治智慧。西方家天下(封建社会)只维持了数百年，很快就崩溃了，代之以党天下。

## 4. 党天下

现在世界各国有家天下、党天下、家天下与党天下统一的混合模式，但都没有公天下的模式。党天下比家天下进步，党天下是从家天下到公天下的过渡模式，这种过渡模式也是一种独立的模式。

现在世界的主流模式就是党天下。党天下的模式也是复杂的，基本上主要有两种：一是资本主义，一是社会主义。此前的家天下主要也是两种：一是奴隶社会，一是封建社会。前者以人口为自己的主要财产，后者以土地为自己的主要财产。前者为奴隶主，后者称为封建地主。

日本有天皇，英国有女皇，它们都是党天下，只是由于特殊情况保留一些家天下的遗迹，其他各国虽有差别，党天下的总格局没有变化。

欧洲资产阶级革命推翻封建地主的家天下，创立了政党，实现党天下。在党天下的格局下，仍然有许多改革，需要不断完善。很突出的一点就是创造了投票选举这种制度，避免了武力决斗和无序竞争，使社会维持安定秩序。就是投票制度也经过了多次改革、完善的过程。

哪个党执政，要看多数人的意愿。各政党都千方百计了解多数人的意愿，尽可能提出符合这种意愿的施政方案，争取更多的赞成票。组织一批人对本党的执政理念进行解释、宣传。为了制约权力，采取了三权分立、两院制等各种形式，防止滥用职权。在行政过程中不断总结经验教训，完善党天下格局下的制度。

党天下主要有资产阶级政党建立的资本主义制度和无产阶级政党建立的社会主义制度。前者结党为私，后者立党为公，为整个社会服务，所以称"社会主义"。到天下为公，就进入"公天下"的大同时代，即共产主义，也可以说是"公产主义"。那时将彻底取消私有制。

在中国历史上有结党营私和立党为公的说法，在东汉就有党锢之祸，宋代也有"朋党"之论。但作为现代政党则是西方资产阶级创造的，而马克思的《共产党宣言》则是继承资产阶级政党以后的创新。两千多年前的儒家主张"君子不党"，而两千多年后的现代，政治精英绝大多数都在不同的政党中。政党成为政治活动的主要方式和基本条件。

党天下，在社会发展中，会逐渐进入公天下。马克思主义认为这需要生产力高度发达，人们的觉悟达到很高的程度才能实现。到那时，没有私有制，一切财富都属于全社会公有。人人平等，没有剥削与压迫，没有战争。《礼运》所描绘的大同社会，就是中国人梦想的"大道之行也，天下为公"的公天下。天下人都在做公益的事，不是为了自己。任何人都没有私有财产，也就没有了阴谋和动乱。老人得到供养，小孩正常成长，男人有社会地位，女人有美好归宿。所有社会成员都能够幸福生活。这与马克思设计的共产主义社会，有惊人的相似性。

总之，公有制有两种：一是原始社会，一是共产主义社会。家天下也有两种：一是以奴隶为主要财富的奴隶社会，一是以土地为主要财富的封建社会。党天下也有两种：一是由资产阶级政党创立的资本主义社会，一是由无产阶级政党创立的社会主义社会。中国历史上没有典型的奴隶社会和资本主义社会，而封建社会的家天下是漫长的。这与欧洲的社会发展有很大的不同。中国传统文化重视和，讲协和万邦，和而不同，和为贵。欧洲传统讲优胜劣汰，那就要讲争。和与争的不同，与社会形态的不同相关联。